The Economy of Intangibles

インタンジブルズ・エコノミー

無形資産投資と日本の生産性向上

宮川 努／淺羽 茂／細野 薫——［編］

東京大学出版会

THE ECONOMY OF INTANGIBLES:
Intangible Investment and Productivity Improvements in Japan
Tsutomu MIYAGAWA, Shigeru ASABA, and Kaoru HOSONO, Editors
University of Tokyo Press, 2016
ISBN978-4-13-046118-4

はしがき

L'essentiel est invisible pour les yeux

　「本当に大切なものは目に見えない」．これは，サン＝デクジュベリが「小さな王子様」の中でキツネに語らせた言葉である．同様の言葉は，日本企業の経営者や経営学者達によってたびたび語られてきた．彼らが指しているのは，日本的な組織やそれを支える人的資産であることが多いのだが，現実に「見える化」された企業の「見えざる資産」は，長い間電話加入権や特許権が対象であった．つまり，企業内に蓄積された「見えざる資産」のほとんどは，定性的または情緒的にしか評価されてこなかったのである．
　本書は，この「見えざる資産＝無形資産」が，経済成長や企業成長に果たす役割を実証的に評価しようとする試みである．何故，いま「無形資産」なのか．一つの要因は，IT革命である．1990年代後半に始まったIT革命は，ハードな資産よりもソフトな資産の重要性を再認識させた．それは単にソフトウエアの重要性が増したということに留まらない．人材や経営組織などの育成や改革もまた，この新しい技術革新にとって不可欠な要素であるということが認識されたのである．
　もう一つの要因は，バブル崩壊後の日本の長期停滞をめぐる議論に関連している．この間積極的な財政政策，拡張的な金融政策，労働市場改革など様々な対策が経済学者や経営学者などから提起され，実際にその中のいくつかは実行に移されてきた．しかしこの25年間日本経済が劇的に改善したわけではない．このことは，日本の長期停滞が特定の分野の問題により引き起こされたのではないことを示している．
　1980年代を謳歌した「日本的経営論」は，故青木昌彦教授の洞察にあるように，生産システムや技術力，労働，金融のいずれかが優位であることから繁栄をもたらしたのではなく，それぞれが調和をもった関係であった点に

特徴がある．この点を踏まえると，その後の日本経済の停滞は，生産や技術革新を実現する企業組織，労働，金融といった企業の内部・外部との関係性が，相互に嚙み合わない状況が生み出したものとして解釈することができる．

　本書は，こうした問題意識から，現代の日本経済や日本企業を労働，金融といったいわば確立された研究分野としての「縦軸」からアプローチするのではなく，「無形資産」というキーワードを軸に，分野横断的に企業の内部組織，企業を取り巻く市場の課題を明らかにしようとしている．こうしたアプローチは，かつて青木教授が経営学者である伊丹敬之教授と『企業の経済学』（岩波書店，1985 年）を著したように，異なる分野の専門家の知見を必要とする．一方で，このアプローチは，一つの分野を深く掘り下げる専門家には物足りない部分が残る危険性がある．しかしその専門家が日本経済全体に対して何らかの提言を行う際に，見過ごせない他の専門領域の課題が本書には収録されていると考えている．

　もとより「無形資産」という研究課題は，日本経済に対する処方箋の一つとしてのみ意義があるわけではない．集計的な無形資産投資の計測が，Corrado, Hulten, and Sichel ら米国の研究者によって切り拓かれたことや，OECD でも Knowledge Based Capital という名称で報告書が出されていることからもわかるように，無形資産をとりまく経済的・経営的課題は先進国間で共有されており，最近では，*Journal of Economic Literature* の keyword とにもなっている．こうした無形資産をとりまく研究の世界的な広がりについては，2015 年 1 月に公刊された *Intangibles, Market Failure and Innovation Performance*（Bounfour and Miyagawa eds., Springer）を参照されたい．

　学習院大学経済学部は，こうした分野横断的な研究を実施するには最適な環境であった．学習院大学は中規模大学であるため，経済学部は経済学科と経営学科が併設されている．無形資産のような両学科にまたがる研究課題については，こうした学科構成は有利な環境であったと言える．日本有数の経営戦略の専門家で，企画当初は経営学科に在籍されていた淺羽教授や，金融の分野で数々の卓越された業績を残されている細野教授が，無形資産を研究対象とする企画に賛同して下さった背景には，こうした学部内での距離感の

近さがあると思う．両教授は，無形資産という研究課題に興味を示して下さっただけでなく，それぞれの専門分野から適切な人材を紹介して下さった．私自身は，こうした方々から専門分野以外の知見を学ぶ機会を与えられただけでなく，プロジェクトを運営する中で，まさに組織や人材という無形資産の核となる研究課題を実践的に学ぶことができた．

本書は，2010 年 4 月から 5 年にわたって続けられた科学技術研究費基盤（S）「日本の無形資産投資に関する実証研究」プロジェクト（代表者：宮川努）及び 2013 年 4 月から 2 年間にわたって続けられた（独）経済産業研究所の「日本の無形資産投資に関する研究」プロジェクト（プロジェクト・リーダー：宮川努）での研究成果を中心に構成されている．両プロジェクトを長期にわたって支援して下さり，本書の刊行に際して助成をして下さった学習院大学経済学部及び（独）経済産業研究所に深く感謝したい．さらに，2015 年度に入ってからは，両プロジェクトを拡張または継続するプロジェクトとして科学技術研究費基盤（B）「日本の無形資産投資に関する実証研究」プロジェクト（代表者：宮川努）及び（独）経済産業研究所の「日本の無形資産投資に関する研究」プロジェクト（プロジェクト・リーダー：宮川努）からも支援を得た．

本書に収められている論文は，2014 年に学習院大学で開かれたコンファレンスで報告された．学習院大学でのコンファレンスで討論者となっていただいた鈴木和志氏（明治大学），本庄裕司氏（中央大学），坂野友昭氏（早稲田大学），朝井友紀子氏（東京大学），権赫旭氏（日本大学）には深く感謝したい．また多くの論文に利用されている独自調査の実施に御協力いただき，本書の成立に多大な御助力をいただいた独立行政法人経済産業研究所，特に藤田昌久特別顧問，中島厚志理事長，森川正之副所長，深尾京司ファカルティー・フェロー（兼一橋大学経済研究所教授）には深くお礼を申し上げたい．本書を構成する多くの章（序章，第 1 章，第 3 章，第 5 章，第 6 章，第 7 章，第 9 章）は，それぞれ経済産業研究所における Discussion Paper を発展させたものである．また，学習院大学の科研費プロジェクトに関しては森山由美子さん，土肥玲子さん及び吉田章子さんからの，経済産業研究所のプロジェクトに関しては内藤真理子さんからの忍耐強いサポートをいただいたことにも感謝したい．

はしがき

最後に東京大学出版会の大矢宗樹さんには，従来の学問的な領域をまたがり，学問的にもまだなじみのない研究成果の刊行を快くお引き受けいただいた．心より感謝を申し上げたい．

2016 年 8 月

編者を代表して　宮　川　　努

目　次

はしがき　i

序　章　無形資産投資と日本の経済成長
……………………………………宮川　努・淺羽　茂・細野　薫　1
1. 日本経済の低迷と生産性の上昇　2
2. IT 革命，無形資産と生産性向上　4
3. 本書のねらい　7
4. 本書の意義と今後の課題　12

第 1 章　生産性向上と無形資産投資の役割
…………………………………………宮川　努・枝村一磨
尾崎雅彦・金　榮愨・滝澤美帆・外木好美・原田信行　17
1. はじめに——日本の長期停滞と生産性　18
2. 日本の無形資産投資と国際比較　21
   2.1　マクロレベルの無形資産投資　21
   2.2　産業レベルの無形資産投資と日韓比較　26
   2.3　IT 化と無形資産投資　27
3. 企業レベルの無形資産投資
   ——「無形資産投資に関するアンケート調査」より　31
4. 経営管理に関する日韓企業比較　38
   4.1　企業組織論から経営管理に関する実証分析へ　38
   4.2　日韓の経営管理に関するインタビュー調査の概要　40
   4.3　日韓企業のインタビュー調査の結果　42
   4.4　日本企業の特性と経営スコア——組織改革，IT 活用，成果主義　48
   4.5　経営環境と経営スコア　53

5. 無形資産と企業価値 54
6. おわりに——無形資産投資の政策的役割 57
補論1 第1回インタビュー調査項目 60
補論2 第2回インタビュー調査項目 64

第Ⅰ部
無形資産と企業の生産性

第2章 組織の〈重さ〉——組織の劣化現象の測定とその解消に向けて——
……………………………………………………… 佐々木将人
藤原雅俊・坪山雄樹・沼上 幹・加藤俊彦・軽部 大 79

1. はじめに 80
2. 調査の概要 80
   2.1 調査の背景 80 2.2 質問票調査の概要とデータセット 81
3. 組織の〈重さ〉 84
4. 組織の〈重さ〉の軽減——組織プロセスの影響 88
   4.1 分析に用いる変数 88 4.2 重回帰分析の結果 93
   4.3 パス解析の結果 97
5. おわりに 100

第3章 経営管理と企業価値 ………………… 川上淳之・淺羽 茂 103
——組織改革は生産性に影響するか?——

1. はじめに 104
2. 先行研究のサーベイと仮説の導出 105
3. データと分析方法 110
4. 推定結果 113
5. 分析のまとめと残された課題 119
   補 論 Olley and Pakes 法による生産性の推計方法 120

目　次

第 4 章　経営管理と R&D 活動
―― 日韓インタビュー調査をもとにした実証分析 ――
………………… 枝村一磨・宮川　努・金　榮愨・鄭　鎬成　127
1. はじめに――研究開発支出の効率性と経営組織からのアプローチ　128
2. 経営努力と R&D 活動に関する考え方　132
3. 経営管理と R&D 活動の実証分析　134
   3.1　Probit 分析　134　　3.2　Tobit 分析　140
   3.3　個別質問項目と研究開発投資　145
   3.4　経営管理は，研究開発投資の要因となるか　146
4. 推計結果の経済的含意　148
5. 今後の課題　150

第 5 章　成果主義賃金と生産性 ……………… 加藤隆夫・児玉直美　155
1. はじめに　156
2. データ　157
3. 生産関数推計モデルと結果　158
4. 賃金と企業利益率の推計　164
5. 結　論　172

第 6 章　人事方針と人事施策の適合と企業成長
………………………………………………………… 西岡由美　177
1. はじめに　178
2. 先行研究と仮説の導出　179
3. 方　法　185
   3.1　分析データ　185　　3.2　変数の設定　185
   3.3　人事方針タイプ別にみた日本企業の特徴　187
4. 分析結果　189
5. 考　察　191
6. おわりに　193

目　次

第Ⅱ部
無形資産と資金市場

第7章　資金制約下にある企業の無形資産投資と企業価値
　　　　　　　　　　　　　　　　　　　　　　　　　　滝澤美帆　201

1. はじめに　202
2. 先行研究　203
   - 2.1　市場価値アプローチ　203　　2.2　設備投資関数　205
3. データ　207
4. 実証分析　211
   - 4.1　無形資産と企業価値　211
   - 4.2　有形資産のみ，および無形資産も含む設備投資関数　213
5. おわりに　222

第8章　開業・廃業と銀行間競争　　　　　　式見雅代　227
――都道府県別産業別データによる分析――

1. はじめに　228
2. 先行研究　229
3. 推計モデルとデータ　232
   - 3.1　推計モデル　232　　3.2　データ　233
4. 推計結果　237
   - 4.1　開業の決定　237　　4.2　廃業の決定　243
   - 4.3　考　察　243
5. おわりに　246

第9章　未上場企業によるIPOの動機と上場後の
　　　　　企業パフォーマンス　　　　　　細野　薫・滝澤美帆　253

1. はじめに　254
2. IPOの動機に関する理論仮説　256

3. 既存の実証研究　258
4. IPO の動機と資金使途　261
    4.1　データ・ソースおよびサンプル・セレクション　261
    4.2　IPO 企業の事前の特徴　262
    4.3　IPO 後の投資・研究開発　270
5. おわりに　281

索　引　287
編者・執筆者紹介　290

序　章

無形資産投資と日本の経済成長

宮川　努・淺羽　茂・細野　薫

序　章　無形資産投資と日本の経済成長

1. 日本経済の低迷と生産性の上昇

　日本経済の低迷が続いている．アベノミクスによって，日本経済が大きく改善したかのような印象を受けるが，実は，第2次安倍内閣が成立した2012年第4四半期から2016年第1四半期までの，平均的な経済成長率は年率にして0.8％に過ぎない．日本の多くの人は，この低い成長率に慣らされており，「もはや，日本経済は成長志向から脱却すべきだ」との議論が滑稽に聞こえるほどだが，バブル崩壊後の日本経済の長期低迷は，世界的に見ても異常な現象なのである．例えば，米国は2008年に大きな金融危機に見舞われたが，それを含む2000年代の平均経済成長率は1.5％と，1990年代の成長率よりは半減したが，それでも先ほど紹介したアベノミクスの時期の日本の成長率を上回っている．

　勿論「失われた四半世紀」とも言うべき，日本経済の長期低迷の要因，そこから脱却する政策的手段に関して，経済学者は議論を続けてきた[1]．不良債権，緊縮財政，デフレ，少子高齢化など様々な要因があげられてきたが，中でも長期にわたって主張されてきた議論の一つが，日本経済の低迷が10年を超えた時点からHayashi and Prescott (2002)，林 (2003) によって提起された「生産性の低迷」である．

　経済成長を供給サイドから考えると，資本と労働の寄与に加えて，全要素生産性（TFP）が大きな役割を果たしていることはよく知られている．全要素生産性の概念は，Solow (1957) によって初めて導入されたため，当初はSolow residual として呼ばれていた．Solow (1957) は，これを技術進歩の指標として捉えたが，マクロレベルで計測されるSolow residual は，その名の通り，GDPの成長率から，資本や労働といった生産要素投入の寄与を引いた残差であったため，果たしてどのような要因が，Solow residual に影響を与えるのか，またその要因は企業の意思決定の下で蓄積されていくのか，

1）　日本の長期低迷に関する論争や議論としては，岩田・宮川（2003），浜田・堀内・内閣府経済社会総合研究所（2004），深尾（2012），原田・齊藤（2014）などがある．

といった疑問が出されていった.

こうした疑問に対して，資本や労働といった生産要素の計測の仕方を改善して，Solow residual の部分をできるだけ小さくしようと試みたのが，Griliches and Jorgenson (1966) であった．彼らは，資本の種類や労働の質によって，生産要素が異なるサービスを提供すると考え，資本や労働の経済成長への貢献度を広げ，Solow residual の貢献部分を縮小しようとした．この手法を米国の産業別の生産性計測に適用した研究が，Jorgenson, Gollop, and Fraumeni (1987) であり，彼らの考え方は，EUKLEMS project や黒田・新保・野村・小林 (1997)，日本産業生産性 (JIP database) project など，先進国における産業別生産性データベースへと受け継がれている[2]．

ただ，こうした試みにもかかわらず，依然として全要素生産性は，概念的にも実証的にも，経済成長に影響を与える重要な要因として認識されてきた．このため 1970 年代から，この全要素生産性に影響を与える要因を探る研究が始められた．Griliches (1973, 1980) は，研究開発支出によって蓄積された知識が，全要素生産性と密接な関係を有すると考え実証分析を行い，この研究開発の収益率が通常の資本よりも高い収益率をもたらすことを示した．これらの研究にならって，日本でも，柳沼ほか (1982)，鈴木・宮川 (1986)，Goto and Suzuki (1989) らが，研究開発支出が全要素生産性に与える影響に関して実証研究を行っている．

知識資産は，無形資産の一つと解釈することができるが，数ある無形資産の中で，研究開発支出の蓄積による知識資産の分析が進んだ背景には，研究開発の成果としての新製品や新しい製造プロセスを通した製造業の生産性向上が，経済成長の主要因と認識されていたからであろう．すでに 1980 年代に，米国では新しいタイプの技術革新につながるパーソナル・コンピューターが普及していたが，Solow paradox と呼ばれたように，それは生産性向上に影響を与えるまでには至っていなかった[3]．

---

[2] EUKLEMS データベースおよび JIP データベースは，それぞれ http://www.euklems.net/ および http://www.rieti.go.jp/jp/database/JIP2014/index.html で公開されている.

2. IT 革命，無形資産と生産性向上

しかし，1990年代に入って様相は一変する．コンピューターのダウンサイジング化とともに，インターネットの商用利用が可能になったことにより，米国を中心に新しいビジネスが数多く生まれた．いわゆる IT 革命である．IT 化の特徴は，2 つある．一つは，ソフトウェアという無形資産が，資本蓄積や生産性向上にとって不可欠な要素として，新たに加わったことである．いま一つは，従来低生産性部門であると認識されてきたサービス業での生産性向上が可能になったことである．Jorgenson, Ho, and Stiroh（2005），Oliner, Sichel, and Stiroh（2007）は，米国経済の生産性が，1990年代後半以降加速化していることを示し，サービス産業もその生産性向上に寄与していることを示した[4]．

しかしながら，IT 化だけでそのまま生産性向上が達成されるわけではないことが徐々に明らかになり始めた．例えば欧州先進国や日本は，米国の後を追うように，IT 化を推進したが，必ずしも米国ほどの生産性向上を達成できていない．図序-1 は，1995年から10年間の IT 資本サービスの増加率と2000年代の生産性上昇率を国際比較したもので，両者は，一見相関性が高いように見える．しかし，よく見ると，英国は米国を超える IT 化を進めながら，生産性上昇率は米国を大きく下回っている．逆に，ドイツは英国とほぼ同等の生産性上昇率を達成しながら，IT 化の進展度は英国より低い．

図序-1 は，IT 化を生産性上昇率に結びつけるためには，付加的な要因が

---

[3] Solow paradox とは，Solow（1987）が，社会ではパーソナル・コンピューターが普及しているのにもかかわらず，統計上では生産性向上が見られない状況を指摘したことを指している．

[4] 日本における長期の生産性低迷に関する問題については，深尾・宮川（2008）および深尾（2012）を参照されたい．また IT 化と生産性に関する研究については，篠崎（2003, 2014），西村・峰滝（2004），Miyagawa, Ito, and Harada（2004），元橋（2005）を参照されたい．さらに日本のサービス産業の生産性向上に関しては，森川（2014）を参照されたい．

序　章　無形資産投資と日本の経済成長

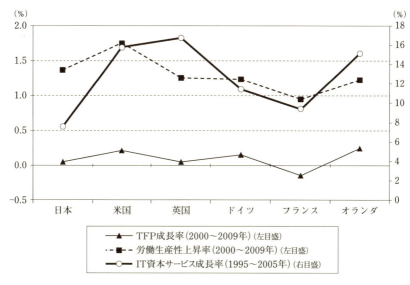

図序-1　IT化と生産性上昇率

出所）EUKLEMS Database.

必要であることを示している．Bresnahan, Brynjolfsson and Hitt（2002），Basu et al.（2004），Economic Report of the President（2007）は，ソフトウェアだけでなくより広いカテゴリーの無形資産が，IT化を生産性上昇に結び付けるために補完的な役割を果たしていると論じた[5]．また日本でも，政府の報告書レベル（『通商白書2004』（平成16年版），『経済財政白書　平成23年版』，『通商白書2013』（平成25年版））において，無形資産の経済的影響に関する分析がしばしば登場している．

すでに，国民経済計算は表序-1のような無形資産（知的資産）の分類を設け，1993年，2008年の改訂の際にその一部（93年はソフトウェアおよび資源採掘権，08年は研究開発）の資本化を勧告してきた．

しかし，Bresnahan, Brynjolfsson and Hitt（2002），Basu et al.（2004）ら

---

[5]　2007年の「米国大統領経済報告」では，「IT投資を補完する無形資産投資を行ったときだけ，真の意味での生産性向上を実現することができる」と述べている．

表序-1 2008SNAにおける知的資産の分類

a　Research and development（研究開発）
b　Mineral exploitation and evaluation（資源探査とその価値）
c　Computer software and databases（コンピューターソフトウェアとデータベース）
d　Entertainment, literary and artistic originals（娯楽，文芸および芸術作品）
e　Other intellectual products（その他の知的生産物）

の分析は，IT資本と無形資産の関連性を間接的に示す分析に留まっていること，国民経済計算における無形資産は，各国によって導入状況が異なること，米国や日本における政府の報告書内の分析は，当面の政策判断資料として提供されているものであり，常時利用できる無形資産のデータを提供しているわけではないことなど，それぞれに課題を抱えている．こうした分析上の課題に対して，より包括的な無形資産計測の枠組みを提示したのが，Corrado, Hulten, and Sichel（2005, 2009, 以下CHSと呼ぶ）である．彼らによる無形資産の分類とその計測方法は，またたくまに先進国に広がった[6]．特にEUでは，Corrado氏（Conference Board），Haskel教授（Imperial College, London），O'Mahony教授（King's College, London），Mas教授（University of Valencia）を中心に，CHSの方法にしたがった無形資産の分析が継続的に行われており，彼らの分析結果はOECD（2013）にも取り入れられるようになった[7]．

---

6) CHSの方法による各国の無形資産投資の計測例は，EU諸国におけるCorrado et al.（2013），英国のMarrano, Haskel, and Wallis（2009），日本のFukao et al.（2009），日韓比較のChun, Miyagawa, Pyo, and Tonogi（2015），フランスのDelbecque, Bounfour and Barreneche（2015），オーストラリアのBarnes and McClure（2009）などがある．またCHSの手法を発展途上国に拡張した分析としてDutz（2015）がある．

7) Corrado氏を中心とする欧州のチームによる無形資産分析は，COINVEST project（2008年から2010年）（http://www.coinvest.org.uk/bin/view/CoInvest），INNODRIVE project（2008年から2011年）（http://innodrive.org/），INTAN-Invest project（2011年から2013年）（http://www.intan-invest.net/），SPINTAN project（2014年から2016年）（http://www.spintan.net/）へと続いている．

3. 本書のねらい

　本書は，このように国際的にも生産性向上の手段として注目されている無形資産投資の経済効果について，マクロ的な生産性向上にとどまらず，企業レベルでの計測を通して，無形資産が企業パフォーマンスを向上させるか否か，またその無形資産投資を実施するために，資金調達面での課題や金融市場の条件を検討した論文を収集した．こうした幅広い問題意識から，論文執筆者は，マクロ経済学者だけでなく，金融論や労働経済論を専門とする経済学者，さらには経営組織論を専門とする経営学者や人的資源管理の専門家など多岐にわたっている[8]．このことは，無形資産を考察するためには，既存の専門分野を横断する幅広い思考を必要としていることを示していると同時に，無形資産を通じた生産性の向上という課題が，単なる政府の政策だけで達成されるものではなく，企業組織の改革や人材の育成など企業部門や労働者の行動変化を伴って初めて実現できる息の長いものであることを示している．

　まず第1章「生産性向上と無形資産投資の役割」（宮川努・枝村一磨・尾崎雅彦・金榮愨・滝澤美帆・外木好美・原田信行）では，日本における無形資産の蓄積状況を，マクロ，産業，企業面から概観する．日本の無形資産投資は，2000年代で約40兆円（GDP比9%程度）だが，近年その伸び率が低下しているため，国際的に見ると経済成長への寄与は，最低レベルにある．また産業別に見ると，サービス産業での蓄積が低下しており，韓国とのギャップが縮小している．しかしIT関連産業やIT関連企業に限ると，無形資産の蓄積は，生産性向上や企業価値の増加にも寄与している．企業レベルでは，無形資産に関する2種類の調査（アンケート調査とインタビュー調査）の結果を紹介している．アンケート調査からは，サービス産業で，人材育成を行っていない企業が多く見られ，この点はマクロレベル，産業レベルでの，人材育成

[8) 実際，会計学の分野を中心とした無形資産の研究書も出版されている．例えば伊藤（2006）がある．

投資の減少と整合的である．インタビュー調査の方は，企業の経営管理に焦点をあて，日韓で同様の調査を 2 回行っている．この結果から導き出した日本の経営スコアは韓国の経営スコアをおおむね上回るものの，2011～12 年の調査では，韓国の大企業の経営スコアは，日本の大企業の経営スコアを上回るようになっている．日本企業の結果を見ると，組織改革，IT 活用，専門性重視の人事政策は，経営スコアを高める方向に働いている．以上の結果を総合すると，無形資産投資の蓄積は，IT 化を通した生産性向上に不可欠であり，両者を合わせて推進することが，企業のみならず経済全体の成長に必要であると結論付けている．

第 1 章における無形資産投資の計測や，無形資産に関する各種調査は，日本が IT 革命以降，この新たな技術革新に対応した組織改革や人材育成を進めてこなかったことを示唆している．そこで第 I 部「無形資産と企業の生産性」では，企業の経営組織および人材育成に焦点をあてた分析を集めている．

第 2 章「組織の〈重さ〉——組織の劣化現象の測定とその解消に向けて」（佐々木将人・藤原雅俊・坪山雄樹・沼上幹・加藤俊彦・軽部大）は，一橋大学の大学院商学研究科を中心に続けられている「組織の〈重さ〉」プロジェクトからの成果をまとめたものである．IT 化が進むにつれて，企業組織の意思決定の速さが重視されるようになった．一方，日本では「合意形成」に時間をかける社会的慣習が根強く，日本企業の意思決定も例外ではない．筆者たちは，企業レベルよりもさらに下位レベルの事業部レベル（ビジネス・ユニット，BU）単位の調査を通して，組織の劣化（組織の〈重さ〉）がどのような要因で進んでいくかを明らかにしようとしている．彼らの分析からは，組織の〈重さ〉を軽減する要因として，①本社による BU や BU 長に対する資源配分のコントロール，②BU 長によるタスク志向と人間関係志向のリーダーシップ，③BU 内のミドル・マネジメントによる活発な戦略的コミュニケーションなど，階層の異なる組織メンバーのそれぞれが果たす役割が確認されている．特に，BU 長のリーダーシップの影響は大きく，組織を再活性化させる上で，中間管理層のリーダーシップの重要性が示唆された．

第 3 章から第 6 章までは，第 1 章で紹介された「無形資産に関するインタビュー調査」の結果をもとに，経営組織や人的資源管理について，計量的な

分析を行っている．「無形資産に関するインタビュー調査」の質問項目には，組織改革の実施の有無についての問いがあるが，**第3章「経営管理と企業価値――組織改革は生産性に影響するか？」**（川上淳之・淺羽茂）では，この問いに対する解答結果を利用して，組織改革が，企業の生産性向上をもたらしているかどうかを定量的に検証している．分析結果は，一般的に組織改革を行った企業全体では，3期目において組織改革の効果は確認され，業績が悪化していない状況で組織改革を行っている企業は2期目から4期目にかけて生産性の上昇がみられている．これは，組織改革が調整期間を伴うために改革直後には効果が表れないことを示している．また，権限委譲や従業員の提案を伴う組織改革についてはその効果が全体の推計よりも高かった．これは，組織改革を成功させる際には強いトップマネジメントのリーダーシップが必要だといわれるが，改革に対する組織構成員の抵抗を和らげるためにも，改革プロセスに組織構成員を巻き込むことの重要性を示唆している．

第4章「経営管理とR＆D活動――日韓インタビュー調査をもとにした実証分析」（枝村一磨・宮川努・金榮愨・鄭鎬成）は，インタビュー調査の結果を利用して，経営管理が研究開発行動に及ぼす影響を考察している．従来の研究開発投資の研究は，資本コストや資金制約など伝統的な投資理論の応用的色彩が強かったが，近年ではイノベーションを支援する体制が，研究開発に影響を与えるという研究も現れている．経営スコアを経営管理の代理変数として研究開発行動を説明しようとした本章の推計では，日本，韓国とも透明性の高い経営目標を有し，柔軟性の高い人的資源管理を行っている企業ほど研究開発行動に積極的であることが示されている．特に日本では組織管理スコアの高い企業が，韓国では人的資源管理の高い企業が研究開発を積極的に実施している．このことは，研究開発行動という無形資産の一つが，経営組織や人的資本などの別の無形資産によって支えられていることを示唆している．

第5章「成果主義賃金と生産性」（加藤隆夫・児玉直美）は，インタビュー調査における人的資源管理が生産性に及ぼす影響について考察している．筆者は特に成果主義に関する質問項目に着目し，成果主義を採用した企業の生産性向上効果を検証している．成果主義の生産性上昇効果については，肯定

的な見方と懐疑的な見方の双方が存在する．本章の特徴は，従来のクロスセクション推計ではなくパネル推計によってこの効果の検証を行っている点にある．推計結果を全体として見ると，成果主義導入による生産性効果は有意ではない．しかしながら，同時に，終身雇用を重視しない企業や，現場の従業員参加があり，現場知識を上手く活用する企業においては，成果主義導入が生産性上昇につながる．このことは，第4章と同様，賃金政策だけでなく，他の人的資源管理政策との良好な組み合わせ（すなわち無形資産同士の組み合わせ）が，生産性向上の鍵であることを示している．

第5章では，企業レベルパネルデータを用いて，成果主義効果も加味した生産関数を推定したが，**第6章「人事方針と人事施策の適合と企業成長」（西岡由美）**では，SHRM（戦略的人的資源管理）の枠組みを用いて，企業内で展開される人的資源管理の内的整合性に注目し，整合性と企業成長との関係を検討している．具体的には，インタビュー調査における成果主義を採用した企業のパフォーマンスが，他の人事方針や人事施策との兼ね合いでどのように変化するかを考察している．筆者は，まず成果主義を採用している企業は，成長志向型企業であり，逆に終身雇用制を取る企業の成長性は低いことを指摘している．このため，終身雇用制をとりながら成果主義を採用した企業は，企業成長にはマイナスに働く．また成果主義を採用している企業で，人材育成を行っても企業成長には寄与しない．こうした結果から筆者は，企業は「人事方針間の相互作用」，「人事施策間の相互作用」，「人事方針と人事施策の相互作用」の負の影響を考慮する必要があり，人的資源管理において内的整合性が実現されていない場合には，企業の成長を阻害する可能性を指摘している．

第Ⅱ部「無形資産と資金市場」は，こうした無形資産を金融市場はどのように評価し，無形資産投資に対して適切な資金調達が行えているかどうかを検討している．まず**第7章「資金制約下にある企業の無形資産投資と企業価値」（滝澤美帆）**では，上場企業の財務データを使って，Hulten and Hao (2008) に従い，研究開発ストック，組織資本という2つの無形資産を計測し，無形資産が企業価値に与える影響を観察している．その結果，日本においては，無形資産の蓄積が，企業価値に強いプラスの影響を与えていることを示

している．また，トービンのQを説明変数とする通常の設備投資関数を有形の資産のみの場合と無形資産を含む場合の二通りで推計し，有形資産のみの結果と異なり，無形資産を含む場合，トービンのQの係数が無形資産を含む投資行動を有意に説明することを見出している．さらに，無形資産を含んだ設備投資モデルの推定結果は，より強い資金制約に直面している企業ほど，無形資産を含む設備投資が阻害されている可能性を示唆している．

第7章では，既存企業の無形資産が株式市場での評価に反映されているかどうかを検討したが，**第8章「開業・廃業と銀行間競争——都道府県別産業別データによる分析」**(式見雅代)では，貸出市場において，無形資産の蓄積がどのような影響を有するかを検討している．筆者は，地域金融機関のデータと「事業所・企業統計」を利用して，地域金融機関の競争状態が，地域企業の開・廃業にどのような影響を及ぼしているかを定量的に検討している．推計結果からは，貸出市場の集中度が高い場合，外部資金依存度が高く無形資産比率の高い産業では，開業率も廃業率も低下することが判明した．これらの結果は第7章の結果とも整合的であると同時に，寡占市場では，情報の非対称度が高い産業で開・廃業が低迷し，経済が活性化されにくくなっていることを示している．

第8章で提起された，銀行が多くの担保資産を有さない新規開業企業をどのように評価し支援するかという問題は，**第9章「未上場企業によるIPOの動機と上場後の企業パフォーマンス」**(細野薫・滝澤美帆)で取り扱われる．株式市場における新規株式公開企業(IPO)の評価とも関連している．筆者達が，非上場企業のIPOによる資金調達の決定要因，および，資金調達後の企業パフォーマンスを分析した結果，規模，ROA，全要素生産性(TFP)が高く，負債比率および費用比率が低い企業はIPOをする確率が高いこと，また，IPOをした企業は，その後，非IPO企業に比べて，設備投資比率，研究開発費比率，ROA，TFP，労働生産性，および雇用を有意に増加させていることが明らかになっている．このうち，特にTFPや労働生産性の上昇は，企業年齢が若い企業，および，外部資金依存度が高い産業に属する企業において，顕著に見られている．こうした結果は，IPOが単に株価のミスプライシングを利用するためだけではなく，第8章でみられたような，有形

資産担保が不足することによる外部資金制約を緩和し，その後の設備投資，研究開発，収益性および生産性の向上に役立っていることを示している．

4. 本書の意義と今後の課題

　本書を通して読んでいただければ，おわかりのように，本書は単に無形資産投資という新しい投資概念を紹介し，それがマクロ経済の生産性向上に役立つということだけを強調した著作ではない．勿論最近の日本の無形資産投資の蓄積が，他の先進国に比べて大きく遅れをとっていることは事実だが，単に無形資産投資だけを増加させても，日本経済が長期間にわたって直面している構造問題は解消されないかもしれない．本書の第Ⅰ部と第Ⅱ部に収められている多くの論稿が述べていることは，無形資産と有形資産の補完性や，無形資産間の組み合わせ方を工夫していかなければ，企業さらには経済全体のパフォーマンスの向上は達成されないということである．

　しかし，無形資産投資を増加させることは，有形資産投資を増加させるよりも政策的には困難を伴う．有形資産と異なり，我々が対象としている無形資産の概念は，会計的に認識されている無形資産の項目よりも幅広いため，まとまった資産項目として把握することが難しく，このため税制上の優遇措置などの対策がとりにくいのである．さらに第7章，第8章でも指摘されているように，資産として把握できる部分が一部であるため，担保を必要とする伝統的な銀行貸出にはなじまない．このため資金調達の面からも無形資産投資拡大には，有形資産投資以上に制約が強くなる．

　したがって，無形資産投資を重視した企業成長や経済政策を行うためには，市場の評価から無形資産の価値を知る姿勢が必要となる．第1章で紹介されたMiyagawa, Takizawa, and Edamura（2015）や第3章の川上・淺羽論文，第9章の滝澤・細野論文は，株式市場での市場価値には無形資産が反映されており，その評価が貸出市場での資金制約を補完する役割を果たしていることを述べている．無形資産の把握は難しいが，これを「見える化」し，市場の評価を問う試みの蓄積が，経済政策や企業戦略において，抽象的なスローガンではない，より実践的な生産性向上手段として，無形資産を蓄積したり，

活用したりすることに役立つと考えられる．

　無形資産に関する今後の研究課題を示すキーワードは，「補完性」だろう．故青木昌彦教授は，日本企業の優位性を，生産面・労働面・金融面における制度補完性に求めた．無形資産もまた企業内の「見えざる資産」で構成されている．おそらく，企業の成長にとっては，こうした企業内の個々の無形資産の蓄積よりも，無形資産間の補完性を踏まえた蓄積過程が重要だと考えられる．故青木教授のような壮大な制度論にまでは至らないが，今後は無形資産間の補完性がもたらす効果への研究が望まれる．

　無形資産に関する研究のもう一つの方向性は，政府の役割である．政府は膨大な人材と情報を抱える無形資産の集積体と考えることができる．この政府が抱える人材や情報が，「見える社会資本」と同様，どのような外部性を有するかも重要な研究課題である．おりしも 2016 年からマイナンバー制度の運用が開始され，様々な社会制度の情報が集約化されることになる．このビッグデータが有効に活用されるかは，日本経済の成長にとっても重要な意味を持つ．こうした点を考えると，「無形資産」を軸にした研究は，本書に寄稿した経済学者や経営学者の枠を超えて，より広い知性の共同作業へと発展する可能性を秘めている．

参考文献

Barnes, Paula and Andrew McClure (2009), "Investments in Intangible Assets and Australia's Productivity Growth," *Productivity Commission Staff Working Paper*. (http://www.pc.gov.au/research/supporting/intangible-investment/intangible-investment.pdf)

Basu, Susanto, John G. Fernald, Nicholas Oulton, and Sylaja Srinivasan (2004), "The Case of the Missing Productivity Growth, Or Does Information Technology Explain Why Productivity Accelerated in the United States But Not in the United Kingdom?" in: Mark Gertler and Kenneth Rogoff (eds.), *NBER Macroeconomics Annual 2003*, MIT Press, pp. 9-63.

Bresnahan Timothy F., Erik Brynjolfsson, and Lorin M. Hitt (2002), "Information Technology, Workplace Organization, and the Demand for Skilled Labor: Firm-Level Evidence," *Quarterly Journal of Economics*, Vol. 117(1), pp. 339-376.

Chun, Hyunbae, Tsutomu Miyagawa, Hak Kil Pyo, and Konomi Tonogi (2015), "Do Intangibles Contribute to Productivity Growth in East Asian Countries? Evidence from Japan and Korea" *RIETI Discussion Paper Series*, No. 15-E-055

Corrado, Carol, Charles Hulten, and Daniel Sichel (2005), "Measuring Capital and Technology: An Expanded Framework," in: Carol Corrado, John C. Haltiwanger, and Dan E. Sichel (eds.), *Measuring Capital in the New Economy*, University of Chicago Press, pp. 11-46.

Corrado, Carol, Charles Hulten, and Daniel Sichel (2009), "Intangible Capital and U. S. Economic Growth," *Review of Income and Wealth*, Vol. 55(3), pp. 661-685.

Corrado, Carol, Jonathan Haskel, Cecilia Jona-Lasinio, and Massimiliano Iommi (2013), "Innovation and Intangible Investment in Europe, Japan and the US," *Imperial College Business School Discussion Paper* 2013/1. (https://spiral.imperial.ac.uk/bitstream/10044/1/11139/4/Haskel% 202013-01.pdf)

Delbecque, Vincent, Ahmed Bounfour, and Andrés Barreneche (2015), "Intangibles and Value Creation at the Industrial Level: Delineating Their Complementarities," in: Ahmed Bounfour and Tsutomu Miyagawa (eds.), *Intangibles, Market Failure and Innovation Performance*, Springer, pp. 27-56.

Dutz, Mark A. (2015), "Resource Reallocation and Innovation: Converting Enterprise Risks into Opportunities," in: Ahmed Bounfour and Tsutomu Miyagawa (eds.), *Intangibles, Market Failure and Innovation Performance*, Springer, pp. 241-290.

Fukao, Kyoji, Tsutomu Miyagawa, Kentaro Mukai, Yukio Shinoda, and Konomi Tonogi (2009), "Intangible Investment in Japan: Measurement and Contribution to Economic Growth," *Review of Income and Wealth*, Vol. 55(3), pp. 717-736.

Goto, Akira and Kazuyuki Suzuki (1989), "R&D Capital, Rate of Return on R&D Investment and Spillover of R&D in Japanese Manufacturing Industries," *Review of Economics & Statistics*, Vol. 71(4), pp. 555-564.

Griliches, Zvi (1973), "Research Expenditures and Growth Accounting," in: B. R. Williams (ed.), *Science and Technology in Economic Growth*, MacMillan, pp. 59-95.

Griliches, Zvi (1980), "Returns to Research and Development Expenditures in the Private Sector," in: John W. Kendrick and Beatrice N. Vaccara, *New Developments in Productivity Measurement and Analysis*, University of Chicago Press, pp. 419-462.

Griliches, Zvi and Dale W. Jorgenson (1966), "Sources of Measured Productivity Change: Capital Input," *American Economic Review*, Vol. 56(1/2), pp. 50-61.

Hayashi, Fumio and Edward C. Prescott (2002), "The 1990s in Japan: A Lost Decade," *Review of Economic Dynamics*, Vol. 5(1), pp. 206-235.
Hulten, Charles R. and Xiaohui Hao (2008), "What is a Company Really Worth? Intangible Capital and the 'Market to Book Value' Puzzle," *NBER Working Paper*, No. 14548. (http://www.nber.org/papers/w14548)
Jorgenson, Dale W., Frank M. Gollop, and Barbara M. Fraumeni (1987), *Productivity and U. S. Economic Growth*, Harvard University Press.
Jorgenson, Dale W., Mun S. Ho, and Kevin J. Stiroh (2005), *Information Technology and the American Growth Resurgence*, MIT Press.
Marrano, Mauro G., Jonathan Haskel, and Gavin Wallis (2009), "What Happened to the Knowledge Economy? Ict, Intangible Investment, and Britain's Productivity Record Revisited," *Review of Income and Wealth*, Vol. 55(3), pp. 686-716.
Miyagawa, Tsutomu, Miho Takizawa, and Kazuma Edamura (2015), "Does the Stock Market Evaluate Intangible Assets? An Empirical Analysis Using Data of Listed Firms in Japan," in: Ahmed Bounfour and Tsutomu Miyagawa (eds.), *Intangibles, Market Failure and Innovation Performance*, Springer, pp. 113-138.
Miyagawa, Tsutomu, Yukiko Ito, and Nobuyuki Harada (2004), "The IT Revolution and Productivity Growth in Japan," *Journal of the Japanese and International Economies*, Vol. 18(3), pp. 362-389.
OECD (2013), *New Sources of Growth: Knowledge-Based Capital — Key Analyses and Policy Conclusions*, OECD Publishing.
Oliner, Stephen D., Daniel E. Sichel, and Kevin J. Stiroh (2007), "Explaining a Productive Decade," *Brookings Papers on Economic Activity*, Vol. 38(1), pp. 81-152.
Solow, Robert M. (1957), "Technical Change and the Aggregate Production Function," *Review of Economics and Statistics*, Vol. 39(3), pp. 312-320.
Solow, Robert M. (1987), "We'd Better Watch Out," *New York Times*, Book Review, July 12, 1987, p. 36.
伊藤邦雄［編］(2006),『無形資産の会計』中央経済社.
岩田規久男・宮川努［編］(2003),『失われた10年の真因は何か』東洋経済新報社.
黒田昌裕・新保一成・野村浩二・小林信行 (1997),『KEO データベース——産出および資本・労働投入の測定』慶應義塾大学産業研究所.
篠崎彰彦 (2003),『情報技術革新の経済効果——日米経済の明暗と逆転』日本評論社.
篠崎彰彦 (2014),『インフォーメーション・エコノミー——情報化する経済社会の全体像』NTT 出版.
鈴木和志・宮川努 (1986),『日本の企業投資と研究開発戦略——企業ダイナミズムの実証分析』東洋経済新報社.
西村清彦・峰滝和典 (2004),『情報技術革新と日本経済——「ニュー・エコノミー」

の幻を超えて』有斐閣.
浜田宏一・堀内昭義・内閣府経済社会総合研究所［編］（2004），『論争　日本の経済危機――長期停滞の真因を解明する』日本経済新聞社.
林文夫（2003），「構造改革なくして成長なし」岩田規久男・宮川努［編］（2003），『失われた 10 年の真因は何か』東洋経済新報社，1-16 頁.
原田泰・齊藤誠［編］（2014），『徹底分析　アベノミクス――成果と課題』中央経済社.
深尾京司（2012），『「失われた 20 年」と日本経済――構造的原因と再生への原動力の解明』日本経済新聞出版社.
深尾京司・宮川努［編］（2008），『生産性と日本の経済成長――JIP データベースによる産業・企業レベルの実証分析』東京大学出版会.
元橋一之（2005），『IT イノベーションの実証分析――日本経済のパフォーマンスはどう変化したか』東洋経済新報社.
森川正之（2014），『サービス産業の生産性分析――ミクロデータによる実証』日本評論社.
柳沼寿・堀内行蔵・中西正己・宮川努（1982），「設備投資研究 '81――研究開発投資の経済的効果」『経済経営研究』（日本開発銀行設備投資研究所），第 3・4 巻.

第1章

生産性向上と無形資産投資の役割

宮川　努・枝村一磨・尾崎雅彦・金　榮愨
滝澤美帆・外木好美・原田信行

要　旨

　本章は，日本の無形資産投資をマクロ・産業・企業レベルから概観したものである．日本の無形資産投資は，2000年代で約40兆円弱（GDP比9%程度）だが，近年その伸び率が低下しているため，国際的にみると経済成長への寄与は，最低レベルにある．また産業別に見ると，サービス産業での蓄積が低下しており，韓国とのギャップが縮小している．しかし実証的には，IT関連産業の生産性向上には寄与しており，また企業価値の増加にも寄与していることから，今後も無形資産投資の蓄積は生産性の向上に大きな役割を果たすと考えられる．企業へのアンケート調査で，無形資産投資の実施状況を調べると，サービス産業で，人材育成を行っていない企業が多く，この点はマクロレベル，産業レベルでの，人材育成投資の減少と整合的である．また経営管理に焦点をあてたインタビュー調査をもとに算出された経営スコアを日韓で比較すると，日本の経営スコアは韓国の経営スコアをおおむね上回るものの，2011〜12年の調査では，韓国の大企業の経営スコアは，日本の大企業の経営スコアを上回るようになっている．日本企業の結果を見ると，組織改革，IT活用，専門性重視の人事政策は，経営スコアを高める方向に働いている．以上の結果を総合すると，無形資産投資の蓄積は，IT化を通した生産性向上に不可欠であり，両者を合わせて推進することが，企業のみならず経済全体の成長に必要である．特に近年低下が著しい人材育成投資については，労働市場改革を通した人的資源管理の改善とともに，個々の労働者へのスキルアップに関する企業，家計両面へのサポートが望まれる．

第1章　生産性向上と無形資産投資の役割

1. はじめに──日本の長期停滞と生産性

　日本経済がバブル崩壊後，長期にわたって低迷を続けていることはよく知られている．しかしその要因を巡っては，需要サイド，供給サイドを含めて多様な論争が繰り広げられてきた[1]．2012年12月に発足した第2次安倍政権が掲げたアベノミクスは，この需要サイド，供給サイドの問題点を見据えた包括的な経済政策として注目された．アベノミクス始動後3年以上がたち，確かに需給ギャップは縮小し，労働市場や企業収益は急速に改善したが，経済全体の成長率は必ずしも回復しておらず，潜在成長率は依然1%を下回ると言われている．このため，供給サイドの一層の強化が政策的課題となっている．

　よく供給サイドの議論をする際に，日本は人口の減少に伴う労働力の減少から高い成長は望めないという悲観的な議論を耳にする．図1-1-1は，成長会計によって30年間の日本の経済成長の要因を分解したものだが，確かに1990年以降の日本における労働力の成長への寄与は0に等しい．しかし，1980年代と90年代からの20年間の成長を比べて，低下したのは労働力だけではない．資本もTFP（全要素生産性）もその寄与が大きく低下している

＊本章は，科学技術研究費基盤（S）「日本の無形資産投資に関する実証研究」および（独）経済産業研究所の「日本の無形資産投資に関する研究」プロジェクトで実施された様々な調査および研究をもとに，RIETI Policy Discussion Paper 15-P-010 を改稿したものである．本章を作成するにあたっては，2014年9月27日に学習院大学で開催された無形資産に関するコンファレンス，経済産業研究所におけるPDP検討会および日本政策投資銀行設備投資研究所の研究会において，経済産業研究所の藤田昌久氏，森川正之氏，一橋大学の深尾京司氏，立正大学の浅子和美氏を始めとする参加者の方々からも貴重なコメントをいただいた．記して感謝したい．さらに東京大学の大湾秀雄氏からは，インタビュー調査について貴重な御指摘をいただいた．なお，本章は，科学技術研究費基盤（S）「日本の無形資産投資に関する実証研究」（課題番号：22223004），科学技術研究費基盤（B）「人口変動・生産性と地域間所得格差」（課題番号：25285072）「広義の社会資本投資が民間経済に及ぼす効果の検証」（課題番号：15H03351）の補助を受けている．
1）　日本の長期停滞を巡る論争に関しては，序章でも紹介した．岩田・宮川（2003），浜田・堀内・内閣府経済社会総合研究所（2004），深尾（2012），原田・齊藤（2014）があげられる．

第1章　生産性向上と無形資産投資の役割

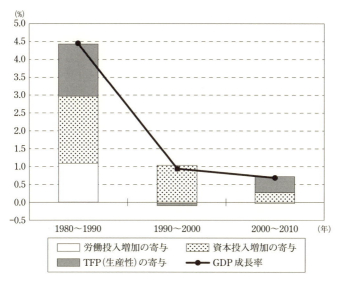

図1-1-1　日本の成長会計

出所）JIP2014データベース．

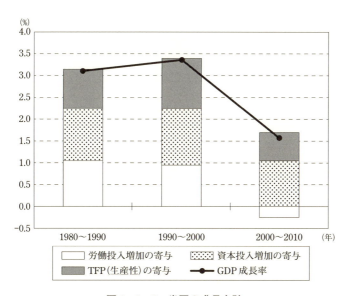

図1-1-2　米国の成長会計

出所）APO Productivity Book 2014．

のである．1990 年代は，資本の寄与率こそ 1.0% あったが，TFP 成長率は 0% であった．一方 2000 年代に入って TFP 成長率こそ 0.5% に回復したものの，逆に資本の寄与率は 0.3% へと低下している．

これに対して図 1-1-2 に見るように，米国ではリーマンショックを含む 2000 年代に，労働投入の寄与がマイナスとなりながらも，平均して 1.5% の成長率を記録している．これは，資本投入と TFP 成長率がそれぞれ，1.0%，0.6% と安定した伸びを示しているからである．

アベノミクスの第 3 の矢である成長戦略でも 70 兆円という設備投資の増加目標を掲げ，景気回復と同時に潜在成長力の引き上げを図ろうとした．しかし残念なことにこの目標は 2 つの意味で十分ではない．一つは，70 兆円という設備投資の規模である．現在日本の資本ストックは約 1000 兆円である．国際的にみると，資本の減耗率は 7% から 8% 程度であるから，70 兆円という設備投資の規模は，減耗分を補てんする役割しか果たさず，資本ストックを純増するまでには至らない．さらにもし 1990 年代のように，TFP の向上が伴わない資本蓄積が進む場合は，深尾（2012）が指摘するような資本収益率の低下が生じる．もちろん，De Long and Summers（1991），宮川・白石（2000）が指摘したように，機械投資は資本蓄積だけでなく，生産性の向上に寄与する場合もある．また，徳井・乾・落合（2008）のように，新規の設備が生産性を向上させる場合もある．こうした場合は，資本収益率の低下も緩和されるだろう[2]．

しかし，OECD（2013）は，こうした従来型の資本の蓄積による生産性の向上よりも，より効率的に生産性を向上させる資産があることを指摘している．この資産の活用をアベノミクスの成長戦略では十分に認識していないというのが，第 2 の問題点である．OECD ではこれを Knowledge-Based Capital と呼んでいるが，これは，序章で紹介した Corrado, Hulten, and Sichel（2005, 2009）（以下 CHS と呼ぶ）の無形資産と同じ概念である．

本章では，近年生産性向上に重要な役割を果たすと考えられている無形資

---

[2] 近年の資本収益率の低下の緩和については，Miyagawa, Takizawa, and Tonogi（2016）を参照されたい．

産投資の経済的効果を包括的に議論することを目的としている．次節では，CHS によって始められた無形資産投資の計測を日本に適用する．その際，単にマクロレベルにとどまらず，産業別の無形資産投資を計測し，かつ国際比較を通して，日本の無形資産投資の規模や成長への寄与が，国際的にみてどれくらいに位置しているのかを考察する．同時に，IT 化と無形資産投資に関する補完性についても言及する．第 3 節では，CHS で定義された無形資産投資が，企業レベルでどの程度実施されているかを独自のアンケート調査で明らかにする．さらに第 4 節では，無形資産の中でも組織管理や人的資源管理の効果に着目し，Bloom and Van Reenen（2007）に準じた日韓のインタビュー調査の概要を紹介する．後に詳しく述べるように，彼らはインタビュー調査の結果をスコア化し，企業の経営管理の定量化を行ったが，我々の調査でも同様の作業を行うことにより，日韓の経営行動の特徴を明らかにする．第 5 節では，こうした無形資産の蓄積が企業価値に反映されているかどうかを検証した研究を紹介する．本章で紹介する多くの研究は，無形資産が何らかの形で株価などの企業価値に反映されていることを示している．そして最終節では，こうした分析から導出される政策的インプリケーションを，現在の日本経済が直面している課題に即して議論する[3]．

2. 日本の無形資産投資と国際比較

2.1 マクロレベルの無形資産投資

無形資産投資計測の先駆けとなった CHS の論文では，無形資産は，情報化資産（computerized information），革新的資産（innovative property），経済的競争力（economic competencies）と大きく 3 つに分類される[4]．情報化資産は，ソフトウェアおよびデータベースに対する投資から構成される．革新的資産

---

[3] これまでの無形資産の研究に関する和文の包括的な解説および文献集としては，伊藤（2005）および宮川・金（2011）がある．英文では，Bounfour and Miyagawa（2015）を参照されたい．

は，科学的および非科学的な研究開発支出，資源開発権に対する支出，著作権，ライセンス契約に対する支出や新たなデザインに対する支出を含む．最後の経済的競争力は，ブランド資産，企業特殊的な人的資本，組織改編支出から構成されている（表1-1参照）．

Fukao et al. (2009)，Miyagawa and Hisa (2013) は，CHSの方法にしたがって，日本における無形資産投資の推計を行ってきた．詳しい推計方法は，上記論文の説明に譲るが，例えば情報化資産は，すでに国民経済計算でソフトウェア投資が推計されているため，そのデータを利用している[5]．また革新的資産のうち，科学的研究開発支出は，総務省の『科学技術研究調査報告』のデータを利用して推計している．そのほかの著作権やデザインに対する支出は，JIPデータベースの産業連関表の情報を利用している．こうした支出は，従来は中間投入として認識されていたため，産業連関表から情報を得て，投資として再推計するのである．経済的競争力のうち，ブランド資産への支出は，先ほどと同様産業連関表における広告支出から推計する．人的資本は，教育課程で蓄積される部分と社会に出てからの就業経験によって蓄積される部分に分かれる．前者の人的資本の部分は，すでに従来の成長会計において労働サービスの中に考慮されている．後者の部分は，さらに on the job training と off the job training に分かれるが，CHSで考慮されているのは後者による人的資本の蓄積のみである[6]．日本におけるこの部分の推計は，厚生労働省の『就労条件総合調査』などから推計している．最後の組織改編支出は，経営者が自らの労働時間の中で，どれくらいこの組織改編に関する事項に関わっているかというデータを基に推計している．CHSでは，

4） 無形資産という名称は，政策当局では馴染みがなく使いづらいらしく，別の名称を用いることがある．例えば，OECD (2013) の報告書は，CHSと全く同じ概念を使いながらも，Knowledge Based Capital (KBC) という用語を使っている．
5） 日本ではデータベースに対する支出は，ソフトウェア投資に含まれているというのが，国民経済計算を作成している内閣府の考え方である．
6） 後に紹介する我々のインタビュー調査によれば，日本企業が全体の就業時間の中で on the job training に費やす割合は約1割である．これを賃金換算すると，日本企業は相当な支出をしていることになるが，ここでは，国際比較の観点から on the job training を投資として推計することはしていない．

第 1 章　生産性向上と無形資産投資の役割

表 1-1　Corrado, Hulten, and Sichel による無形資産の分類

1. Computerized information（情報化資産） 　　Computer software（ソフトウェア） 　　Computerized databases（データベース）
2. Innovative property（革新的資産） 　　Science and engineering R&D（科学・工学分野における研究開発） 　　Mineral exploration（資源探索権） 　　Copyright and license costs（著作権・ライセンス等） 　　Other product development, design, and research expenses（他の商品開発・デザイン等）
3. Economic competencies（経済的競争力） 　　Brand equity（ブランド資産） 　　Firm-specific human capital（企業特殊的人的資本） 　　Organizational structure（組織改編）

注）表 1-1 の情報化資産は，図 1-2 の情報化投資全般を指す．科学・工学分野における研究開発は，図 1-2 では R&D 投資と表記され，革新的資産は，科学・工学分野における研究開発以外，その他の革新的投資である．図 1-2 の人材育成・組織改編投資は，表 1-1 のブランド資産以外の経済的競争力項目への投資を指す．
出所）Corrado, Hulten, and Sichel (2005, 2009).

この割合は 20% だが，日本の経営者の仕事時間の利用割合を調査した Robinson and Shimizu（2006）では，9% となっているため，この値に『法人企業統計』（財務省）から算出される役員報酬をかけて推計している[7]．

　以上のデータを利用して推計された日本の無形資産投資額は，2012 年で約 43 兆円となる（図 1-2 参照）．しかし，2000 年代以降投資額はほぼ頭打ちで，特に世界金融危機が起きた 2008 年以降は減少に転じている．1985 年から 2010 年までの約 30 年間の平均伸び率は約 2.4% だが，これを IT 革命が起きた 1995 年を境にその前とその後の伸び率を比べてみると，前期 10 年が 5.0% に対し，後期の伸びはわずか 0.9% である．

　次に主要無形資産の動きを見ると，ソフトウェア投資が 2000 年代で約 10 兆円，研究開発投資が同時期に約 12 兆円だが，いずれも 2007，08 年を境に減少に転じている．一方著作権，デザインなどのその他革新的投資は増加基

7）　日本以外の国では，コンサルティング業に対する支出も含んでいるが，日本では適切な統計がないため，この部分は推計してない．なお，推計方法の詳細は，Miyagawa and Hisa（2013）を参照されたい．

第 1 章 生産性向上と無形資産投資の役割

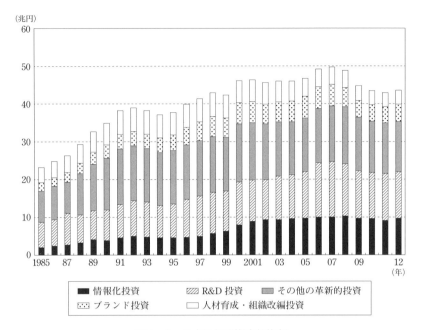

図 1-2 日本の無形資産投資額

出所) JIP データベース 2015 の無形資産投資データを利用して宮川が作成.

調で, 2000 年代で約 14 兆円となっている. ブランドへの投資は, 長らく 5 兆円程度で推移してきたが, 最近は 4 兆円台へと減少している. 最後の人材育成・組織改編投資は, 1992 年の 6 兆円をピークに減少を続け, 2012 年はピーク時の 6 割程度の 3.6 兆円となっている.

我々の無形資産投資の推計は, CHS の推計方法にしたがっているため, 同様の推計方法を行っている欧米のデータと比較が可能である. 図 1-3 は, EUKLEMS データベースと INTAN-Invest データベースを組み合わせて, 無形資産投資／GDP 比率について国際比較したものだが, 2000 年代の日本の無形資産投資／GDP 比率は, ほぼドイツ並みで, 10% を超えている米国や英国からは下回っている. また無形資産投資と有形資産投資の比率だが, 図 1-4 では, 2000 年代には, 米国や英国の無形資産投資が有形資産投資を上回っているのに対し, 日本の無形資産投資は有形資産投資の約半分程度に留まっている.

第 1 章　生産性向上と無形資産投資の役割

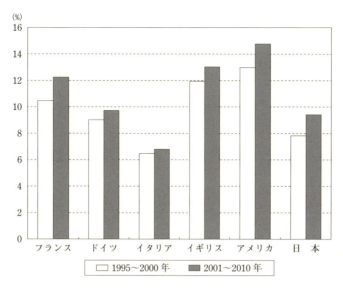

図 1-3　無形資産投資／GDP の国際比較

出所）EUKLEMS Database, INTAN-Invest Database, 宮川推計による．

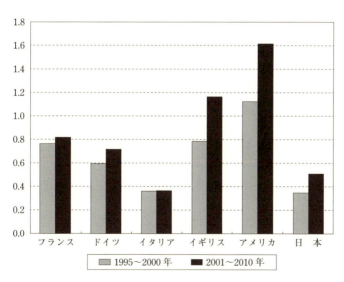

図 1-4　無形資産投資／有形資産投資比率の国際比較

出所）EUKLEMS Database, INTAN-Invest Database, 宮川推計による．

2.2 産業レベルの無形資産投資と日韓比較

マクロレベルでの無形資産投資推計が国際的に普及した後，今度は，産業別の無形資産投資推計が行われるようになる．ヨーロッパでは，Niebel, O'Mahony, and Saam（2013）が，INTAN-Invest data を使って，EU10 か国の 11 部門の無形資産投資を推計し，無形資産投資は製造業と金融業の生産性向上に寄与していると論じている．Crass, Licht, and Peters（2015）もドイツで 6 部門の無形資産投資を推計し，やはり製造業，金融業，ビジネス・サービス部門の生産性向上に無形資産が寄与していることを示している．

アジアでは，Chun *et al.*（2012, 2016）が，日韓における 27 部門の無形資産投資を推計している．このうち韓国のデータを使って，Chun and Nadiri（2016）は，27 部門を無形資産集約的な産業とそうでない産業に分け，前者の産業の生産性が後者の産業の生産性を上回ることを示している．また Miyagawa and Hisa（2013）は，JIP database に沿った 108 の産業分類で無形資産投資を推計し，後述するように無形資産投資の生産性への寄与を計量的に検証している[8]．

表 1-2 は，Chun *et al.*（2016）における日韓の産業別無形資産投資／粗付加価値比率の比較である．これを見ると，どの時期でもおおむね日本の無形資産投資が，韓国の無形資産投資を上回っているが，最近期では，教育，医療，文化および娯楽業の分野で，韓国の無形資産投資が日本の無形資産投資を上回るようになっている．

表 1-3 は，無形資産を含む成長会計を日韓で比較したものである．これをみると，無形資産の経済成長への寄与率では市場経済の全産業だけでなく，製造業，非製造業においても韓国が日本を上回っている．ただし，韓国では有形資産の寄与率が無形資産の寄与率をはるかに上回るため，無形資産の貢献度合いは低いが，日本では製造業で無形資産の寄与率が有形資産の寄与率

---

[8] Miyagawa and Hisa（2013）によって作成された産業別無形資産投資データは，（独）経済産業研究所のウェブサイト http://www.rieti.go.jp/jp/database/JIP2013/index.html で公開されている．なお，このデータは 2016 年 7 月に 2012 年まで延長推計されている．

表 1-2　産業別無形資産投資／付加価値比率（日本，韓国）

(%)

産　業	1980年 日本	1980年 韓国	1990年 日本	1990年 韓国	2000年 日本	2000年 韓国	2010年 日本	2010年 韓国
農林水産業	1.67	0.10	1.68	0.20	2.52	0.24	3.07	0.37
鉱　業	2.26	0.92	4.55	2.63	7.08	3.66	8.90	5.13
食品，飲料およびタバコ	3.05	4.29	5.81	9.14	6.06	9.02	6.60	11.48
繊維および革製品	3.83	1.88	5.89	4.68	8.73	4.77	24.19	7.60
木製品，製紙および印刷	3.20	4.89	4.90	3.35	6.70	3.92	9.54	5.43
石油精製，石炭，および化学	10.57	3.04	14.66	9.62	17.50	7.72	18.29	8.73
石油精製および石炭を除く非鉄金属製品	4.90	1.16	7.55	3.48	9.02	2.45	11.15	3.68
金属，金属製品	4.19	1.62	6.01	2.70	7.20	2.73	6.92	4.09
機械装置	6.17	4.81	8.79	9.97	12.86	13.05	15.68	14.33
電気・電子機器	14.83	4.04	18.53	17.49	22.93	13.40	32.02	22.35
精密機械	9.93	1.59	17.79	8.81	27.64	11.23	32.10	23.18
輸送用機器	9.16	4.54	14.19	9.39	16.62	13.48	17.44	12.54
家具およびその他の製造業	7.17	2.77	10.58	5.91	21.55	7.68	16.94	4.42
電気・ガス・水道	1.71	1.63	3.76	1.88	5.06	5.39	5.99	5.47
建設業	2.03	1.31	2.96	3.76	3.67	2.68	3.13	3.58
卸・小売業	3.00	1.47	4.96	2.16	5.30	5.02	4.70	6.83
レストランおよびホテル業	1.84	4.42	4.73	3.60	4.10	1.52	4.08	2.15
運輸・倉庫業	1.91	1.31	2.08	1.54	2.56	3.29	4.23	3.45
金融仲介業	4.01	3.96	4.99	5.61	8.36	7.42	12.75	8.19
不動産および賃貸業	2.01	2.24	2.82	4.41	4.40	6.12	5.19	0.65
情報通信	4.76	4.16	13.85	5.81	15.63	13.31	16.56	18.25
ビジネスサービス	3.71	7.14	6.27	9.24	7.81	8.84	10.27	8.74
公　務	3.04	3.45	4.11	3.79	5.32	5.07	6.33	3.03
教　育	1.48	2.78	1.73	3.54	1.83	4.90	1.57	6.70
医療および社会福祉事業	1.74	1.68	3.28	1.90	3.25	2.41	1.42	2.97
文化および娯楽業	1.41	2.17	3.04	3.86	5.04	5.33	2.88	11.17
その他サービス業	2.01	2.85	3.10	2.66	3.79	5.97	3.23	7.03

出所）World KLEMS 発表資料より．http://www.worldklems.net/conferences/worldklems2014/worldklems 2014_Miyagawa_slides.pdf

を上回っている．

2.3　IT化と無形資産投資

すでにみたように，日本ではJIPデータベースに沿って産業別の無形資産投資が推計されている．我々は公的部門を除いた市場経済部門（92産業）を，IT産業と非IT産業に分け，これらの産業と無形資産投資の関係を調べることができる．IT産業というのは，電子計算機，電子部品，通信機器のよう

表1-3　無形資産を含む成長会計（日本と韓国）

(%)

	日　本		韓　国	
	1985～1995年	1995～2010年	1985～1995年	1995～2010年
市場経済				
GDP成長率	3.04	0.55	9.46	4.32
労働投入	0.38	-0.37	2.00	0.60
有形資産投入	1.49	0.37	4.77	1.53
無形資産投入	0.68	0.25	0.84	0.57
修正TFP成長率	0.49	0.29	1.86	1.61
製造業				
GDP成長率	2.51	1.45	11.14	6.55
労働投入	-0.29	-0.77	1.87	-0.18
有形資産投入	1.31	0.28	5.15	1.89
無形資産投入	1.21	0.38	1.24	0.95
修正TFP成長率	0.29	1.56	2.87	3.89
サービス業				
GDP成長率	3.57	0.19	10.14	3.38
労働投入	0.80	-0.18	3.27	1.54
有形資産投入	1.59	0.42	5.18	1.45
無形資産投入	0.46	0.21	0.74	0.40
修正TFP成長率	0.71	-0.25	0.94	-0.01

出所）World KLEMS 発表資料より．http://www.worldklems.net/conferences/worldklems2014/worldklems2014_Miyagawa_slides.pdf

にIT財を生産したり，電信・電話業のようにITサービスを提供したりする産業だけでなく，IT財を集約的に利用する（IT資産の比率が産業の中位値を超える）産業もIT利用産業として含む．2000年時点で，IT産業は32産業あり，2005年時点では46産業に増えている．

図1-5は，IT産業と非IT産業の付加価値成長率，労働生産性変化率，TFP変化率を示したものである．これをみると2000年代のIT産業の付加価値成長率は約1%に対し，非IT産業はその半分の0.5%程度の伸びしかない．労働生産性上昇率は非IT産業の方がIT産業を上回っているが，非IT産業のTFP成長率は0%である．IT産業には，世界金融危機後の円高で打撃を被った産業が多く含まれているものの，それでも非IT産業よりもましなパフォーマンスを示している．先ほど示したマクロレベルの無形資産

第1章　生産性向上と無形資産投資の役割

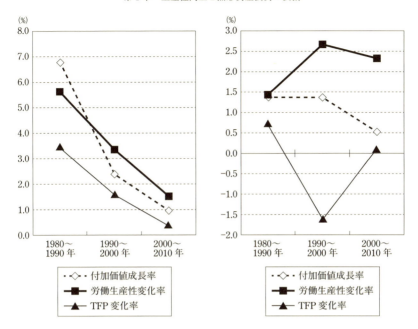

図1-5-1　IT産業のパフォーマンス　　図1-5-2　非IT産業のパフォーマンス

出所）JIPデータベースより宮川作成．

投資をこの2つの産業に分けてみると，無形資産投資の70%がIT産業で占められている（図1-6参照）．

Miyagawa and Hisa（2013）は，この産業別無形資産投資のデータとJIPデータベースを利用して，無形資産投資がTFPの上昇に寄与しているかを計量的に検証した．推計式は，Jones and Williams（1998）にしたがって，内生的成長理論に用いられる技術進歩率

(1) $$\dot{A}(t) = \theta \dot{Z}(t)^\mu A(t)^\phi$$
$$(0 < \mu \leq 1, \phi > 0)$$

を対数線形化した

(2) $$\dot{A}_i(t)/A_i(t) = p_z(\dot{Z}_i(t)/Y_i(t)) + \mu g_A \ln(Y_i(t)/\overline{Y}_t) + (\phi-1) g_A \ln(A_i(t)/\overline{A}_t)$$

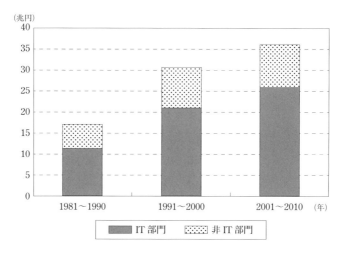

図 1-6 無形資産投資と IT 産業

出所）宮川および外木による推計．

である．ここで A は TFP，Z は無形資産ストック，Y は付加価値である．Z の係数 p_z が無形資産ストックの収益率を表す．

表 1-4 は市場経済と IT 部門における推計結果である[9]．市場経済では，推計期間全体と 1995 年以前の推計については，無形資産投資比率の係数は有意だが，1995 年以降の推計では有意ではない．また推計結果全体における収益率もかなり低い値をとっている．しかし IT 部門に限った推計を行うと，すべての期間で無形資産投資比率の係数は有意であり，しかも 1995 年以降の推計結果から導き出される収益率は 40％ と高い値を示している．このことから，無形資産投資は，IT 集約的な部門の生産性向上には寄与していると言うことができる．

9）　本推計の際の IT 部門は，2000 年時点の基準で分類を行っている．

表 1-4　無形資産投資の生産性向上効果

TFP 上昇率 被説明変数	市場経済			IT 部門		
$\Delta Z\ (t)/Y$	0.045655	0.152241	0.061797	0.067704	0.157525	0.395291
	[2.17]**	[6.33]***	[0.82]	[2.95]***	[5.40]***	[4.42]***
Gap of GDP	0.028519	0.452794	0.073629	0.441484	0.449201	1.183153
	[4.82]***	[8.86]***	[8.12]***	[11.86]***	[6.82]***	[13.61]***
Gap of TFP	0.010815	−0.083498	0.008884	−0.218281	−0.041474	−0.508914
	[3.67]***	[1.40]	[2.84]***	[7.54]***	[0.50]	[9.87]***
ΔTFP $(t-1)$	0.016396	−0.260169	0.065465	−0.273077	−0.339275	−0.313787
	[0.71]	[10.18]***	[1.68]*	[8.22]***	[8.48]***	[6.47]***
Constant	0.098696	−0.027488	0.093582	0.064371	−0.044341	0.031416
	[5.77]***	[2.05]**	[5.31]***	[2.21]**	[1.64]*	[1.29]
Year Dummy	YES	YES	YES	YES	YES	YES
Year	1982-2008	1982-1995	1996-2008	1982-2008	1982-1995	1996-2008
Observations	2,576	1,380	1,196	896	480	416
Number of industries	92	92	92	32	32	32
R-Square	0.1477	0.3472	0.166	0.3052	0.4209	0.4762
Sargan Statistics	0.006	0.476	0.003	1.342	1.361	0.062

注）［　］内は t 値を示す．***，**，*，はそれぞれ 1%，5%，10% の有意水準を示す．
出所）Miyagawa and Hisa（2013）．

3.　企業レベルの無形資産投資
　　──「無形資産投資に関するアンケート調査」より

　マクロレベルや産業レベルの無形資産投資推計は，経済全体の動向を把握するには有用だが，その特性がミクロレベルの動向と整合的かどうかをチェックしておく必要がある．我々が，2013 年 1 月から 3 月にかけて実施した「無形資産投資に関するアンケート調査」は，CHS による無形資産分類に沿って企業レベルの無形資産投資の有無や特性を調べたものである．調査対象は，上場企業 2,940 社，非上場企業 4,348 社，計 7,288 社で，これらの企業に対して郵送による調査を実施した．質問項目は，無形資産投資の実施状況，無形資産投資実施のための資金調達，無形資産投資の効果，無形資産投資効果の持続期間などである．これらの調査に対して，有効回答社数は 717 社である．以下ではこのうちデータの欠損が少ない 658 社（製造業 409 社，非製造業 249 社）を使った調査結果を紹介する[10]．

第1章　生産性向上と無形資産投資の役割

表1-5　無形資産投資の実施状況

(%)

	継続的に実施	散発的に実施	実施していない	計
全体（N=658）				
A　科学的・技術的な研究開発	30.2	10.8	59.0	100.0
B　ソフトウェア制作	32.1	38.6	29.3	100.0
C　商品開発・設計・デザイン	41.2	16.9	41.9	100.0
D　コンテンツ作成	6.7	11.1	82.2	100.0
E　マーケティング	26.9	30.1	43.0	100.0
F　組織改編	24.8	37.7	37.5	100.0
G　教育訓練（OJT）	51.8	24.0	24.2	100.0
H　教育訓練（OFFJT）	39.5	32.7	27.8	100.0
製造業（N=409）				
A　科学的・技術的な研究開発	41.1	13.7	45.2	100.0
B　ソフトウェア制作	28.6	41.3	30.1	100.0
C　商品開発・設計・デザイン	48.2	17.1	34.7	100.0
D　コンテンツ作成	4.6	8.8	86.6	100.0
E　マーケティング	26.2	27.9	46.0	100.0
F　組織改編	25.9	37.4	36.7	100.0
G　教育訓練（OJT）	51.6	24.4	24.0	100.0
H　教育訓練（OFFJT）	38.6	34.2	27.1	100.0
非製造業（N=249）				
A　科学的・技術的な研究開発	12.4	6.0	81.5	100.0
B　ソフトウェア制作	37.8	34.1	28.1	100.0
C　商品開発・設計・デザイン	29.7	16.5	53.8	100.0
D　コンテンツ作成	10.0	14.9	75.1	100.0
E　マーケティング	28.1	33.7	38.2	100.0
F　組織改編	22.9	38.2	39.0	100.0
G　教育訓練（OJT）	52.2	23.3	24.5	100.0
H　教育訓練（OFFJT）	41.0	30.1	28.9	100.0

注）項目ごとに，過去5年間の実施状況を答える択一式．
出所）「無形資産投資に関するアンケート調査」より原田が作成．

　表1-5は，無形資産投資の実施状況を，無形資産項目別にまとめたものである．これをみると，コンテンツ作成を除いて，全体の3割程度の企業が継続的に無形資産投資を実施している．OJTに限れば，半数以上の企業が実施していると答えている．また業種別にみると，製造業では4割程度の企業

---

10)　このアンケート調査を使って詳細な無形資産投資の分析を行ったものとしては，Harada（2014）がある．

第 1 章　生産性向上と無形資産投資の役割

表 1-6　無形資産投資と売上高の中央値

(億円)

	継続的に実施	散発的に実施	実施していない	全体
全体（N=658）				
A　科学的・技術的な研究開発	166.2	35.3	72.0	83.7
B　ソフトウェア制作	179.0	90.3	34.1	83.7
C　商品開発・設計・デザイン	115.3	72.0	64.1	83.7
D　コンテンツ作成	91.5	93.6	81.7	83.7
E　マーケティング	146.1	83.8	59.1	83.7
F　組織改編	170.8	74.1	61.6	83.7
G　教育訓練（OJT）	150.0	46.1	43.3	83.7
H　教育訓練（OFFJT）	180.6	64.1	45.8	83.7
製造業（N=409）				
A　科学的・技術的な研究開発	126.1	31.4	34.7	56.9
B　ソフトウェア制作	101.4	72.5	28.4	56.9
C　商品開発・設計・デザイン	101.4	45.8	29.0	56.9
D　コンテンツ作成	80.0	45.4	56.8	56.9
E　マーケティング	123.7	64.3	34.8	56.9
F　組織改編	112.3	56.7	34.6	56.9
G　教育訓練（OJT）	98.3	41.1	27.6	56.9
H　教育訓練（OFFJT）	101.6	47.5	29.0	56.9
非製造業（N=249）				
A　科学的・技術的な研究開発	458.0	122.3	140.5	170.8
B　ソフトウェア制作	271.0	139.2	76.0	170.8
C　商品開発・設計・デザイン	188.0	119.0	166.3	170.8
D　コンテンツ作成	125.5	169.5	174.5	170.8
E　マーケティング	192.1	115.7	174.5	170.8
F　組織改編	261.3	109.8	160.0	170.8
G　教育訓練（OJT）	247.1	76.3	136.9	170.8
H　教育訓練（OFFJT）	260.3	93.8	136.4	170.8

注）2011 年度売上高の中央値．
出所）「無形資産投資に関するアンケート調査」より原田が作成．

が，研究開発投資を継続的に実施している．この点は，日本のマクロレベルの推計で研究開発投資の比重が大きいことと整合的である．非製造業に関しては，例えば教育訓練投資は製造業と同程度行っている一方，研究開発やデザイン投資を継続的に実施している企業は少ない．

表 1-6 は，無形資産投資の実施に関して，それぞれの回答企業の売上高中央値をまとめたものである．これをみると，無形資産投資を継続的に実施している企業の売上高中央値は，コンテンツ作成を除いて，150 億円程度であ

る．これを製造業と非製造業に分けてみると，継続的に無形資産投資を実施している企業の売り上げ規模は，特に研究開発投資に関して非製造業の方が大きく，非製造業では少数の大規模企業が研究開発投資を実施していると考えられる．

表 1-7 は，無形資産投資に伴う必要資金の調達先を調べたものである．これをみると，圧倒的に自己資金での調達が多く，この件に関しては製造業，非製造業の差はない．この点は，Morikawa（2015）が，無形資産投資を実施する際には資金制約が存在するとした実証分析と整合的である．金融機関の利用については，組織改編と教育訓練を除いて，1 割以上が民間金融機関から借り入れている．補助金や助成金も研究開発に関する投資資金として 1 割程度利用されている．しかし非製造業における活用割合は製造業に比べて低い．表 1-8 は，無形資産投資に期待した効果をまとめたものである．無形資産に投資する目的としては，多くの企業が研究開発投資に対して革新的成果や売り上げ増を期待しており，組織改編や教育訓練については経営基盤の安定化を期待している．

「無形資産投資に関するアンケート調査」では，無形資産投資の持続期間に関する質問も行っている．すなわち，無形資産投資を実施したとして，その効果はどのくらい持続するのかを問うたのである．この回答から，無形資産に投資の減耗率を計算することができる．あるパラメータからその資産に関する持続効果期間を割るという declining balance 法を利用すれば，無形資産の各項目に関する減耗率を計算することができる．

表 1-9 は，declining balance 法のパラメータを米国で使われているのと同じ 1.65 にして計算したアンケート調査から得られた減耗率と，Corrado et al.（2013）で示され，第 2 節の推計にも利用されている減耗率を比較したものである．これを見ると，研究開発投資やその他の革新的資産，ブランド資産に関する日本の無形資産の減耗率は，Corrado et al.（2013）が想定している減耗率を大きく上回っている．

表 1-10 は，表 1-9 における 2 種類の減耗率を利用して推計された無形資産ストックである．2010 年の無形資産ストック額は，市場経済のケースで，「無形資産投資に関するアンケート調査」から導出された日本独自の減耗率

第 1 章　生産性向上と無形資産投資の役割

表 1-7　無形資産投資に伴う資金調達

(%)

	自己資金	株式発行	民間金融機関借入	公的機関借入	公的補助金または助成金	その他	無回答	N
全体								
A 科学的・技術的な研究開発	87.0	1.1	18.1	3.0	9.6	3.3	2.6	270
B ソフトウェア制作	83.7	0.9	17.2	1.7	0.6	3.4	3.9	465
C 商品開発・設計・デザイン	86.6	1.0	17.8	2.9	3.4	1.8	3.9	382
D コンテンツ作成	82.1	0.9	16.2	1.7	0.9	1.7	12.0	117
E マーケティング	88.5	0.5	11.2	0.5	0.5	1.1	6.4	375
F 組織改編	85.2	0.7	9.0	0.5	0.0	1.9	9.5	411
G 教育訓練（OJT）	86.8	0.2	7.4	0.2	1.6	2.2	8.0	499
H 教育訓練（OFFJT）	87.2	0.2	7.8	0.2	2.5	1.7	6.7	475
製造業								
A 科学的・技術的な研究開発	86.6	1.3	19.6	3.6	11.2	3.1	2.7	224
B ソフトウェア制作	82.5	0.3	20.3	1.7	0.7	3.5	2.4	286
C 商品開発・設計・デザイン	86.5	1.1	19.5	3.0	4.5	2.6	3.0	267
D コンテンツ作成	81.8	0.0	16.4	1.8	1.8	1.8	12.7	55
E マーケティング	90.0	0.5	11.8	0.5	0.9	0.5	5.9	221
F 組織改編	85.3	0.0	8.9	0.4	0.0	1.9	8.9	259
G 教育訓練（OJT）	86.2	0.0	7.4	0.0	2.3	1.9	8.4	311
H 教育訓練（OFFJT）	86.9	0.0	7.7	0.0	3.4	1.7	6.0	298
非製造業								
A 科学的・技術的な研究開発	89.1	0.0	10.9	0.0	2.2	4.3	2.2	46
B ソフトウェア制作	85.5	1.7	12.3	1.7	0.6	3.4	6.1	179
C 商品開発・設計・デザイン	87.0	0.9	13.9	2.6	0.9	0.0	6.1	115
D コンテンツ作成	82.3	1.6	16.1	1.6	0.0	1.6	11.3	62
E マーケティング	86.4	0.6	10.4	0.6	0.0	1.9	7.1	154
F 組織改編	84.9	0.7	9.2	0.7	0.0	2.0	10.5	152
G 教育訓練（OJT）	87.8	0.5	7.4	0.5	0.5	2.7	7.4	188
H 教育訓練（OFFJT）	87.6	0.6	7.9	0.6	1.1	1.7	7.9	177

注）各項目とも，「継続的に実施」または「散発的に実施」と回答した企業について集計．複数回答のため各項目の合計は100％を超える．
出所）「無形資産投資に関するアンケート調査」より原田が作成．

表1-8 無形資産投資に期待される効果

(％)

	革新的成果	売上増	コスト削減	経営基盤安定化	その他	無回答	計	N
全体								
A 科学的・技術的な研究開発	24.8	53.7	11.1	7.4	0.0	3.0	100.0	270
B ソフトウェア制作	3.7	10.3	50.1	25.8	3.9	6.2	100.0	465
C 商品開発・設計・デザイン	6.8	77.2	6.3	3.9	1.0	4.7	100.0	382
D コンテンツ作成	6.8	51.3	6.8	14.5	6.0	14.5	100.0	117
E マーケティング	2.1	79.5	1.6	8.5	1.9	6.4	100.0	375
F 組織改編	3.9	8.0	15.1	59.6	3.4	10.0	100.0	411
G 教育訓練（OJT）	2.8	13.6	10.0	56.5	7.4	9.6	100.0	499
H 教育訓練（OFFJT）	3.6	12.2	9.1	57.7	8.2	9.3	100.0	475
製造業								
A 科学的・技術的な研究開発	26.8	52.2	11.2	6.7	0.0	3.1	100.0	224
B ソフトウェア制作	3.8	10.8	49.7	25.9	3.8	5.9	100.0	286
C 商品開発・設計・デザイン	7.5	76.4	7.5	3.4	0.7	4.5	100.0	267
D コンテンツ作成	10.9	49.1	3.6	12.7	5.5	18.2	100.0	55
E マーケティング	1.4	82.8	0.9	6.8	2.7	5.4	100.0	221
F 組織改編	3.9	7.3	13.9	61.0	3.9	10.0	100.0	259
G 教育訓練（OJT）	1.9	5.1	13.8	58.5	9.0	11.6	100.0	311
H 教育訓練（OFFJT）	3.0	4.4	12.4	60.1	9.7	10.4	100.0	298
非製造業								
A 科学的・技術的な研究開発	15.2	60.9	10.9	10.9	0.0	2.2	100.0	46
B ソフトウェア制作	3.4	9.5	50.8	25.7	3.9	6.7	100.0	179
C 商品開発・設計・デザイン	5.2	79.1	3.5	5.2	1.7	5.2	100.0	115
D コンテンツ作成	3.2	53.2	9.7	16.1	6.5	11.3	100.0	62
E マーケティング	3.2	74.7	2.6	11.0	0.6	7.8	100.0	154
F 組織改編	3.9	9.2	17.1	57.2	2.6	9.9	100.0	152
G 教育訓練（OJT）	4.3	27.7	3.7	53.2	4.8	6.4	100.0	188
H 教育訓練（OFFJT）	4.5	25.4	3.4	53.7	5.6	7.3	100.0	177

注）各項目とも，「継続的に実施」または「散発的に実施」と回答した企業について集計．項目ごとに，最も期待されていた効果を答える択一式．
出所）「無形資産投資に関するアンケート調査」より原田が作成．

第1章　生産性向上と無形資産投資の役割

表1-9　無形資産の減耗率

(%)

カテゴリー	Corrado et al.（2013）	日本の調査
情報化資産	31.5	39.0
科学的研究開発	15	32
鉱物探査	7.5	7.5
著作権	20	58
革新的資産のその他無形資産	20	47
ブランド資産	55	80
企業固有の人的資本	40	38
組織構造	40	57

表1-10　異なる償却率に対応した無形資産ストック

Corrado et al.（2013）

	2010年 (10億円)	1985～1990年 (年率：%)	1990～2000年 (年率：%)	2000～2010年 (年率：%)
市場経済				
情報化資産	29,352.60	13.26	5.83	5.01
革新的資産	120,981.23	11.96	4.05	1.73
経済的競争力資産	16,963.63	5.49	1.47	−2.04
合　計	167,297.47	10.70	3.82	1.76
製造業				
情報化資産	10,081.53	10.90	6.45	5.84
革新的資産	85,648.70	11.36	3.64	1.14
経済的競争力資産	4,843.92	4.10	0.43	−1.57
合　計	100,574.15	10.58	3.55	1.36
サービス業				
情報化資産	19,218.44	14.34	5.53	4.62
革新的資産	35,066.51	14.41	5.44	3.39
経済的競争力資産	11,644.25	6.43	1.95	−2.32
合　計	65,929.20	11.14	4.34	2.42

日本の調査

	2010年 (10億円)	1985～1990年 (年率：%)	1990～2000年 (年率：%)	2000～2010年 (年率：%)
市場経済				
情報化資産	23,742.80	12.22	5.77	4.65
革新的資産	58,788.29	8.79	2.22	1.56
経済的競争力資産	12,086.10	5.97	1.07	−2.83
合　計	94,617.20	8.52	2.53	1.52
製造業				
情報化資産	8,152.00	9.95	6.35	5.50
革新的資産	42,528.45	8.18	1.81	0.99
経済的競争力資産	3,485.88	4.76	−0.10	−2.07
合　計	54,166.33	7.87	1.98	1.32
サービス業				
情報化資産	15,549.41	13.26	5.49	4.25
革新的資産	16,088.47	11.60	3.74	3.31
経済的競争力資産	8,261.47	6.82	1.58	−3.25
合　計	39,899.35	9.84	3.40	1.85

を利用した無形資産ストック額が，Corrado et al.（2013）の減耗率を利用した無形資産ストック額よりも26％減少する．ただし，無形資産ストックの増加率は，日本独自の減耗率を利用した場合の方が，Corrado et al.（2013）の減耗率のケースよりも若干高くなる．

4. 経営管理に関する日韓企業比較

4.1 企業組織論から経営管理に関する実証分析へ

CHSに基づくマクロ，産業レベルの無形資産投資の計測に関する課題の一つは，企業組織に関する無形資産投資（人材育成や組織改編）の計測の元になる信頼性の高いデータが乏しい点である．企業組織に関する研究は，企業理論の歴史そのものである．個人の合理的な行動を基礎にした市場経済メカニズムの中で，なぜ企業という組織が存在するのか，この問題がいかに根本的な問いであるかということは，Coase（1937），Simon（1962），Arrow（1974），Williamson（1975），Tirole（1988），といった企業理論に多大な貢献をしてきた研究者がノーベル経済学賞を受賞してきたことからも明らかであろう．

　企業は，資本と労働のそれぞれの所有者である資本家と労働者で運営され，生産活動を行うとされてきたが，Berle and Means（1932）は，ここに経営者という企業経営の専門家を登場させた．いわゆる「所有と経営の分離」である．Penrose（1959）やLucas（1978）は，この企業経営の専門家である経営者の能力が，企業規模を決定する要因であるという議論を展開した[11]．1980年代からは，経営者だけでなく，労働者や外部の資金提供者との関係までも含めて企業組織の問題を考察するようになった．これらの議論を扱う文献は，制度論や契約理論も含めて膨大に上っているため，本章で詳細な紹介はせず，近年までの成果の集大成的な文献集として，Gibbons and

---

[11] Lucas（1978）の議論を，内部昇進の頂点として経営者が生まれる日本的な企業へ適用したものとして，Otani（1996）がある．

Roberts（2013），特に無形資産を組織能力と解釈し，企業理論を再構築したTeece（2015），Lucas（1978）を発展させIT革命と企業組織の変革を扱ったサーベイ論文であるGaricano and Rossi-Hansberg（2014）をあげておくに留める[12]．

最近の企業組織に関する研究で重要な点は，企業や雇用者レベルの個票データを利用した実証研究の蓄積が進んできたことである．人的資源管理の分野では，早くから実証分析が進み，例えば，Ichniowski, Shaw, and Prennushi（1997）が，柔軟な仕事の定義（flexible job definitions），クロストレーニング，ワークチームのような革新的な人的資本管理が，狭い範囲で定義されている作業上のパフォーマンスにどの様な影響を及ぼすかを製鉄産業で観測・研究し，この結果企業パフォーマンスに対して有意で強い正の効果を持っている証拠を得ている[13]．Black and Lynch（2005）は，workforce training, employee voice, work designを組織資本とみなし，この組織資本の変化が1993～1996年の期間，製造業の産出成長の約30％を説明し，TFP成長率の89％を説明するという推計結果を得ている[14]．Caroli and Van Reenen（2001）は，人的資源管理と組織管理の関連性を実証的に検討している．彼らは，労働者のスキルの向上が，より分権的な組織のもとで達成され，こうしたスキルの向上が生産性の向上へとつながることを実証している[15]．

日本でも人的資源管理に関しては，長い研究の歴史がある．中でも有名なのは，日本的な労働者管理の有効性を，丹念な事例研究の積み重ねで検証した小池（2005）であろう．ただ，計量的な実証研究は欧米ほど多くはない[16]．

---

12) 1980年代から今日までの企業組織に関する主な成果としては，青木（1978），青木・伊丹（1985），Milgrom and Roberts（1992），伊藤（2003），Roberts（2004），枝村ほか（2016）をあげておく．なお，研究開発活動と企業組織に関する研究については，本書第4章の中で紹介されている．
13) ほかに，Arthur（1994），Kelley（1996）などがこの種の研究を行っている．
14) しかし，彼らは，同時に，この推計には技術進歩の貢献が含まれている可能性をも明記している．
15) 人的資源管理と企業のパフォーマンスに関する実証研究をまとめたものとしては，Bloom and Van Reenen（2010）を参照されたい．

Bloom and Van Reenen（2007）は，人的資源管理に加えて，組織管理方法も含めて経営管理全体と企業パフォーマンスとの関係を調べた．彼らは，組織目標（target），パフォーマンスのチェック（monitoring），雇用者への動機づけ（incentive）の3つに関して18の質問を作成し，電話調査によるインタビュー調査による回答から，経営スコアを算出した．この経営スコアを利用した実証分析により，彼らは，経営スコアの高い企業が生産性の高い企業であることを実証している．

　Bloom and Van Reenen（2007）の分析は，英，米，独，仏4か国の製造業の事業所を対象にしていたが，彼らはこの調査を33か国の事業所に拡大した．Bloom et al.（2014b）によれば，World Management Survey（WMS）と呼ばれるこの調査において，日本の製造業事業所の経営スコアは，米国についで2位となっている．またWMSによれば，どの国でも外資系企業の経営スコアの方が，国内企業の経営スコアを上回っている．したがって，経営スコアと生産性に正の相関性があるとすれば，対日直接投資の促進に伴う外資系企業の誘致政策は，生産性向上策と整合的であると言える．Bloom et al.（2014b）は，こうした分析を実証的経営分析と名付け，従来経営学では支配的な位置を占めてきたケース・スタディー分析と補完的な関係にあると論じている．

4.2　日韓の経営管理に関するインタビュー調査の概要

　我々は，日韓でBloom and Van Reenen（2007）が実施したような企業へのインタビュー調査（正式名は，「無形資産に関するインタビュー調査」）を実施した．調査の概要は，表1-11にまとめられている．これを要約すると，調査は2008年と2011〜12年の2回にわたって行われた．調査の実施主体は，日本は経済産業研究所が，「日本の無形資産投資に関する実証研究」（科学技術研究費，基盤研究（S）22223004）からの研究費を利用して実施した[17]．韓国は，第1回は日本経済研究センター，第2回はサムスン経済研究所によって

16）　計量的な実証分析の一例としては，齊藤・菊谷・野田（2011），宮川ほか（2011）をあげておく．

第1章 生産性向上と無形資産投資の役割

表 1-11 インタビュー調査の概要

日 本

	第1回	第2回
調査期間	2008年2月〜9月	2011年10月〜2012年3月 2012年7月〜2012年9月
調査対象企業	電気機械製造業，情報通信機械製造業，精密機械製造業，自動車・同付属品製造業，情報サービス業，映像・音声情報制作業，小売業（非上場企業を含む）	全産業（上場企業）
回答数	573	402
回答率	52.8%	22.2%
調査実施機関	経済産業研究所	経済産業研究所

韓 国

	第1回	第2回
調査期間	2008年5月〜9月	2011年10月〜2012年5月
調査対象企業	電気機械製造業，情報通信機械製造業，精密機械製造業，自動車・同付属品製造業，情報サービス業，映像・音声情報制作業，小売業（非上場企業を含む）	全産業（上場企業）
回答数	350	505
回答率	59.2%	28.9%
調査実施機関	日本経済研究センター	サムスン経済研究所

実施された．調査方法は，調査員を企業に派遣して調査項目にしたがってインタビューを行う，インタビュー調査方式をとった．調査項目は，基本的には Bloom and Van Reenen（2007）にしたがって，組織管理と人的資源管理に関する質問を2回とも行っている．ただし，後に分析結果を示すように，組織改革の有無や終身雇用制の採用など，Bloom and Van Reenen（2007）には含まれていないが，日韓の企業を考える上では重要と思われる質問を追加している．各調査の質問項目に関しては，補論を参照されたい[18) 19)]．

---

17) 日本におけるインタビュー調査は，2008年，2011年，2012年の3回実施されている．しかし第3回のインタビュー調査は，第2回の補足的な調査の意味合いがあるため，分析上は，2011年，2012年の調査結果は，第2回調査としてまとめて記載している．

回答企業は，各調査において350から600の間である．図1-7で産業分布を見ると，韓国では2回の調査とも製造業の比率が80%前後と製造業の比率が大きいが，日本では1回目は業種を限定したこともあり，サービス業の比率が過半を占めている．表1-12で規模分布を見ると，2回目の調査が上場企業を中心に調査したこともあり，中小企業の比率が少なく，規模の大きな企業の比率が増えている．全体的には，日本の回答企業の規模が韓国の回答企業の規模を上回っている．

インタビュー調査の結果から経営スコアを算出する方法は，Miyagawa et al. (2015) に詳しく説明されているが，これを要約すると，各質問は3つの副質問に分かれていて，質問の段階を経ていく度に高いスコアがつくようになっている．最初の質問をクリアーしなかった場合のスコアが1になるので，すべての質問をクリアーした場合のスコアは4になる．したがって各質問について1から4までの間のスコアがつくことになる．経営管理を組織管理と人的資源管理に分けた場合，組織管理のスコアが高いということは，組織目標が適切な水準に設定され，下部組織にまで浸透し，かつ達成の確認とその結果の活用が徹底されていることを示している．一方人的資源管理のスコアが高いということは，パフォーマンスに応じた人材の活用がなされ，かつ人材育成に熱心であることを示している．

4.3　日韓企業のインタビュー調査の結果

前項で説明したような方法で算出した経営スコア（全項目，組織管理項目，人的資源管理項目の平均値）は，表1-13にまとめられている．表1-13を見る

---

18)　本調査に関して，大湾東京大学教授から，サンプルを選択する際に，現実の産業分布を反映したものになっていないのではないか，との指摘があった．確かにこの調査では，回答率を上げるために，現実の産業分布に応じたサンプルの抽出を行っていない．ただBloom and Van Reenen の一連の研究でもサンプル抽出に関する記述がないことから，ここでも全サンプルについて分析を行っている．

19)　補論1と2はそれぞれ調査表の質問項目をそのまま記載している．ただし，補論1の質問項目2と補論2の質問項目2，補論1の質問項目6から13と補論2の質問項目3と4は，基本的に同じ内容の質問である．

第1章 生産性向上と無形資産投資の役割

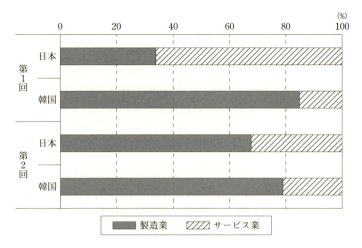

図1-7 調査対象企業の産業分布

表1-12 調査対象企業の規模別分布

(%)

従業員数	日 本		韓 国	
	第1回	第2回	第1回	第2回
300人未満	44.0	42.5	72.8	54.3
300〜499人	15.3	14.7	10.5	17.0
500人以上	40.7	42.8	16.7	28.7

出所) Miyagawa et al. (2015).

と，日本の経営スコアは，2度の調査とも韓国の経営スコアを上回っているが，その差は大きく縮小している．特に2回目の調査において，韓国大企業の経営スコアは，日本の大企業の経営スコアを上回っている．この結果は我々の経験とも符合し，かつ2000年代に入ってからの日韓の生産性格差が縮小しているとしたFukao et al. (2008)の結果とも整合的である．また日韓とも組織管理の経営スコアは人的資源管理の経営スコアを上回っている．Bloom et al. (2014b)におけるWMSでも米国以外の国の経営スコアは，同様の傾向を示していることから，彼らは，これらの国が労働市場規制により，柔軟な人的資源管理が取りにくいのではないかと述べている．

第1章 生産性向上と無形資産投資の役割

表1-13 経営スコアの要約

第1回調査（2008年）

	日韓			日本			韓国		
	企業数	平均値	分散	企業数	平均値	分散	企業数	平均値	分散
全質問平均									
全サンプル	923	2.458	0.321	573	2.609	0.243	350	2.211	0.351
製造業	491	2.343	0.336	194	2.606	0.245	297	2.171	0.321
サービス業	432	2.588	0.273	379	2.610	0.243	53	2.433	0.468
大企業	397	2.643	0.269	304	2.697	0.220	93	2.469	0.394
中小企業	488	2.317	0.309	239	2.517	0.241	249	2.126	0.299
組織管理									
全サンプル	923	2.593	0.463	573	2.749	0.398	350	2.339	0.466
製造業	491	2.493	0.459	194	2.782	0.367	297	2.305	0.430
サービス業	432	2.707	0.444	379	2.732	0.414	53	2.528	0.634
大企業	397	2.759	0.436	304	2.837	0.387	93	2.507	0.517
中小企業	488	2.472	0.433	239	2.664	0.363	249	2.287	0.432
人的資源管理									
全サンプル	923	2.356	0.398	573	2.504	0.305	350	2.115	0.458
製造業	491	2.231	0.424	194	2.475	0.322	297	2.071	0.428
サービス業	432	2.499	0.330	379	2.518	0.296	53	2.361	0.562
大企業	397	2.556	0.323	304	2.592	0.274	93	2.440	0.470
中小企業	488	2.202	0.402	239	2.407	0.323	249	2.005	0.400

第2回調査（2011, 2012年）

	日韓			日本			韓国		
	企業数	平均値	分散	企業数	平均値	分散	企業数	平均値	分散
全質問平均									
全サンプル	907	2.541	0.311	402	2.568	0.226	505	2.518	0.379
製造業	671	2.530	0.336	272	2.552	0.242	399	2.515	0.401
サービス業	236	2.570	0.240	130	2.603	0.191	106	2.530	0.300
大企業	462	2.670	0.284	231	2.642	0.213	231	2.698	0.355
中小企業	445	2.406	0.305	171	2.469	0.226	274	2.367	0.350
組織管理									
全サンプル	907	2.669	0.413	402	2.694	0.322	505	2.649	0.485
製造業	671	2.662	0.442	272	2.668	0.343	399	2.657	0.511
サービス業	236	2.691	0.330	130	2.750	0.276	106	2.618	0.391
大企業	462	2.755	0.411	231	2.755	0.336	231	2.755	0.487
中小企業	445	2.580	0.401	171	2.612	0.293	274	2.560	0.468
人的資源管理									
全サンプル	907	2.444	0.414	402	2.474	0.313	505	2.420	0.495
製造業	671	2.432	0.443	272	2.465	0.320	399	2.409	0.526
サービス業	236	2.479	0.334	130	2.492	0.300	106	2.463	0.379
大企業	462	2.606	0.380	231	2.557	0.314	231	2.655	0.444
中小企業	445	2.276	0.395	171	2.361	0.291	274	2.223	0.454

図1-8では，各調査における日韓企業のスコア分布，日本と韓国における第1回調査と第2回調査のスコア分布を比較している．これを見ると，第2回調査において，日韓の経営スコアの分布がほぼ重なってきていることがわかる．また，日本では第2回調査の分布は，第1回調査の分布よりも若干左方に移動し，韓国では第2回調査の分布が第1回調査の分布よりも右方に移動していることがわかる．Miyagawa *et al.* (2015) では，Kolmogrov=Smilnov testを使って，こうした日韓，第1回と第2回の調査の分布の違いの有意性を検定しているが，いずれのケースについても分布が有意に変化していることを確認している．

Miyagawa *et al.* (2015) は，この経営スコアを生産関数に含めて推計し，日韓とも全体的な経営スコアが高くなれば，生産性も向上していることを示している．加えて，全体的な経営スコアを組織管理スコアと人的資源管理スコアに分けた場合，日本企業では高い組織管理スコアと生産性向上は正の関連性があり，韓国企業では人的資源管理スコアと生産性向上が正の相関を有することを示している．

第2回のインタビュー調査では，経営スコアに使った質問項目以外に日韓企業の経営環境の差を調べる質問を行っている．この質問に対する回答をまとめたものが，表1-14である．まず主力製品が国内市場でどれくらいの割合を占めているかを問うた質問の回答では，80％以上の日本企業が，国内市場に占める割合が50％を超えると答えているのに対し，韓国では主力製品またはサービスの海外市場割合が75％以上（国内市場のウエイトが25％未満）と答えた企業の割合が20％近くに達している．この結果は，通常言われている日本企業の国内志向，韓国企業の海外志向を裏付けるものとなっている．また主要な競合社数を問うた質問では，5社以下と答えた企業が，日本では40％に対し，韓国では50％を超えており，日本の市場の方が韓国よりもより競争的であることがわかる．この点も従来の日本と韓国の競争環境に対する見方と整合的である．

次に組織目標達成後の目標見直しに要する時間を比較すると，比較的短い期間である3か月未満の企業割合でみると，韓国企業の方が日本企業よりも圧倒的に多い．新規事業開始や既存事業撤退などの組織決定における根回し

第 1 章 生産性向上と無形資産投資の役割

第 1 回調査

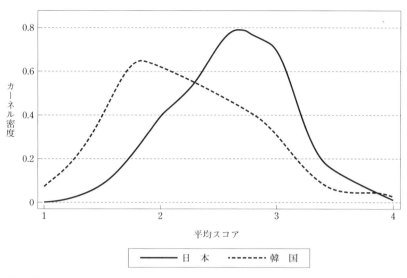

第 2 回調査

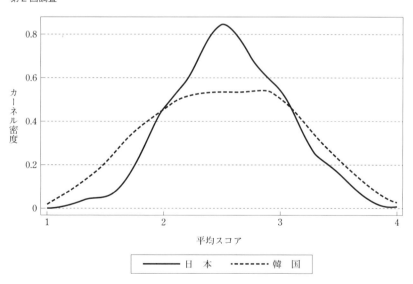

図 1-8 日韓企業のスコア分布比較

表1-14 第2回調査結果の概要

(1) 国内市場のウエイト

(%)
	日本	韓国
75％以上	67.3	43.6
50％以上75％未満	16.9	18.2
25％以上50％未満	9.8	18.8
25％未満	6.1	19.4

(2) 競争環境（主要競合社数）

(%)
	日本	韓国
1社	1.5	2.2
2社以上5社以下	41.3	52.9
6社以上9社以下	20.3	19.8
10社以上	37.0	25.1

(3) 組織目標の運用及び見直しに要する時間

(%)
	日本	韓国
1か月未満	5.8	25.6
1か月以上3か月未満	16.1	40.1
3か月以上6か月未満	4.6	17.6
6か月以上1年未満	63.2	10.4
1年以上	10.3	6.3

(4) 組織決定における根回しの時間の割合

(%)
	日本	韓国
60％以上	10.1	17.4
40％以上60％未満	18.3	29.5
20％以上40％未満	27.5	29.7
20％未満	44.2	22.8

(5) 新規事業の検討から開始までの期間

(%)
	日本	韓国
1か月未満	26.6	2.0
1か月以上3か月未満	18.1	11.6
3か月以上6か月未満	9.1	21.6
6か月以上1年未満	21.6	37.5
1年以上	24.6	27.3

(6) 既存事業の検討から撤退までの期間

(%)
	日本	韓国
1か月未満	26.9	4.9
1か月以上3か月未満	17.3	16.3
3か月以上6か月未満	13.7	20.4
6か月以上1年未満	23.9	29.5
1年以上	18.3	28.9

(7) 全社戦略情報のうち，ある事業担当者が有している情報量の割合

(%)
	日本	韓国
80％以上	12.7	29.9
60％以上80％未満	17.1	34.5
40％以上60％未満	29.4	24.0
40％未満	40.8	11.7

(8) 事業担当者が有する情報のうち，インフォーマル・ルートの割合

(%)
	日本	韓国
60％以上	3.2	4.0
40％以上60％未満	7.1	12.3
20％以上40％未満	25.7	34.1
20％未満	64.0	49.6

出所）「無形資産投資に関するアンケート調査」をもとに尾崎が作成．

の時間の割合は，韓国企業の方が全体的に多いが，表1-14-3の平均的な時間をかけて絶対的な時間を算出すると，結果的に根回しにかける時間は韓国企業の方が短い．一方，新規事業の検討から開始までの時間および既存企業の検討から撤退までの時間は，日本企業の方が短い[20]．組織情報の浸透度に関しては，会社全体の情報を担当者が把握している割合は，韓国企業の方が日本企業よりも多く，事業担当者が占める情報の中で，インフォーマルルートが占める割合も韓国企業の方が大きい．このことは，韓国企業の方が，日本企業よりも企業内の情報の浸透度が高いことを示唆している．

4.4　日本企業の特性と経営スコア——組織改革，IT活用，成果主義

我々のインタビュー調査では，Bloom and Van Reenen (2007) に準じた経営管理に関する質問項目の他に，組織改編やITの活用，日本的な人的資源管理など日本企業が直面している課題についての質問も行っている．本項では，こうした日本企業が抱える課題と，Bloom and Van Reenen (2007) を参考にして算出した組織管理スコアや人的資源管理スコアとの関係を調べる．なお，本節では日韓の比較分析を行うことから韓国の調査結果と整合的になるように経営スコアを算出したため，組織資本スコアとして組織目標に関するスコアや組織改革に関するスコア，ITの活用に関するスコアを考えている．一方，本項では組織資本スコアと組織改革やITの活用の関係をみるため，組織資本スコアとして組織目標に関するスコアを考える．また，同様の理由から人的資源管理スコアについても，成果主義に関するスコアや専門性を重視しているか否かに関するスコアを含めているが，本項では人的資源管理スコアからそれらのスコアを除き，各々との関係を見る[21]．

図1-9-1は，組織改革の程度と経営スコアとの関係である．組織改革のス

---

20) ただし，日本企業の場合，問題の所在が明確になっているにもかかわらず，検討に着手するまでの期間が長い可能性もある．
21) 4.3項では日韓比較のために，韓国側が選んだ質問項目に対応した経営スコアを算出したが，本項では，組織目標の運用に関する枝番の質問項目のスコアを考慮する一方で，組織改革の質問項目については，スコアの算出から除外している．また人的資源管理では，職員のインセンティヴやローテーションに関する質問のスコアを除外している．

コアは,過去10年間組織改革を行っていない企業または組織改革に1年以上の時間を要した企業のスコアを1とし,組織改革の対象が部局単位から全社単位へと広がるにつれて,スコアが高くなる仕組みになっている.これを見ると,スコアが1から3の企業は組織管理,人的資源管理に関するスコアはほとんど変わらないが,組織改革の規模がもっとも大きいスコア4の企業は組織管理,人的資源管理に関する各スコアがそれぞれもっとも高くなることがわかる.

図1-9-2は,権限委譲の程度と経営スコアとの関係である.権限委譲のプロセスは,権限委譲が行われていない場合(スコア1)と行われる場合を考える.さらに,権限委譲が行われる場合,下部の従業員に決定権限を委譲し(スコア2),さらに決定プロセスの短縮化を図り(スコア3),それによって従業員の働き方に変化が起きる(スコア4)までを考える.権限委譲に関するスコアと組織管理,人的資源管理の平均スコアを見てみると,第2回調査の権限委譲スコア3のケースを除き,おおむね,権限委譲のプロセスが進めば,組織管理スコア,人的資源管理スコアともに上昇することがわかる.図1-9-3はITの活用と経営スコアの関係である.IT化については,組織改編とともに実施されていないか(スコア1)実施されているか(スコア2),社内的にITの利活用を進めているか(スコア3),社内だけでなく,社外との取引においてもITを活用しているか(スコア4)を問うている.この場合もおおむねITの利活用が進むにつれて,組織管理スコア,人的資源管理スコアは上昇している[22].

図1-9-4は,成果主義導入の程度と経営スコアとの関係である.成果主義は,第1回調査については,成果主義をとっているか否か(とっていない場合スコア1,とっている場合スコア2),成果主義の基準が従業員に浸透しているか(スコア3),また定期的な異動の際だけでなく運用されているか(スコア4)を問うている.一方,第2回調査については,成果主義の採用の有無は第1回調査と共通しているが,成果主義の方法として昇進や報酬以外の総合

---

[22] Bloom, Sadun, and Van Reenen(2012)は,米国の多国籍企業のIT活用が,米国以外の多国籍企業よりも生産性を向上させている要因であると述べている.

第1章　生産性向上と無形資産投資の役割

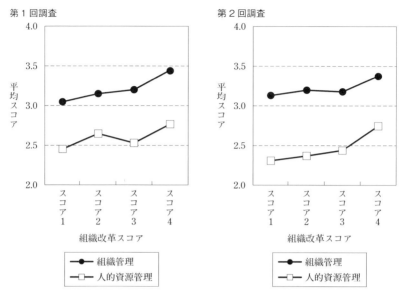

図1-9-1　組織改革と経営管理のスコア

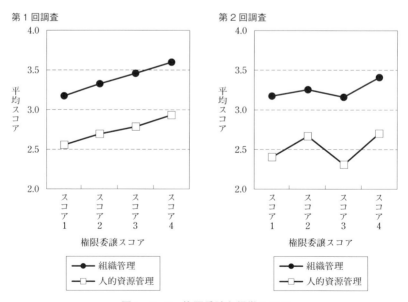

図1-9-2　権限委譲と経営スコア

第1章 生産性向上と無形資産投資の役割

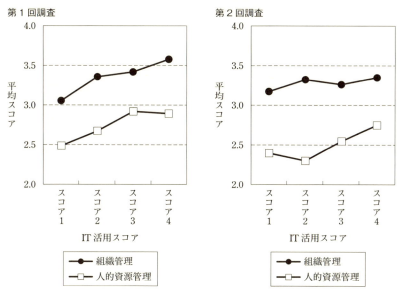

図1-9-3 IT活用と経営スコア

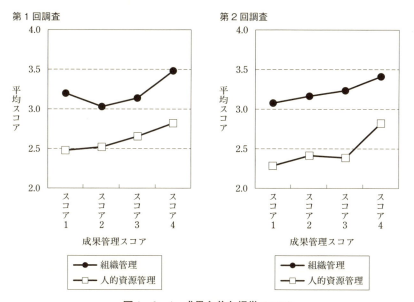

図1-9-4 成果主義と経営スコア

第 1 章　生産性向上と無形資産投資の役割

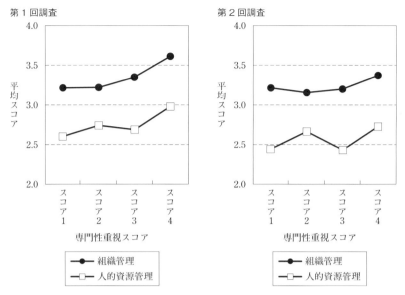

図 1 - 9 - 5　専門性と経営スコア

出所）Miyagawa et al.（2015）.

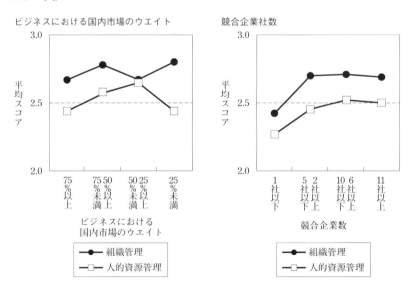

図 1 - 10　経営環境と経営スコア

出所）Miyagawa et al.（2015）.

的なインセンティブがあるか（スコア3），成果主義による効果を捕捉しているか（スコア4）を問うている．第1回調査の結果をみてみると，組織管理については，成果主義・管理のスコアが2と3の場合よりも，1と4の場合の方がスコアは高く，U字のような関係が示唆されている．人的資源管理スコアについては，成果主義・管理スコアと正の相関がみられる．第2回調査の結果では，組織管理，人的資源管理ともにおおむね正の相関が見られる．成果主義と経営スコアとの関係については，雇用制度の問題も含めて，西岡（2016）でより詳しく検討される．

最後に図1-9-5は，従業員の専門性を重視する度合いと経営スコアとの関係である．専門性重視の人的資源管理については，通常のルーティン化された人事異動ではなく，専門性を重視した人事異動を行っている程度が高いほどスコアが高くなるようになっている．この項目と経営スコアとの関係を見ると，専門性重視スコア4にまで達すると経営スコアも上昇することがわかる．専門性重視スコアが4というのは，人事異動を柔軟的に行い，長期間特定の部署に従業員を置く等の専門性を重視した人事異動をするだけでなく，従業員の専門性やスキルを高める研修を行っている場合を指していることから，企業自身が専門的な人材の育成に積極的に関わらなければ，経営の質も高まらないことがわかる．

4.5 経営環境と経営スコア

最後に，第2回目の調査で日韓の比較に利用した経営環境に関する質問項目と経営スコアとの関係を見ておこう．図1-10は，組織管理および人的資源管理に関する経営スコアと，ビジネスにおける主力製品またはサービスの国内市場のウエイトおよび競合企業数に関する回答との関係を見たものである．

ビジネスにおける国内市場のウエイトの違いは，それほど，経営スコアに影響を及ぼしていない．一方，競合企業数について見てみると，1社以下の場合よりも，2社以上5社以下，6社以上10社以下，11社以上の場合の方が，経営スコアは若干高くなっている．後者の結果は，経営スコアの上昇が，生産性の向上につながるとすれば，競争の程度が高まるとおおむね生産性が上

昇するとした Inui, Kawakami, and Miyagawa (2012) の推計結果と矛盾するものではない.

5. 無形資産と企業価値

　無形資産の市場評価アプローチは，株式市場の完全情報を前提としている．すなわち，株式市場が企業の将来収益を正確に反映していれば，CHS が述べる無形資産の将来の便益への寄与も，株価の中に反映されることになる．Hall (2000, 2001) は，この考え方を利用して，Tobin の Q が 1 を超える部分については，無形資産の価値が反映されているとした[23]．

　複数の資産を考慮した場合，企業価値がどのように表されるかということは，すでに Wildasin (1984) や浅子・國則 (1989)，Hayashi and Inoue (1991) らによって明らかにされている．すなわち，もし生産関数と投資の調整費用の 1 次同次性が成立するとすれば，企業の市場価値は，各資産の価値をその資産の Tobin の Q をウエイトとした加重平均で表される．

　Yang and Brynjolfsson (2001) や Cummins (2005) は，企業の市場価値からこの調整費用の値を推計し，もし計測された係数が 1 より高ければその部分は無形資産を蓄積するための組織費用が支出されているとみなした．その結果，Yang and Brynjolfsson (2001) の計測では，コンピューター資産に関して多額の調整費用が観察されると考えた．しかし，Cummins (2005) は，もし調整費用が無形資産として蓄積され生産に寄与しているとすれば，Yang and Brynjolfsson (2001) のような OLS での推計は，推計誤差が無形資産の影響を受けるため推定されたバイアスが生じていると批判した．この問題を修正するために Cummins (2005) は，OLS だけでなく，System GMM での推計も行った．また彼は，企業の市場価値を測る際に変動の大きい株式市場の価値だけではなく，アナリストの収益予想を現在価値に還元した値も企業価値として用いた．その結果，Yang and Brynjolfsson (2001) が

---

23) Hall 自身は，この Tobin の Q が 1 を超える部分を e-capital の評価と呼んでいる．

主張するほど，無形資産の値はそれほど大きなものではなく，せいぜい IT 資本に伴って生ずる程度であることを確認している．

Miyagawa and Kim (2008) は，上場企業の財務データを利用して，研究開発資産やブランド資産が，企業価値に影響を与えているだけでなく，さらに付帯的な無形資産が存在することを実証している．Basu *et al.* (2003) は，さらにこの付帯的な無形資産も長期的には生産要素として蓄積されることから，短期的には，従来の Solow residual を低下させるものの長期的にはその向上に寄与していると考えた．Miyagawa and Kim (2008) は，この点についても実証的な検討を行い，無形資産蓄積のプラス効果が，無形資産投資のマイナス効果をわずかに上回り，0.1% ほど標準的な TFP 成長率が上方にバイアスを持っていることを確認している．

Hulten and Hao (2008) も，最近では Tobin の Q の代理的な変数である，企業の時価・簿価比率が高くなっている要因の一つとして無形資産の存在をあげている．彼らは，米国の企業データを使って，研究開発資産と組織資本を推計している．このうち組織資本は，Lev and Radhakrishnan (2005) と同様，企業の一般管理費・販売費から計算を行っている．彼らの推計では，研究開発資産の増加は企業価値を増加させるが，組織資本の増加が企業価値を増加させるかどうかについては確認できていない．

この Hulten and Hao (2008) の方法を日本に適用したのが，滝澤 (2016) である．彼女は，日本の企業について Hulten and Hao (2008) 同様，研究開発資産と組織資本を推計し，無形資産を含む Tobin の Q が，設備投資に対してより説明力を持つこと，また無形資産の多い企業ほど，資金制約に直面している可能性が高いことを示した．

パリ第 11 大学の Bounfour と宮川が編集した最近の著書 (Bounfour and Miyagawa 2015) でも，無形資産と企業価値に関するいくつかの論文が収められている．Kawakami and Asaba (2015) は，前節で紹介したインタビュー調査から推計された経営スコアを使って，経営スコアの高い企業は企業価値も高いかどうかを検証した．すなわち株式市場は，企業の経営の質を評価しているかどうかを確かめたのである．彼らの実証結果によると，人的資本管理に関する経営スコアは，株式価値を高めているが，組織管理に関する経

第 1 章　生産性向上と無形資産投資の役割

表 1-15　標準的なトービンの Q と無形資産を考慮したトービンの Q

	全産業		IT 関連産業	
	標準的な トービンの Q	無形資産を含む トービンの Q	標準的な トービンの Q	無形資産を含む トービンの Q
平均値	1.404	0.990	1.710	1.129
中央値	1.056	0.774	1.262	0.880
最小値	0.207	0.142	0.207	0.162
最大値	6.933	6.238	6.625	5.424
標準偏差	1.146	0.742	1.304	0.802
観測数	2,939	2,939	1,089	1,089

注）サンプル期間：2000 年度～2009 年度.
出所）Miyagawa, Takizawa, and Edamura (2015).

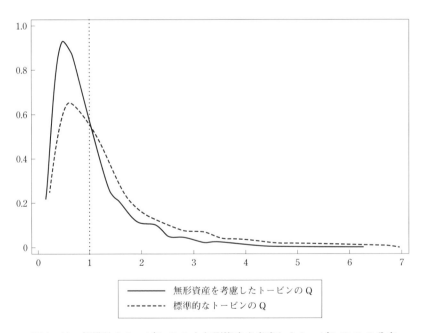

図 1-11　標準的なトービンの Q と無形資産を考慮したトービンの Q の分布

注）縦軸は密度，横軸はトービンの Q の値を示す．横軸の数値 1 の点線は，トービンの Q（企業の株式時価総額と企業の保有資産の売却価額の比）が 1 になる点を示している．

営スコアと株式価値に関する関係は不明確なものであった．Gu and Li (2015) も投資家や証券アナリストが企業の長期的な成長可能性を判断する際に，研究開発費や広告費だけでなく，より広い範囲の無形資産を判断材料としていることを実証している．

Miyagawa, Takizawa, and Edamura (2015) は，Hulten and Hao (2008) や滝澤 (2016) よりもより包括的な無形資産を含む Tobin の Q を推計した．すなわち，無形資産はできるだけ CHS の概念に近く，研究開発資産だけでなく，情報化資産や経済的競争力についても推計し，すべての資産について，その時点での取得価格で評価している．表 1-15 は，株式時価総額と有形資産の再評価額の比をとった標準的な Tobin の Q と有形資産だけでなく無形資産の再評価額の合計を利用した Tobin の Q を比較したものである．表 1-15 を見ると，標準的な Tobin の Q に比べ，無形資産を含む Tobin の Q は，平均値が 1 に近づく．これは，株式市場が無形資産の価値を評価していることを示している．もちろん，無形資産を資産の再評価額に加えれば，自動的に Tobin の Q は低下するが，図 1-11 を見ればわかるように，Tobin の Q の分布が全体的に左方に移動するのではなく，全体のばらつきが縮小するのである．このことは Tobin の Q が高い企業ほど，無形資産の量が多いことを示している．実際に IT 関連産業に属する Tobin の Q は，標準的な Tobin の Q の値が，全体の平均値よりもかなり高いが，無形資産を含むと Tobin の Q の値が大きく低下している．

Tobin の Q は，資本収益率の現在価値であるということを考えると，図 1-11 のように，無形資産を考慮した Tobin の Q の分布が収縮しているということは，無形資産を含む資本収益率が均等化していることを示している．この点は，McGrattan and Prescott (2010) や Görzig and Görnig (2012) の分析結果と整合的である．

6. おわりに——無形資産投資の政策的役割

これまで紹介してきた，マクロ・産業・ミクロレベルにおける無形資産の実証分析は，無形資産投資が生産性向上に寄与する大事な要素であることを

示している．中には，OECD（2013）の報告書のように，無形資産投資は有形資産投資よりも，生産性向上にとってより有効な手段であると述べたものもある．こうした背景には1990年代後半以降のIT革命という大きな技術革新とそれに伴う経営環境の変化が大きい．現在でも成長戦略に明記されているような，医療や介護，金融などのサービス業の分野でIT化を進める余地が十分にある．IT化は経営管理の変更を伴うが，近年英国では，第4節で紹介した経営管理に関するインタビュー調査を，医療，教育，公共サービスの分野に拡張して，それぞれの組織パフォーマンスとの関連性を考察する研究が進んでいる[24]．また川上（2013）が示したように，IT関連企業の起業率と都道府県別の1人当たり所得はある程度相関していることから，地方創生策にとっても無視できない要素である．政府もこうした流れを無視していたわけではなく，2000年代初頭から積極的なIT推進策を進めてきたが，それが生産性向上につながらない背景には，補完的な役割を果たす無形資産の蓄積が不足していると考えてよいだろう．

　それでは，日本はCHSが定義した無形資産の中で，何が重要なのだろうか．研究開発投資は，日本の無形資産投資の中で大きなシェアを占めているが，中国，韓国の追い上げもあり，引き続き支援が必要である．それ以外では，1990年代から急減している人材への投資が重要である[25]．各サービス分野の生産性向上や地方創生策が速やかに実現するかどうかは，政策を遂行するのに必要な人材が充足しているかどうかによる．

　安倍政権になってから，政府は民間企業の賃金の引き上げを促し，短期的な景気浮揚につなげようとしているが，賃金の持続的な上昇は，生産性の継続的な向上なしには達成できない．こうした点を考慮すると，各労働者のスキルアップを通した生産性向上を図るべきである．すでに企業だけでなく家計に対しても，人材育成費用に対する補助制度が実施されているが，利用主

---

24) 例えば，医療に関しては，Bloom et al.（2010），15歳時点での学校教育に関しては，Bloom et al.（2014a），大学教育に関しては，McCormack, Propper, and Smith（2014），公共サービスに関しては，Rasul and Rogger（2015）などがある．
25) 青木（2015）もまた，生産性向上の要因としての人材育成を強調している．

体への浸透度が低く，また制度的にも利用しづらいものとなっている．こうした促進制度を，広報も含めてより使いやすいものになるよう工夫すべきであろう．

　我々の分析では，IT投資や無形資産投資は企業価値を高める傾向があるという結果が得られている．したがって経営者もIT投資や無形資産投資を単なる合理化投資や景気循環局面における調整弁的な投資として位置づけるのではなく，企業価値を高める積極的な投資として位置づけるべきであろう．

　アベノミクスが始まってから，マクロ的な金融政策や財政政策だけでなく，多種多様な政策が打ち出されるようになったが，一方で，こうした多様な政策を支えるべき人材が足りているのか，という疑問も出されている．政府は，一度経済成長を促進するための政策を整理すると同時に，優先的に遂行する政策に関しては，その政策遂行に必要な人材の育成も含めた支援策をとっていくべきであろう．

補論1　第1回インタビュー調査項目

1. 経営理念（ビジョン）の浸透
    - 御社が長年にわたって掲げておられる経営理念はありますか
    - その理念を職員全員が共有するためにどのような工夫をされていますか（例えば「朝礼」や「カードにして携帯」するなど）
    - その理念は社外の取引先や株主にも支持されていますか
2. 組織目標
    - 全社，部，課などレベルを問いませんが，複数の段階でヴィジョンやスローガンに留まらない具体的な数値目標を持っていますか
    - 各部門の目標は，整合性がとれるように，部門間で調整されていますか
    - これらの目標は，経営理念または長期的な全社レベルの目標と整合性が保たれていますか
  2-1. 組織目標の運用（目標水準の設定）
    - たとえば部や課の目標水準の設定は，単に上位の部門から与えられるものでしょうか．それとも現場の意見が考慮されて決まるのでしょうか
    - その目標水準は努力目標として妥当な水準になっていますか
    - 他の部や課と公平性を確保する様，目標水準をチェックしていますか
  2-2. 組織目標の運用（目標の浸透）
    - すべての職員は所属している組織の目標を知っていますか
    - 全社，部，課色々なレベルの目標がある場合，それら目標の優先順位を理解していますか
    - それら目標水準について，職員は十分に納得していますか
  2-3. 組織目標の運用（目標達成度・パフォーマンスのチェック）
    - 達成度のチェックを行っていますか
    - それは必要に応じてということではなく，定期的に行われていますか
    - 定期的なチェックだけではなく，自ら進んでさらに追加的なチェックが行われていますか
    2-3-1. 組織目標の運用（目標達成度・パフォーマンスのチェック結果の浸透）
      - チェックした結果は部署内でオープンにしていますか
      - 部署内だけでなく関連部署間でもオープンになっていますか
      - その際に部署によって異なる目標水準達成度を，公平に比較できるよう工夫

第1章　生産性向上と無形資産投資の役割

していますか
- 2‑3‑2. 組織目標の運用（チェック結果－目標未達の場合の対応）
  - 目標が未達であることがわかった場合，管理職と職員を交えた会議を速やかに開いていますか
  - 検討後，修正点が部門内に行き渡り，対応措置が速やかに実施されますか
  - 問題点，対応策が当該部門あるいは必要であれば他部門にまで周知徹底されますか
- 2‑3‑3. 組織目標の運用（チェック結果－目標達成した場合の対応）
  - 目標が達成された場合はあらためてその目標を継続するか，さらに改善した目標を設定するかを検討しますか
  - さらに改善した目標を設定してから運用，実施までにどれだけの期間がかかりますか
  - この措置は全社レベルで制度化されていますか
3. 組織内の非定型的コミュニケーション
   - 定型化された会議以外に，インフォーマル・コミュニケーションを増やすような対策や行事を行っていますか
   - インフォーマル・コミュニケーションは，部門を越えて行われていますか
   - インフォーマル・コミュニケーションは，階層を越えて行われていますか
4. 組織改革の実行
   - 過去10年の間に組織改革をされましたか
   - その際にコンサル会社を使いましたか
   - 組織改革後に効果を数量的に把握しましたか
   - 4‑1. 組織改革，戦略変更の時間
     - 組織改革に1年以上の時間を要しましたか
     - 組織改革の必要性は，どこから生じたのでしょうか．トップのリーダーシップでしょうか
     - 組織改革の際に，中間管理職も改革に向け協力し，一体感が生まれましたか
   - 4‑2. 組織改革の効果の範囲
     - その効果は部や課といった部署内で表れましたか．表れた場合，効果の事例を一つ挙げてください
     - その効果は一つの部署にとどまらず部署間でも表れましたか．表れた場合，効果の事例を一つ挙げてください
     - 社内だけではなく取引先との間でも表れましたか．表れた場合，効果の事例を一つ挙げてください

4‑3. 組織改革の内容（権限委譲）
- 組織改革によって決定権限の下部委譲はありましたか
- 下部委譲とともに役職は簡素化されましたか
- その結果として仕事の内容ややり方は変わりましたか

4‑4. 組織改革の内容（IT 活用）
- これまで IT 化を進めて，紙ベースの書類流通量の減少化など業務の効率化を行ってこられましたか
- 最近十年間で，IT 化を利用して，単なる業務効率化を越えて，組織改革にまで着手されるようになりましたか
- IT 化を利用した組織改革によって，新たな収益が得られる機会が生まれていますか．事例を一つ挙げてください

5. 昇進制度および報奨制度
- おもに成果主義ですか
- 多くが成果に基づく昇進になっている場合，目標管理制度を利用されていますか
- 目標管理制度を活用した成果主義を導入されて，職員のパフォーマンスは上昇しましたか

6. モチベーション向上のための工夫
- 昇進や報酬といった制度以外に従業員のモチベーションを上げるために何か工夫していますか
- それは全社で制度的に運用されていますか
- そういった工夫による，従業員のモチベーションや定着率および仕事のパフォーマンス上昇をチェックしていますか

7. パフォーマンスが低い職員への対応
- 口頭での注意以外に何らかの具体的な対応をしていますか
- その対応には平均的な任期よりも早期の異動といった措置が含まれていますか
- その異動は問題認識後に即座（定期異動前）に行われますか

8. パフォーマンスが高い職員への対応
- ミーティングで管理者が褒めるなどにより，パフォーマンスが高い結果を出したことを部署内で明らかにしていますか
- それを報酬や昇進に繋げるような制度はありますか
- その制度を導入したことにより従業員のモチベーションは上がっていますか

9. 優秀な人材の確保

- パフォーマンスの高い，コアになる優秀な人材を社内で特定できますか
- そのような人材は，その他の職員と異なる処遇を受けていますか
- そのような人材の流出を未然に防ぐことができましたか

10. 管理者の人的マネジメント評価
    - 管理者には，部下の育成をどの程度行なうべきかといった明確な尺度を与えていますか
    - 優秀な部下を育成した管理者に報酬，昇進などのインセンティブを与える制度はありますか
    - その制度を導入したことにより管理者のモチベーションは上がっていますか
11. 研修による人材育成
    - 職員の業務上の能力向上を目的に職能別研修や課題別研修を行っていますか
    - それらの研修は業績に貢献していますか
    - それらの研修による効果は他社に移っても即戦力となる位のレベルですか
12. OJTによる人材育成
    - OJTは日常的に行われていますか
    - OJTは業績に貢献していますか
    - OJTによる効果をモニタリングしていますか
13. 職員の専門性
    - ローテーションは例えば2〜3年というように期間で決めていますか
    - 専門性を培うために長期間にわたり特定の部署に置くことはありますか
    - 職員の専門性獲得のための体系的なプログラムを持っていますか

補論2　第2回インタビュー調査項目

1. 経営環境
   a. ビジネスにおける国内と海外のウェイト
      - 75％以上国内
      - 50％から75％までが国内
      - 25％から50％までが国内
      - 75％以上が海外
   b. 最も売上比率の高い（主力）製品またはサービスの市場での競争状況
      - 緩やか
      - 厳しくも緩やかでもない
      - 厳しい
      - とても厳しい
   c. 主力製品またはサービスの市場シェア
      - 0〜5％程度
      - 5〜10％程度
      - 10〜25％程度
      - 25％以上
   d. 競争相手
      - 1社以下
      - 2〜5社
      - 6社〜10社
      - それ以上
2. 組織目標
   2-1. 組織目標の運用（目標水準の設定）
      - 各部署における目標の設定は、上位の部署ではなく当該部署（現場）が決めていますか
      - その目標の達成難易度は、厳しすぎたり易しすぎたりしない適度なレベルになるよう工夫されていますか
      - 他の部署と難易度を比較して公平性が保てるように管理されていますか　具体的な管理方法を一つ挙げてください
   2-2. 組織目標の運用（目標の浸透）

- 自らが所属する組織目標の内容をすべての職員は知っていますか
- 課，部，事業部等色々なレベルで組織目標が設定されている場合，職員は優先順位など各目標間の関係を理解していますか
- 多くの職員は組織目標を単に知っているだけでなく，十分に納得し自らの動機として業務に従事していますか

2‐3. 組織目標の運用（目標達成度・パフォーマンスのチェック）
- 目標を達成したかどうかの確認を行っていますか
- その確認は定期的に行われていますか
- 制度として決められた確認作業に加えて，職員が自ら進んで目標達成の確認を行うことはありますか

2‐3‐2. 組織目標の運用（目標達成度・パフォーマンスのチェック結果の浸透）
- 目標達成の確認から得られた結果は，良くても悪くても部署内でオープンにしていますか
- 部署内だけでなく，業務で繋がりのある他の部署との間でもオープンになっていますか
- 部署間で達成度を公平に比較できる評価方法（例えば残業時間数等の尺度を設定）はありますか

2‐3‐3. 組織目標の運用（チェック結果―目標未達の場合の対応）
- 目標未達であった場合，管理職と職員は速やかにミーティングを持っていますか
- ミーティングにより得られた改善事項は，部署内で周知されるとともに対応措置が速やかに実施されていますか
- その改善事項は，他の部署にも周知徹底されていますか

2‐3‐4. 組織目標の運用（チェック結果―目標達成した場合の対応）
- 目標が達成された場合，より高いレベルの目標設定に見直すことを検討しますか
- 見直した目標の検討および運用実施に要する期間は3か月以内ですか
- 目標達成後速やかに高いレベルの目標に変更するという措置は御社内で制度化されていますか

3. 人事管理

3‐1. モチベーション向上のための工夫
- 職員の評価は，おもに成果主義ですか
- 昇進や報酬以外に職員のモチベーションを上げる方策をお持ちですか
- その方策により得られた効果，たとえばモチベーション向上や定着率上昇，

或いは業績改善などを確認していますか
- 3-2. パフォーマンスが低い職員への対応
    - ・達成度が低い職員に対しては，口頭での注意以外に何らかの具体的な対応をとっていますか
    - ・その対応の中には平均的な任期よりも早期の異動といった措置が含まれていますか
    - ・その異動時期は，早期に，少なくとも定期異動前に実施されますか
- 3-3. パフォーマンスが高い職員への対応
    - ・ミーティングで管理者が褒めるなどにより，パフォーマンスが高い結果を出したことを部署内で明らかにしていますか
    - ・報酬や昇進に繋げるような制度はありますか
    - ・その制度を導入したことにより従業員のモチベーションは上がっていますか
- 3-4. 管理者の人的マネジメント評価
    - ・管理者には，部下の育成をどの程度行なうべきかといった明確な尺度を与えていますか
    - ・優秀な部下を育成した管理者に報酬，昇進などのインセンティブを与える制度はありますか
    - ・その制度を導入したことにより管理者のモチベーションは上がっていますか
4. 人材育成
    - 4-1. 研修による人材育成
        - ・職員の業務能力向上を目的に定期的な研修を行っていますか
        - ・それら研修は業績向上に貢献していますか
        - ・その効果は他社に移っても即戦力となる位のレベルですか
    - 4-2. OJTによる人材育成
        - ・OJTは日常的に行われていますか
        - ・OJTは業績に貢献していますか
        - ・OJTによる効果をモニタリングしていますか
    - 4-3. ローテーションと職員の専門性
        - ・ローテーションは柔軟性を持っていますか
        - ・専門性を培うために長期間にわたり特定の部署に置くことはありますか
        - ・専門性獲得のための体系的な，たとえば研修，OJTおよびローテーションを総合的に勘案したプランまたはプログラムを持っていますか
5. 人材確保
    - 5-1. 優秀な人材の確保

- 各部署で中核となる優秀な人材を特定できますか
- そのような人材は，その他の職員と異なる処遇を受けていますか
- そのような人材の流出を未然に防ぐことができていますか

5‐2. 海外人材の活用
- 役職員の中に外国人はいますか
- 海外現地法人役員の中に外国人はいますか
- 本社役員の中に外国人はいますか

6. 終身雇用制
- 重視してきた
- やや重視してきた
- あまり重視してこなかった
- 重視してこなかった

7. 従業員（主に正社員）と経営者との関係
- 経営戦略に関する意思決定は，経営陣（者）からのトップダウン方式
- 従業員の待遇や人事管理に関しては，従業員側と定型的な協議を行う
- 協議の場だけでなく，インフォーマルなコミュニケーションの場を設け，従業員の意向を反映
- 経営戦略に関する事項についても，従業員とコミュニケーションをとる場を設け，それを経営戦略に反映

8. 組織決定と情報の流れ

8‐1. 複数の事業部と一緒に新規事業を開始する場合，プロジェクトとして検討が開始されてから実際に事業が開始されるまでの間を100％とすると，全社的な根回しに要する時間は何％位ですか
- 60％以上
- 40～59％
- 20～39％
- 19％以下

8‐2. 既存事業の整理・撤退を目的とするプロジェクトが立ち上がってから実際に実行されるまでの間を100％とすると，全社的な根回しに要する時間は何％位ですか
- 60％以上
- 40～59％
- 20～39％
- 19％以下

8‐3. 事業担当者が持っている情報量は，社内戦略情報全体を 100% とするとそのうちの何パーセント位ですか
- 40% 未満
- 40〜60%
- 60〜80%
- 80% 以上

8‐4. 事業担当者が持っている情報量の何% 位を，上司やフォーマルな会議などを通じてではなく，インフォーマルなルートたとえば飲み会などから入手していますか
- 20% 未満
- 20〜40%
- 40〜60%
- 60% 以上

9. 組織改革

9‐1. 組織改革の有無または規模
- 過去 10 年の間に御社は組織改革をしましたか
- 組織変更の内容は既存の事業部門内の変更，たとえば部や課の統廃合・簡素化などを超える規模でしたか
- それは事業部門レベルの新たな創出や統廃合を超える規模でしたか
- それでは全社レベルの，たとえば職能別組織から事業部制，マトリックス組織への移行，事業本部制やカンパニー制への移行，純粋持ち株会社化といった規模でしたか

a. 組織改革が始まったのは何年頃でしたか
b. 改革立案・実行を担当した職員の全職員に占める割合，および改革に要した期間はどれ位
c. 改革実施を決断した最大の理由は何ですか
d. 改革目的の重点事項は何でしたか

9‐2. 組織改革のプロセス
- 組織改革の提案が大多数の職員に受け入れられるのに要した時間は 1 年以内でしたか
- 大多数の職員は受け入れ後，中間管理職と一体になって積極的に行動しましたか
- 職員から組織改革に関して新たな建設的な提案が出されるようなことがありましたか

第1章　生産性向上と無形資産投資の役割

9‐3. 組織改革後の変化
　・組織改革によって決定権限の下部委譲はありましたか
　・下部委譲に伴って役職は簡素化されましたか
　・その結果として職員の仕事の内容や仕事に対する考え方は変わりましたか

9‐4. IT 投資と組織改革
　・組織改革の前後で IT 投資を強化しましたか
　・IT 活用は課や部，事業部門を超えて全社的に行われましたか
　・社内のみならず取引先等社外との業務においても IT 活用がなされましたか

9‐5. 組織改革の費用と調達
　a. 組織改革に伴う費用は，御社の売上高に対して何% 位か
　b. 組織改革に伴う費用の調達方法
　　・内部資金
　　・借入金
　　・社債発行
　　・新株発行
　　・その他
　c. （借入金がある場合または借入を貸し手に相談した場合）金融機関など貸し手による組織改革に対する評価（借入条件への影響）
　d. 組織改革にかかる費用が資産化できると仮定した場合の償却期間
　　・7 年以上
　　・5〜6 年
　　・3〜4 年
　　・2 年
　　・1 年

第1章　生産性向上と無形資産投資の役割

参考文献

Arrow, Kenneth J. (1974), *The Limits of Organization*, W. W. Norton. (ケネス・J・アロー，村上泰亮 [訳]『組織の限界』岩波書店，1976年)

Arthur, Jeffrey B. (1994), "Effects of Human Resource Systems on Manufacturing Performance and Turnover," *Academy of Management Journal*, Vol. 37(3), pp. 670-687.

Basu, Susanto, John G. Fernald, Nicholas Oulton, and Sylaja Srinivasan (2003), "The Case of the Missing Productivity Growth, or Does Information Technology Explain Why Productivity Accelerated in the United States But Not in the United Kingdom?" in: Mark Gertler and Kenneth Rogoff (eds.), *NBER Macroeconomics Annual 2003, Volume 18*, MIT Press, pp. 9-82.

Berle, Adolf Augustus, Jr. and Gardiner C. Means (1932), *The Modern Corporation and Private Property*, MacMillan.

Black, Sandra E. and Lisa M. Lynch (2005), "Measuring Organizational Capital in the New Economy," in: Carol Corrado, John C. Haltiwanger, and Daniel E. Sichel (eds.), *Measuring Capital in the New Economy*, University of Chicago Press, pp. 205-236.

Bloom, Nicholas and John Van Reenen (2007), "Measuring and Explaining Management Practices Across Firms and Countries," *Quarterly Journal of Economics*, Vol. 122(4), pp. 1351-1408.

Bloom, Nicholas, Raffaella Sadun, and John Van Reenen (2012), "Americans Do IT Better: US Multinationals and the Productivity Miracle," *American Economic Review*, Vol. 102(1), pp. 167-201.

Bloom, Nicholas, Renata Lemos, Raffaella Sadun, and John Van Reenen (2014a), "Does Management Matter in Schools," *CEP Discussion Paper* (The London School of Economics and Political Science), No. 1312. http://cep.lse.ac.uk/pubs/download/dp1312.pdf

Bloom, Nicholas, Renata Lemos, Raffaella Sadun, Daniela Scur, and John Van Reenen (2014b),"The New Empirical Economics of Management," *CEP Occasional Papers* (The London School of Economics and Political Science), No. 41. http://cep.lse.ac.uk/pubs/download/occasional/op041.pdf

Bloom, Nicholas, Carol Propper, Stephan Seiler, and John Van Reenen (2010), "The Impact of Competition on Management Quality: Evidence from Public Hospitals," *CEP Discussion Paper* (The London School of Economics and Political Science), No. 983. http://cep.lse.ac.uk/pubs/download/dp0983.pdf

Bounfour, Ahmed and Tsutomu Miyagawa (eds.) (2015), *Intangibles, Market Failure and Innovation Performance*, Springer.

Caroli, Eve and John Van Reenen (2001), "Skill-Biased Organizational Change? Evidence from A Panel of British and French Establishments," *Quarterly Journal of Economics*, Vol. 116(4), pp. 1449-1492.

Chun, Hyunbae and M. Ishaq Nadiri (2016), "Intangible Investment and Changing Sources of Growth in Korea," *Japanese Economic Review*, Vol. 67(1), pp. 50-76.

Chun, Hyunbae, Kyoji Fukao, Shoichi Hisa, and Tsutomu Miyagawa (2012), "Measurement of Intangible Investments by Industry and Its Role in Productivity Improvement Utilizing Comparative Studies between Japan and Korea," RIETI Discussion Paper Series, No. 12-E-037.

Chun, Hyunbae, Tsutomu Miyagawa, Hak Kil Pyo, and Konomi Tonogi (2016), "Do Intangibles Contribute to Productivity Growth in East Asian Countries? Evidence from Japan and Korea," in: Dale W. Jorgenson, Kyoji Fukao, and Marcel P. Timmer (eds.), *The World Economy: Growth or Stagnation?*, Cambridge University Press.

Coase, Ronald H. (1937), "The Nature of the Firm," *Economica*, Vol. 4(16), pp. 386-405.

Corrado, Carol, Charles Hulten, and Daniel Sichel (2005), "Measuring Capital and Technology: An Expanded Framework," in: Carol Corrado, John Haltiwanger, and Daniel E. Sichel (eds.), *Measuring Capital in the New Economy*, University of Chicago Press, pp. 11-46.

Corrado, Carol, Charles Hulten, and Daniel Sichel (2009), "Intangible Capital and U.S. Economic Growth," *Review of Income and Wealth*, Vol. 55(3), pp. 661-685.

Corrado, Carol, Jonathan Haskel, Cecilia Jona-Lasinio, and Massimiliano Iommi (2013), "Innovation and Intangible Investment in Europe, Japan and the US," Discussion paper 2013/1, Imperial College London Business School. https://spiral.imperial.ac.uk/bitstream/10044/1/11139/4/Haskel%202013-01.pdf

Crass Dirk, Georg Licht, and Bettina Peters (2015), "Intangible Assets and Investments at the Sector Level: Empirical Evidence for Germany," in: Ahmed Bounfour and Tsutomu Miyagawa (eds.), *Intangibles, Market Failure and Innovation Performance*, Springer, pp. 57-111.

Cummins, Jason G. (2005), "A New Approach to the Valuation of Intangible Capital," in: Carol Corrado, John C. Haltiwanger, and Daniel E. Sichel (eds.), *Measuring Capital in the New Economy*, University of Chicago Press, pp. 47-72.

De Long, J. Bradford and Lawrence H. Summers (1991), "Equipment Investment and Economic Growth," *Quarterly Journal of Economics*, Vol. 106 (2), pp. 445-502.

Delbecque, Vincent, Ahmed Bounfour, and Andrés Barreneche (2015), "Intangibles and Value Creation at the Industrial Level: Delineating Their Complementarities," in: Ahmed Bounfour and Tsutomu Miyagawa (eds.), *Intangibles, Market Failure and Innovation Performance*, Springer, pp. 27-56.

Fukao, Kyoji, Tomohiko Inui, Shigesaburo Kabe, and Deqiang Liu (2008), "An International Comparison of the TFP Levels of Japanese, South Korean, and Chinese Listed Firms," *Seoul Journal of Economics*, Vol. 21(1), pp. 5-38.

Fukao, Kyoji, Tsutomu Miyagawa, Kentaro Mukai, Yukio Shinoda, and Konomi Tonogi (2009), "Intangible Investment in Japan: Measurement and Contribution to Economic Growth," *Review of Income and Wealth*, Vol. 55(3), pp. 717-736.

Garicano, Luis and Esteban Rossi-Hansberg (2014), "Knowledge-based Hierarchies: Using Organizations to Understand the Economy," *CEP Occasional Papers*, No. 43.

Gibbons, Robert and John Roberts (2013), *The Handbook of Organizational Economics*, Princeton University Press.

Görzig, Bernard and Martin Görnig (2012), "The Dispersion in Profits Rates in Germany: A Result of Imperfect Competition?" presented at the 32nd General Conference of International Association for Research in Income and Wealth at Boston, USA.

Gu, Feng, and John Q. Li (2015), "Innovation in Information Systems and Valuation of Intangibles," in: Ahmed Bounfour and Tsutomu Miyagawa (eds.), *Intangibles, Market Failure and Innovation Performance*, Springer, pp. 291-306.

Hall, Robert E. (2000), "E-Capital: The Link between the Stock Market and the Labor Market in the 1990s," *Brookings Papers on Economic Activity*, Vol. 31(2), pp. 73-118.

Hall, Robert E. (2001), "The Stock Market and Capital Accumulation," *American Economic Review*, Vol. 91(5), pp. 1185-1202.

Harada, Nobuyuki (2014), "Intangible Investments and their Consequences: New Evidence from Unlisted Japanese Companies," *RIETI Discussion Paper Series*, No. 14-E-058.

Hayashi, Fumio and Tohru Inoue (1991), "The Relation Between Firm Growth and Q with Multiple Capital Goods: Theory and Evidence from Panel Data on Japanese Firms," *Econometrica*, Vol. 59(3), pp. 731-753.

Hulten, Charles R. and Xiaohui Hao (2008), "What is a Company Really Worth? Intangible Capital and the 'Market to Book Value' Puzzle," *NBER Working Paper*, No. 14548. http://www.nber.org/papers/w14548.pdf

Ichniowski, Casey, Kathryn Shaw, and Giovanna Prennushi (1997), "The Effects of

Human Resource Management Practices on Productivity: A Study of Steel Finishing Lines," *American Economic Review*, Vol. 87(3), pp. 291-313.

Inui, Tomohiko, Atsushi Kawakami, and Tsutomu Miyagawa (2012), "Market Competition, Differences in Technology, and Productivity Improvement: an Empirical Analysis Based on Japanese Manufacturing Firm Data," *Japan and the World Economy*, Vol. 24(3), pp. 197-206.

Jones, Charles I. and John C. Williams (1998), "Measuring the Social Return to R&D," *Quarterly Journal of Economics*, Vol. 113(4), pp. 1119-1135.

Kawakami, Atsushi and Shigeru Asaba (2015), "How Does the Market Value Management Practices of Japanese Firms? Using Management Practice Survey Data," in: Ahmed Bounfour and Tsutomu Miyagawa (eds.), *Intangibles, Market Failure and Innovation Performance*, Springer, pp. 193-216.

Kelley, Maryellen R. (1996), "Participative Bureaucracy and Productivity in the Machined Products Sector," *Industrial Relations: A Journal of Economy and Society*, Vol. 35(3), pp. 374-399.

Lev, Baruch and Suresh Radhakrishnan (2005), "The Valuation of Organization Capital," in: Carol Corrado, John C. Haltiwanger, and Daniel E. Sichel (eds.), *Measuring Capital in the New Economy*, University of Chicago Press, pp. 73-110.

Lucas, Robert E., Jr. (1978), "On the Size Distribution of Business Firms," *Bell Journal of Economics*, Vol. 9(2), pp. 508-523.

McCormack, John, Carol Propper, and Sarah Smith (2014), "Herding Cats? Management and University Performance," *Economic Journal*, Vol. 124(578), pp. F534-F564.

McGrattan, Ellen R., and Edward C. Prescott (2010), "Unmeasured Investment and the Puzzling US Boom in the 1990s," *American Economic Journal: Macroeconomics*, Vol. 2(4), pp. 88-123.

Milgrom, Paul R. and John Roberts (1992), *Economics, Organization, and Management*, Prentice-Hall. (ポール・ミルグロム／ジョン・ロバーツ, 奥野正寛・伊藤秀史・今井晴雄・西村理・八木甫 [訳]『組織の経済学』NTT 出版, 1997 年)

Miyagawa, Tsutomu and Shoichi Hisa (2013), "Estimates of Intangible Investment by Industry and Productivity Growth in Japan," *Japanese Economic Review*, Vol. 64(1), pp. 42-72.

Miyagawa, Tsutomu, and YoungGak Kim (2008), "Measuring Organizational Capital in Japan: An Empirical Assessment Using Firm-Level Data," *Seoul Journal of Economics*, Vol. 21(1), pp. 171-193.

Miyagawa, Tsutomu, Miho Takizawa, and Kazuma Edamura (2015), "Does the Stock Market Evaluate Intangible Assets? An Empirical Analysis Using Data of Listed Firms in Japan," in: Ahmed Bounfour and Tsutomu Miyagawa (eds.), *Intangibles, Market Failure and Innovation Performance*, Springer, pp. 113-138.

Miyagawa, Tsutomu, Miho Takizawa, and Konomi Tonogi (2016), "Declining Rate of Return on Capital and the Role of Intangibles in Japan," *RIETI Discussion Paper Series*, No. 16-E-051.

Miyagawa, Tsutomu, Keun Lee, YoungGak Kim, Hosung Jung, and Kazuma Edamura (2015), "Has the Management Quality in Korean Firms Caught Up with That in Japanese Firms? An Empirical Study Using Interview Surveys," in: Ahmed Bounfour and Tsutomu Miyagawa (eds.), *Intangibles, Market Failure and Innovation Performance*, Springer, pp. 157-191.

Morikawa, Masayuki (2015), "Financial Constraints on Intangible Investments: Evidence from Japanese Firms" in: Ahmed Bounfour and Tsutomu Miyagawa (eds.), *Intangibles, Market Failure and Innovation Performance*, Springer, pp. 139-155.

Niebel, Thomas, Mary O'Mahony, and Marianne Saam (2013), "The Contribution of Intangible Assets to Sectoral Productivity Growth in the EU," ZEW Discussion Paper, No. 13-062. http://ftp.zew.de/pub/zew-docs/dp/dp13062.pdf

OECD (2013) "New Sources of Growth: Knowledge-Based Capital," synthesis report. http://www.oecd.org/sti/inno/knowledge-based-capital-synthesis.pdf

Otani, Kiyoshi (1996), "A Human Capital Approach to Entrepreneurial Capacity," *Economica*, Vol. 63(250), pp. 273-289.

Penrose, Edith Tilton (1959), *The Theory of the Growth of the Firm*, Basil Blackwell.（E・T・ペンローズ，末松玄六［監訳］『会社成長の理論』ダイヤモンド社，1962年）

Rasul, Imran and Daniel Roggery (2015), "Management of Bureaucrats and Public Service Delivery: Evidence from the Nigerian Civil Service,"presented at 'Workshop on Incentives, Preferences, and Management in Developing and Developed Countries' held at University Tokyo on April 9th, 2015. http://www.ucl.ac.uk/~uctpimr/research/CSS.pdf

Roberts, John (2004), *The Modern firm: Organizational Design for Performance and Growth*, Oxford University Press.（ジョン・ロバーツ，谷口和弘［訳］『現代企業の組織デザイン――戦略経営の経済学』NTT出版，2005年）

Robinson, Patricia and Norihiko Shimizu (2006), "Japanese Corporate Restructuring: CEO Priorities as a Window on Environmental and Organizational Change," *Academy of Management Perspectives*, Vol. 20(3), pp. 44-75.

Simon, Herbert A. (1962), "New Developments in the Theory of the Firm," *American Economic Review*, Vol. 52(2), pp. 1-15.

Teece, David J. (2015), "Intangible Assets and a Theory of Heterogeneous Firms," in: Ahmed Bounfour and Tsutomu Miyagawa (eds.), *Intangibles, Market Failure and Innovation Performance*, Springer, pp. 217-239.

Tirole, Jean (1988), *The Theory of Industrial Organization*, MIT Press.

Wildasin, David E. (1984), "The q Theory of Investment with Many Capital Goods," *American Economic Review*, Vol. 74(1), pp. 203-210.

Williamson, Oliver E. (1975), *Markets and Hierarchies, Analysis and Antitrust Implications: A Study in the Economics of Internal Organization*, Free Press. (O・E・ウィリアムソン, 浅沼萬里・岩崎晃[訳]『市場と企業組織』日本評論社, 1980年)

Yang, Shinkyu and Erik Brynjolfsson (2001), "Intangible Assets and Growth Accounting: Evidence from Computer Investments", working paper, a research and education initiative at the MIT Sloan School of Management. http://ebusiness.mit.edu/erik/itg01-05-30.pdf

青木昌彦 (1978), 『企業と市場の模型分析』岩波書店.

青木昌彦 (2015), 「人を生かし生産性高めよ」日本経済新聞『経済教室』2015年1月5日朝刊.

青木昌彦・伊丹敬之 (1985), 『企業の経済学』岩波書店.

浅子和美・國則守生 (1989), 「設備投資理論とわが国の実証研究」宇沢弘文編『日本経済 蓄積と成長の軌跡』東京大学出版会, 151-182頁.

伊藤邦雄 [編] (2005), 『無形資産の会計』中央経済社.

伊藤秀史 (2003), 『契約の経済理論』有斐閣.

岩田規久男・宮川努 [編] (2003), 『「失われた10年」の真因は何か』東洋経済新報社.

枝村一磨・宮川努・金榮愨・鄭鎬成 (2016), 「経営管理とR&D活動——日韓インタビュー調査をもとにした実証分析」宮川努・淺羽茂・細野薫 [編] 『インタンジブルズ・エコノミー——無形資産投資と日本の生産性向上』東京大学出版会, 127-154頁 (本書第4章).

川上淳之 (2013), 「起業家資本と地域の経済成長」『日本経済研究』第68号, 1-22頁.

小池和男 (2005), 『仕事の経済学』東洋経済新報社.

齋藤隆志・菊谷達弥・野田和彦 (2011), 「何が成果主義賃金制度の導入を決めるか」宮島英昭 [編] 『日本の企業統治——その再設計と競争力の回復に向けて』東洋経済新報社, 215-243頁.

滝澤美帆 (2016), 「資金制約下にある企業の無形資産投資と企業価値」宮川努・淺羽茂・細野薫 [編] 『インタンジブルズ・エコノミー——無形資産投資と日本の生産性向上』東京大学出版会, 201-226頁 (本書第7章).

徳井丞次・乾友彦・落合勝昭 (2008), 「資本のヴィンテージ, 研究開発と生産性——複数資本財の場合の投資スパイク分析」『日本経済研究』第59号, 1-21頁.

西岡由美（2016），「人事方針と人事施策の適合と企業成長」宮川努・淺羽茂・細野薫［編］『インタンジブルズ・エコノミー——無形資産投資と日本の生産性向上』東京大学出版会，177-197 頁（本書第 6 章）．

浜田宏一・堀内昭義・内閣府経済社会総合研究所［編］（2004），『論争　日本の経済危機——長期停滞の真因を解明する』日本経済新聞社．

原田泰・齊藤誠［編］（2014），『徹底分析　アベノミクス——成果と課題』中央経済社．

深尾京司（2012），『「失われた 20 年」と日本経済——構造的原因と再生への原動力の解明』日本経済新聞出版社．

宮川努・金榮愨（2011），「無形資産の計測と経済効果——マクロ・産業・企業レベルでの分析」藤田昌久・長岡貞男［編］『生産性とイノベーションシステム』日本評論社，109-146 頁．

宮川努・白石小百合（2000），「なぜ日本の経済成長は低下したか——新しい資産別資本ストック系列を用いた分析」JCER Discussion Paper, No. 62.

宮川努・西岡由美・川上淳之・枝村一磨（2011），「日本企業の人的資源管理と生産性——インタビュー及びアンケート調査を元にした実証分析」RIETI Discussion Paper Series, No. 11-J-035.

ABC# 第Ⅰ部

無形資産と企業の生産性

第 2 章

組織の〈重さ〉

――組織の劣化現象の測定とその解消に向けて――

佐々木将人・藤原雅俊・坪山雄樹
沼上　幹・加藤俊彦・軽部　大

要　旨

　本章の目的は，近年の日本企業が直面している組織的問題について，質問票調査のデータに基づいた探索的な定量分析を展開することにある．より具体的に本章では，「組織の〈重さ〉」という概念によって組織の劣化現象の操作化を試みている．その上で，組織の〈重さ〉に影響を与える組織的要因を検討することで，組織の劣化現象の解消に向けた施策を考察している．分析においては，一橋大学が日本の大手企業を対象に行った「組織の構造・行動特性と組織劣化現象に関する質問票調査」のデータの一部を利用している．なお，分析単位は企業において事業活動や利益責任を持つまとまりであるBU（ビジネス・ユニット）であり，合計で152BUがデータセットに含まれている．本章の分析からは，組織の〈重さ〉を軽減する要因として，階層の異なる組織メンバーのそれぞれが果たす役割が確認された．すなわち，①本社によるBUやBU長に対する資源配分のコントロール，②BU長によるタスク志向と人間関係志向のリーダーシップ，③BU内のミドル・マネジメントによる活発な戦略的コミュニケーション，である．特に，BU長のリーダーシップの影響は大きく，組織を再活性化させる上でのリーダーシップの重要性が示唆された．

1. はじめに

　本章の目的は，近年の日本企業が直面している組織的問題について，質問票調査のデータに基づいた探索的な定量分析を展開することにある．本章の分析において中心となるのは，「組織の〈重さ〉」(Organizational Deadweight) と呼ぶわれわれの調査独自の概念である．われわれの調査プロジェクト（以下「組織の〈重さ〉プロジェクト」）では，過去10年にわたり継続的に日本企業を対象とした質問票調査を実施してきた．組織の〈重さ〉もこの調査から生み出された主要な発見事実の一つである．組織の〈重さ〉プロジェクトの基本的な仮説は，停滞した企業組織が発達させる特有の行動様式や思考様式が，組織内の有機的連動や事業戦略の創発・実行を阻害しているのではないか，ということであり，そうしたある意味で組織の劣化とも呼べる傾向を示す概念が組織の〈重さ〉である．

　本章では，この組織の〈重さ〉という概念によって事業戦略の創発・実行の機能不全が生じる原因を組織的な観点から解き明かすことを試みる．次節ではまず調査プロジェクトの概要について説明する．続く第3節では，組織の〈重さ〉の概念と操作化について紹介し，事業成果との関係を確認する．第4節では組織の〈重さ〉と組織プロセスとの関係を確認することで，こうした組織的問題に対する改善の方向性を探っていく．

2. 調査の概要

2.1 調査の背景

　組織の〈重さ〉プロジェクトは，近年の日本企業が抱えている組織的問題を実証的に把握することを目的とした調査プロジェクトである．1990年代以降，日本の多くの企業が様々な経営問題に直面してきた．こうした状況に呼応するように，日本企業を対象とした研究や論説においても，それまでの日本的経営礼賛型のものから，経営リテラシーの不足や戦略的意思決定能力

不足，フリーライダー問題といった組織的な問題が生じていることを問題視するものへと論点の移行が見られるようになっていった（Porter 1996；三品 2002；延岡 2002）．しかし，こうした日本企業の問題は，戦略レベルで計量的な研究が行われたり，組織内に注目した事例研究が行われたりしてきたけれども，必ずしも組織を対象とした計量的な実証研究によって検討が加えられてきたわけではない．それゆえ，1990 年代以降の日本企業の苦境，あるいは戦略的な機能不全の原因を考察する際に基盤となるデータが欠けているという問題が生じていたように思われる．

組織の〈重さ〉プロジェクトの主眼の一つは，このような問題の解決に貢献することにある．とりわけ，これまで日本企業の優れた特徴として指摘されてきた，ミドルを中心とする創発戦略（emergent strategy）の創出や実行（Pascale 1984；Nonaka 1988；加護野ほか 1983；Mintzberg 1994）が果たして本当に有効に機能しているのかを再度確認することにあった．すなわち，こうした戦略の創出や実行の基盤となる組織・人材に何らかの問題がないかを検討できるような質問票調査を作成することが調査設計段階での基本的な指針となっていたのである．

2.2　質問票調査の概要とデータセット

こうした日本における計量的な実証研究の不足という問題意識に基づいて，組織の〈重さ〉プロジェクトでは，個々のビジネス・ユニットを分析単位とした，組織内調整の難しさと組織構造の関係を検討する調査を行った．質問票調査は，2 年に 1 度の間隔で実施されており，これまでに合計で 5 回の質問票調査が行われた．具体的には，21 世紀 COE（「知識・企業・イノベーションのダイナミクス」）の一環として 2003 年度から組織の構造・行動特性と組織劣化現象に関する質問票の設計が開始され，翌 2004 年度に第 1 回目の質問票調査が実施された．その後，調査対象企業と質問項目を一部変更し，2006 年度には第 2 回目の質問票調査，2008 年度に第 3 回目の質問票調査，2010 年度に第 4 回目の質問票調査，2012 年度に第 5 回目の質問票調査を行っている．なお，調査実施期間は基本的に当該年度の 1 月から 3 月である．

質問票の配布は，いずれの調査回においても，事前に参加企業を募って研

究コンソーシアムを結成する形で進められた．これまでの各調査の参加企業数は14社から20社の範囲で推移してきた．参加企業はいわゆる大手企業であり，東京証券取引所第1部上場企業もしくはそれに相当する企業から構成されている．参加企業の業種は，製造業を中心として電機，機械，化学，食品など，幅広い業種にわたっている．

　本調査では，企業全体ではなく，事業組織の状況に中心的な関心を寄せていることから，各企業における事業を運営するまとまりである「ビジネス・ユニット」（Business Unit，以下BUと略す）を基本的な分析単位として設定している．調査対象の選定に伴い，この調査ではBUを「利益責任を負う人を中心として，特定の製品・サービス市場への適応のために緊密に相互作用している人々の集合体」として定義し，①事業としてのまとまり，②利益責任，③商品企画機能の3つをBUの選定作業を行う際の基準として設定した[1]．

　各企業で配布される質問票は，大きく3種類に分けられる．組織属性をBUの成員に尋ねる「組織質問票」と，担当者が戦略項目を一括して回答する「戦略質問票」，本社の担当部門が一括して回答する「人事質問票」である．さらに組織質問票については，大半の質問項目を共有しながらも，回答者が属する組織階層の違いに合わせて「BU長」「ミドル」「ロワー」の3種類に細分化されている．このうち「ミドル」は部課長級社員を，「ロワー」は回答する部課長の部下である主任級社員を対象としてそれぞれ設定するとともに，適切な回答を得るために，BUの業務で中核的な役割を果たしている「コア人材」を回答者として抽出するように，参加企業に依頼している．また，各BUでは，異なる機能部門を可能な限り横断するように，主要3職能のそれぞれについて少なくともミドル1名，ロワー1名を回答者として選定してもらっている[2]．したがって，標準的なBUの回答者はBU長1名，ミドル3名およびロワー3名（3職能合計），戦略質問票回答者（通常はBUス

---

1) データの収集方法に関するより詳細な概要は沼上ほか（2007）を参照のこと．
2) 主要3職能として，基本的には開発，生産，販売部門を想定しているが，事業体によってはこの3部門が存在しない場合もある．それゆえ，BUによって回答している職能は異なっている．

第 2 章　組織の〈重さ〉

表 2-1　サンプルの記述統計値

	度　数	中央値	平均値	標準偏差	最小値	最大値
売上高 (百万円)	134	39,924	77,107	128,607.24	1,101	991,700
正規従業員数 (人)	151	283	553	748.78	5	5,685
組織年齢 (年)	146	7	14.83	16.57	0	57

タッフ) 1 名の合計 8 名となっている[3]．

このような手順で進められた過去 5 回の調査対象 BU 数は，第 1 回調査では 107 であり，第 2 回が 128，第 3 回が 137，第 4 回が 135，第 5 回が 86 である[4]．以降の分析では，このうち第 4 回と第 5 回の質問票調査のデータを利用して分析を行っている．これは，本章の分析に含まれる質問項目を全て盛り込んでいるのが，この 2 回の調査に限られているためである．データセットの作成に当たっては，同一 BU がサンプルに含まれるのを避けるために，各 BU の最も新しい調査参加回の回答値を，その BU の値としている．そのため，第 5 回調査の 86BU に加え，第 4 回調査対象 BU のうち，第 5 回調査に参加しなかった 66BU を追加した合計 152BU がデータセットに含まれている．なお，それぞれの BU の回答値は，一部の項目を除き，ミドル質問票とロワー質問票から得た回答の算術平均を当該 BU の値として用いている．

表 2-1 は，分析に用いたサンプルの記述統計量を示している．中央値を見ると，売上高が約 400 億円，正規従業員数が 283 人，組織年齢（BU が公式に設立されてからの年数）が 7 年となっている．参加企業は大手企業であるものの，一つの事業体で見れば，売上，従業員数ともにそれほど大きくはなく，比較的中規模の組織が多いことが分かる．また，比較的若い組織が多く含ま

---

3)　前述したように，これに加えて本社の人事担当者が参加する全ての BU に関して「人事質問票」に回答している．

4)　BU ごとに少なくとも 1 名の BU 長と 6 名のミドル・ロワーに回答してもらっているため，「組織質問票」については個票ベースでは約 7 倍の回答者数である．

れていることも示唆される．ただし，最大値に示されているように，売上が約1兆円近くであるような BU や従業員数が5000人を超えるような巨大な BU もサンプルの中に含まれている．したがって，業種だけでなく，規模に関しても多様な BU が含まれていると言えるだろう．

3. 組織の〈重さ〉

　組織の〈重さ〉プロジェクトでは，日常の組織運営や創発戦略の生成や実現に際して，ミドル・マネジメント層が苦労する組織を「重い組織」と呼び，そのような組織の劣化現象が生じている程度を指して組織の〈重さ〉と呼んでいる（沼上ほか 2007）．こうした組織的問題が生じることで，組織として的確な方向に迅速に行動することが困難になり，その結果として，外部環境に対する適合性の低下や，中長期的な当該事業の競争力の低下が生じることを想定している．具体的に質問票調査では，表2-2 に示した12項目の質問項目によって，この概念の操作化を行っている．この「組織の〈重さ〉」が，本プロジェクトにおける中核的な概念であり，本章もこの変数を中心に分析を進めている．

　ただし，調査の設計段階において，組織の〈重さ〉という一つの概念が事前に想定されていたわけではない．初期段階では，組織の劣化現象の測定項目として4つの次元が想定されていた．以下では組織の〈重さ〉という概念の中身をより明確に示すために，この4次元について簡単に触れておくことにしよう．

　第1の次元は「過剰な『和』志向」である．かつて展開された日本的経営論では，日本企業は「和」を重視する傾向が強く，そのような志向性が高い成果と結び付いていると主張されていた（例えば岩田 1977；津田 1977）．しかしながら，近年の日本企業に関する議論では，「和」の重視が高い経営成果をもたらすとは必ずしも考えられておらず，むしろ機動的な事業運営を追求する上では，成員間のコンセンサスを過剰に重視することが問題をもたらすと考えられている（延岡 2002）．

　第2の次元は「経済合理性から離れた内向きの合意形成」である．組織は

第2章 組織の〈重さ〉

表2-2 組織の〈重さ〉の構成項目と記述統計値

下位次元・質問項目	質問文	平均値	標準偏差
組織の〈重さ〉12項目平均　α＝0.894		3.83	0.47
1. 過剰な「和」志向			
1人でもゴネると大変	誰か1人でも反対する人がいると，意思決定にかかる時間が異常に増える	4.14	0.71
激しい議論は子供だと思われる	激しい議論は「大人げない」と思われている	3.25	0.60
対立回避するヤツが出世する	正当な意見を忌憚なく言う人よりも，対立回避のために気配りをする人の方が出世する	3.94	0.66
2. 経済合理性から離れた内向きの合意形成			
機能別の利害に固執	R&Dや生産，販売などの機能部門の利害に固執しているミドルが多い	4.10	0.69
内向きの合意形成	顧客や競争の問題よりも，BU内の人々の合意を取り付けることに真剣な配慮をしている局面にしばしば直面する	4.37	0.66
メンツを重視しているだけ	ミドルがBU内の調整を行う際に，利害対立の問題よりも，単にメンツだけの問題を解決しているような気持になることがある	3.41	0.70
わが社のトップ層は政治的	わが社のトップ周辺には奇妙な政治力学が働いている	3.73	0.77
3. フリーライダー問題			
口は出すが責任は取らない	口は出すが，責任はとらない，という上司が多い	3.53	0.74
自分の痛みと感じない人が多い	BUが利益を上げていないことを自分の痛みとして感じられないミドルが多い	3.83	0.65
決断が不足している	決めるべき人が決めてくれない	3.87	0.78
4. 経営リテラシー不足			
戦略審美眼に優れたミドルが多い（R）	うちのBUには戦略の評価眼が優れたミドルが多い	4.11	0.57
わが社のトップは優秀（R）	わが社のトップマネジメントは優れた意思決定を行う能力が高い	3.74	0.81

注）（R）と記載されている項目は逆転尺度である．記述統計値は逆転後の値を示している．

分業と協業によって所定の目的を達成するための手段である．しかし，分業のために課業が分割されることによって，担当する下位部門が異なる目標や志向性を発達させることが，以前から指摘されてきた（March and Simon 1958）．例えば，研究開発部門の時間志向性は営業部門や製造部門のそれよりも長期志向であるといった点である．かつて組織の分化と統合の問題を取り上げた Lawrence and Lorsch（1967）が論じたように，下位部門間での志向性の違いが存在すること自体は問題ではない．だが，それが行き過ぎた状況になれば，本来は組織として達成すべき目標よりも，各部門固有の目標が重視されることになり，結果として組織全体の統合が困難になる．そのような状況が事業組織で生じると，製品市場での競争や顧客のことよりも，組織内部での対立と政治的な過程を通じたその解消に，成員の関心が向きがちになると思われる．

第3の次元は「フリーライダー問題」である．直面する外部環境の淘汰圧力が強い場合には，環境に適応できない組織は生き残ることはできない．しかし，多くの場合，製品市場を中心とする外部環境の淘汰圧力は即時的に機能するわけではないために，組織内にスラックを生み出す．このスラックを利用して，外部環境への適応に貢献しない活動に成員が勤しむようなことが生じると，事業組織の健全性は徐々に侵食される．本来行うべき努力をしてもしなくても，個人として与えられる成果にそれほど変わりがないのであれば，人々は真面目に努力することをやめてしまう．例えば，当事者でありながら，評論家のような態度をとることに終始したり，経営管理者が決定を先延ばしするなどして，本来負うべき責任を放棄したりするような状況である（沼上 2003；三枝 2001）．そのような場合，集合財としての組織成果に対して，組織内の多くの人々が真剣に貢献しようとは思わなくなる．その結果として，組織が有する外部環境への適応能力は容易には回復できない水準に低下してしまう可能性がある．

第4の次元は「経営リテラシー不足」である．過剰な和を回避し，フリーライダーを排除しようとしても，現状認識が正しくなければ，組織内部の問題に適切に対応することはできない．さらに，組織内部でフリーライダーを排除して，組織が秩序立って動いたとしても，その目指すべき方向性が誤っ

ていれば，製品市場を中心とする外部環境の変化に対して的確に対応することはできない．つまり，事業組織を適切に運営していくためには，優れた戦略とそうでないものを区分し，望ましい意思決定を行うことができる経営管理者が必要になるのである（三枝 1994, 2001）．したがって，三品（2002）や加藤・軽部（2009）が指摘するように，日本企業の問題が戦略そのものに存在するのであれば，その根源的な原因は経営管理者のリテラシーに求められるように思われる．

以上の4つの次元は，前述したように表2-2にある12の質問項目によって操作化された[5]．ただし，これら4次元は概念的には異なるものとして当初想定していたものの，実際の調査データでは相互に独立した次元として分解できないことが明らかになった．実際の調査データでは相互の関係が強く，4つの独立の因子に截然と分けることは難しい．それゆえ，この12項目からなるコンストラクトを，単一の次元として基本的には取り扱い，「組織の〈重さ〉」という呼称を与えることとした．今回の分析に用いたデータセットにおいて，この12項目のクロンバックの α は，0.894 であり，一つの概念としてのまとまりは十分に高いと言えるだろう．

これまでわれわれが公表した分析では，この組織の〈重さ〉という概念が様々な成果指標と関係があることが示されている（たとえば沼上ほか 2007）．詳細について述べることは他の文献に譲るとして，ここでは組織の〈重さ〉と事業成果との関係をごく簡単に相関係数で確認しておくに留めておくことにしよう．表2-3には，組織の〈重さ〉と売上高営業利益率および5項目の事業成果に関する主観尺度との相関係数を示している[6]．

表に示されているように，組織の〈重さ〉はいずれの成果指標とも統計的

---

5) それぞれの質問項目は，7点の主観尺度（1＝まったく違う，4＝どちらとも言えない，7＝まったくその通り）で尋ねている．
6) 売上高営業利益率については，該当年度の予想値ではなく，前年度の実績値を用いている．ただし，該当年度の予想値に関しても同様の傾向は確認されている．また，主観尺度については，「競合他社（上位3社）と比べてどの程度であるか」を7点尺度（1＝主要な競合他社より際立って劣っている，4＝どちらもとも言えない，7＝主要な競合他社より際立って優れている）で尋ねている．

表 2-3 組織の〈重さ〉と成果指標との相関

	客観尺度	主観尺度				
	売上高 営業利益率	品質 他社比較	コストの低さ 他社比較	納期の短さ 他社比較	成長率 他社比較	収益性 他社比較
組織の 〈重さ〉	−0.310*** 0.000	−0.145* 0.074	−0.363*** 0.000	−0.337*** 0.000	−0.496*** 0.000	−0.522*** 0.000

注)上段はピアソンの積率相関係数,下段は有意水準を示している. *:$p<.10$, **:$p<.05$, ***:$p<.01$.

に有意な負の相関関係を示している.とりわけ,主観尺度である「成長率他社比較」および「収益性他社比較」との相関係数は,それぞれ−0.496および−0.522と非常に強い負の相関である.相関係数であるので因果関係に関する言及を行うことは適切ではないが,少なくともわれわれが〈重さ〉という概念で捉えようとしている組織の劣化現象と,事業成果の低迷や低下とは密接に結びついている可能性が示唆されるだろう.

4. 組織の〈重さ〉の軽減──組織プロセスの影響

　それでは,こうした組織の劣化現象は,どのようにして解決可能なのだろうか.本節では,組織の〈重さ〉を軽減する手段を検討するために,組織の〈重さ〉と組織プロセスとの関係について確認していくことにしよう.具体的には,本章では,本社とBU長,BUの成員であるミドルやロワーといった異なる階層の行動特徴の影響について比較検討することに焦点を当てて分析を行っていく.なぜなら,ある事業組織の衰退や劣化は,多様な行為主体が関与する複雑な現象であると考えられるからである.以下では,分析に用いる変数についての説明から始めることにしよう.

4.1　分析に用いる変数

(1) 本社によるBUのコントロール

　事業部やBUが組織的に大きな問題を抱えた場合の対処の仕方として最も一般的な施策の一つは,本社による下部組織の管理の仕方を見直すことだろう.ここでは,本社のBUに対する関与の仕方として大きく分けて2種類の

活動に焦点を当てて，その影響を検証する．一つはBUの事業活動自体に直接関与するというものであり，もう一つが事業活動を評価し，それを予算や人材といった資源配分に反映させるという活動である．この2つの活動は，いずれもBUの組織運営を修正することに繋がるため，直観的には組織の〈重さ〉を軽減する方向に作用するように思われる．

具体的に質問票では，本社による各BUのコントロールの方法について，BUの評価方法とBUの活動に関する意思決定への関与の程度について尋ねている．質問項目と記述統計値を示したものが表2-4である．まず，BUの評価方法に関連して，「業績に基づいた資源配分」と「業績に基づいたBU長の報酬」の2項目をそれぞれ4点尺度で尋ねている．一方，本社による意思決定への関与については，BUの活動に関する8項目の活動について，BU長と本社がそれぞれどの程度関与しているのかを6点尺度で尋ねている．

(2) BU長のリーダーシップ

第2に，事業部やBUのトップのリーダーシップのあり方も，当該組織の運営に大きな影響を及ぼすものだと考えられる．こうしたBU長の組織内へ向けたリーダーシップ行動の特徴として，質問票では「仕事・業績に関連した行動への志向性（タスク志向性）」と「集団としての配慮や人間的な配慮を重視する志向性（人間関係志向性）」の2つについて尋ねている．両者は，いずれもリーダーシップ行動の特徴として主要な次元として広く知られてきた項目である．古典的なリーダーシップ研究によれば，タスク志向性と人間関係志向性がいずれも高いことが望ましいと考えられており，Hi-Hi型のリーダーシップとして広く知られている（金井1991；Stogdill 1974）．それゆえ，BU長がタスク志向性や人間関係志向性を強めることで，組織の〈重さ〉を軽減することができるのではないかと考えられる．

表2-5には，それぞれの項目の具体的な質問項目と記述統計値，一つの変数にまとめた場合の信頼性係数（クロンバックのα）が示されている．表に示されているように，タスク志向性については4項目，人間関係志向性については3項目の質問項目で尋ねている[7]．質問形式は，7点尺度（1＝全く違う，4＝どちらともいえない，7＝全くその通り）の主観尺度で尋ねている．

表 2-4 本社コントロールの構成項目と記述統計

次元・変数名	項目	質問文	選択肢	平均値	標準偏差
業績連動の資源配分		各BUの業績は、BUへの資源配分に反映されますか。	1. 全く反映されないし、全社計画策定の際にも業績データは利用されない 2. 全く反映されないが、業績データは全社計画策定の際の参考情報のみに使われる 3. 名目的に反映されるが、業績データは全社計画策定の際の参考情報のみとして利用される 4. 実質的に反映され、業績データは全社計画策定の際にも重要情報として利用される	3.44	0.64
業績連動の給与		各BUの業績は、BU長の報酬(給与や賞与など)に反映されますか。	1. 全く反映されない 2. 業績は名目的には反映されるが、実質的な違いはほとんどない 3. BU長への報酬は、業績に基づく算定基準により、実質的な差が生じる 4. BU長への報酬は、業績に基づき個別に決定されることで、実質的な差が生じる	3.45	0.84
本社意思決定関与 α=0.835				2.22	0.78
	①広告宣伝費増加	事前の予算計画を超えて広告宣伝費を増加する	1. 本社に相談することなくBU長自身が意思決定する	3.25	1.80
	②新製品内容	新製品・サービスの内容を決定する	2. 本社には相談するだけども、BU長が意思決定する	1.76	1.02
	③予算計画	年間の予算計画を立てる	3. BU長が本社に提案し、本社側と共同で決定を下す	2.98	0.92
	④販売価格変更	主たる製品・製品ラインの販売価格を変更する	4. 本社が主導するだけども、BU長にも相談し、BU長の意見が重視される	1.64	1.21
	⑤研究開発費増加	事前の予算計画を超えて研究開発費を増加する	5. 本社が主導し、BU長にも意見は求められるものの、それほど重視されない	2.69	1.16
	⑥人員増加	事前の予算計画を超えてBUの人員を増加する	6. BU長に意見を求めることなく、本社側が意思決定する	2.45	1.09
	⑦ターゲット変更	主たる製品・製品ラインのターゲット顧客を変更する		1.42	0.73
	⑧製造プロセス変更	主たる製品・製品ラインの製造プロセスを変更する		1.54	0.89

第2章 組織の〈重さ〉

表2-5 BU長のリーダーシップの構成項目と記述統計

変数	項目	質問文	平均値	標準偏差
タスク志向性　α=0.870			5.03	0.61
	①戦略実現道筋	BU長の語る戦略からは実現に向けた具体的な道筋が見えてくる	5.10	0.67
	②具体策発信	BU長は競争相手に勝つために今何をなすべきか，という具体的な策については発信が不足している（R）	4.55	0.80
	③高い目標鼓舞	BU長は，「高い目標・志を持て」とわれわれを鼓舞する	5.19	0.77
	④ビジョン明確	BU長は明確なビジョンを打ち出している	5.27	0.63
人間関係志向性　α=0.806			4.94	0.54
	①部下の意見傾聴	BU長は部下たちの声に素直に耳を傾ける	5.31	0.73
	②きめ細かい配慮	BU長は部下の心にきめ細かい配慮をしてくれる	4.79	0.63
	③失敗部下擁護	BU長から任された仕事で私が失敗したら，BU長は私を擁護してくれる	4.72	0.55

(3) ミドル・マネジメントの戦略関与

第3に，組織の成員自身の活動のあり方を変えることが，組織に活力を与え，望ましい変化に繋がるという関係も考えられる．こうした観点で事業組織の運営を検討する研究として，「ミドル・マネジメントを中心とした戦略観（Middle managemnt perspectives on strategy）」を挙げることができる．この領域では，Mintzberg (1978) や Wooldridge and Floyd (1990) の業績を中心に，戦略立案や遂行時におけるミドル・マネジメントの役割に注目が集められてきた．質問票では，これらの研究においてミドル・マネジメントの重要な行動特徴として指摘されてきた，以下の2つの要素を測定している．すなわち，戦略的な事柄に関する組織内でのコミュニケーションの程度とミ

---

7) 質問票では，この他にタスク志向性に関連した項目として，「BU長は企画書の細部にまで目を配り，細かいチェックを入れてくる」という質問項目も尋ねている．しかし，この項目については回答の傾向が他の項目とやや異なっており，またこの項目を除去することでクロンバックのαが大きく高まることから，分析において除外している．

ドル・マネジメントの自律的な戦略イニシアティブの程度についてである．

コミュニケーションの問題については，ミドル・マネジメントが持つ現場情報の重要性や，戦略実行面での有効性が指摘されてきた (Westley 1990)．すなわち，ミドル・マネジメントが戦略形成に関与し，トップやミドルの間でのコミュニケーションが円滑に行われることで，現場の情報を適切に吸い上げることができる．その結果として，より適切な戦略の立案が可能となるのである．また，そればかりでなく，戦略に関する合意形成も容易となり，戦略の実行段階が適切に行われることにも繋がることになる (Floyd and Wooldridge 1992; Wooldridge and Floyd 1990)．

ミドル・マネジメントの行動のもう一つの特徴が，分権化やミドル・マネジメントの戦略に関するイニシアティブである (Andersen 2004; Burgelman 1983; Floyd and Wooldridge 1997)．戦略の策定プロセスにおいて，ミドルに権限が与えられ，主体的に動ける状態にあることで，現場の状況に適した戦略の立案・実行が可能になる．また，細かい調整も必要ないので，変化する市場の動きに素早く対応することもできる．こうした結果として，組織のパフォーマンスを向上させる効果を持つと考えられてきたのである．

この2つの要因について，質問票ではいずれも7点尺度 (1=全く違う，4=どちらともいえない，7=全くその通り) の主観尺度で尋ねている．ミドル・マネジメントの戦略コミュニケーションについては，階層横断的なコミュニケーション (タテ) と職能横断的なコミュニケーション (ヨコ) について，それぞれ2項目の質問項目 (事業課題の検討と具体策の生成・提案) に関して頻繁に議論を行っているかを尋ねた．ミドル・マネジメントの戦略イニシアティブについては，「モデルチェンジ」および「新製品企画」，「新事業企画」，「経営改革」の4項目について，どの程度自律的に行動できるかを尋ねている．表2-6には，それぞれの質問項目と記述統計値が示されている．

(4) コントロール変数

最後に，回帰分析にはコントロール変数を投入している．具体的には，環境や組織固有の影響を除去するために，①実施回ダミー (第4回を0，第5回を1としている) および，②BUの組織年齢 (調査実施年からBUの設立年を引い

第2章 組織の〈重さ〉

表2-6 ミドル・マネジメントの戦略関与の構成項目と記述統計

変数	項目	質問文	平均値	標準偏差
戦略コミュニケーション $\alpha = 0.668$			4.64	0.46
	①事業課題検討ヨコ	BUの直面する事業課題の検討に際して、職能部門の違いを超えて頻繁にヨコ方向で議論する	4.47	0.69
	②事業課題検討タテ	BUの直面する事業課題の検討に際して、職位階層の違いを超えて頻繁にタテ方向(上司や部下)で議論する	4.75	0.63
	③具体策生成ヨコ	BU計画の具体策生成・提案について、職能部門の違いを超えて頻繁にヨコ方向で議論する	4.46	0.70
	④具体策生成タテ	BU計画の具体策生成・提案について、職位階層の違いを超えて頻繁にタテ方向(上司や部下)で議論する	4.88	0.61
戦略イニシアティブ $\alpha = 0.881$			2.60	0.63
	①モデルチェンジ・イニシアティブ	誰の公式的な承認を得ることなく他の職能と連動するモデルチェンジ企画を始めることができる	3.23	0.88
	②新製品企画イニシアティブ	誰の公式的な承認を得ることなく新しい市場へ進出するような新製品企画を始めることができる	2.76	0.80
	③新事業企画イニシアティブ	誰の公式的な承認を得ることなく他のBUと連動する新事業企画を始めることができる	2.25	0.63
	④経営改革イニシアティブ	誰の公式的な承認を得ることなく経営改革活動を始めることができる	2.16	0.60

た値)、③対数化した正規従業員数、を投入した。また、これに加えて、BU長のリーダーシップ項目を変数として分析に用いるために、④BU長の在職期間(在職月数)もコントロール変数として投入している。

4.2 重回帰分析の結果

表2-7には、組織の〈重さ〉と、コントロール変数および7つの独立変数の相関マトリクスを示している。独立変数間に著しく相関係数の高い項目は見られず、また以下の回帰分析でも、すべてのVIFは2を下回っていたことが確認されている。

表2-7 相関

	①	②	③	④	⑤
①組織の〈重さ〉	1				
②実施回ダミー	−0.008	1			
③組織年齢	−0.005	0.130	1		
④対数正規従業員数	0.176**	0.284***	0.191**	1	
⑤BU長期間	−0.061	0.080	0.171**	−0.020	1
⑥本社意思決定関与	0.014	0.204**	0.079	−0.184**	0.072
⑦本社業績連動資源配分	−0.160**	0.207**	−0.091	0.046	−0.047
⑧本社業績連動給与	−0.173**	0.075	−0.156**	0.099	−0.035
⑨ミドル戦略コミュニケーション	−0.403***	0.035	0.106	0.001	0.050
⑩ミドル戦略イニシアティブ	−0.053	−0.076	−0.125	−0.126	0.038
⑪BU長タスク志向性	−0.502***	−0.004	0.036	−0.064	−0.054
⑫BU長人間関係志向性	−0.448***	−0.035	0.057	−0.200**	0.049

注) * : $p<.10$, ** : $p<.05$, *** : $p<.01$.

表2-8 重回帰分析の

従属変数:組織の〈重さ〉	モデル1		モデル2	
	β	t値	β	t値
コントロール変数				
実施回ダミー	−0.06	−0.74	−0.02	−0.26
組織年齢	−0.02	−0.22	−0.05	−0.57
対数正規従業員数	0.20	2.27**	0.24	2.65***
BU長期間	−0.04	−0.46	−0.07	−0.79
本社要因				
本社業績連動資源配分			−0.18	−2.06**
本社業績連動給与			−0.17	−2.02**
本社意思決定関与			0.05	0.59
BU長要因				
タスク志向性				
人間関係志向性				
ミドル要因				
戦略コミュニケーション				
戦略イニシアティブ				
N	143		143	
F値	1.395		2.499**	
R^2	0.038		0.114	
Adj. R^2	0.011		0.068	

注) βは標準化偏回帰係数. * : $p<.10$, ** : $p<.05$, *** : $p<.01$. 欠損値のため, 8〜9サン

第2章　組織の〈重さ〉

マトリクス

⑥	⑦	⑧	⑨	⑩	⑪	⑫
1						
−0.112	1					
−0.042	0.140*	1				
0.055	0.069	0.211***	1			
0.075	0.027	−0.085	0.127	1		
−0.038	0.255***	0.211***	0.520***	0.075	1	
0.021	0.055	0.120	0.337***	0.143*	0.413***	1

結果（組織の〈重さ〉）

モデル3		モデル4		モデル5	
β	t 値	β	t 値	β	t 値
−0.05	−0.71	−0.05	−0.61	−0.04	−0.50
0.03	0.43	0.02	0.24	0.04	0.49
0.10	1.31	0.19	2.38**	0.14	1.74*
−0.07	−0.92	−0.04	−0.45	−0.07	−1.04
				−0.06	−0.80
				−0.04	−0.59
				0.04	0.58
−0.40	−5.21***			−0.31	−3.38***
−0.26	−3.37***			−0.23	−2.84***
		−0.39	−5.04***	−0.15	−1.74*
		0.01	0.10	0.02	0.32
144		144		143	
11.845***		5.382***		6.885***	
0.340		0.190		0.365	
0.311		0.154		0.312	

プルが分析から除外されている．

表2-8は，組織の〈重さ〉を従属変数とする回帰分析の結果である．モデル1は，コントロール変数のみを投入したモデルである．モデル2は本社によるコントロールに関する3変数を追加したモデルであり，モデル3はモデル1にBU長のリーダーシップに関する2変数を追加したモデル，モデル4はモデル1にミドル・マネジメントの戦略関与に関する2変数を追加したモデルである．最後に，モデル5は全ての変数を投入したモデルである．以下に発見事実をまとめていくことにしよう．

まず，本社によるコントロールに関する3変数を見ると，モデル2において，「本社意思決定関与」については，有意な結果を示しておらず，本社が直接BUの活動に関与することが組織の劣化に歯止めをかける，という関係は今回の分析結果からは必ずしも示唆されなかった．これに対して，「本社業績連動資源配分」と「本社業績連動給与」は，組織の〈重さ〉に対して5％水準で統計的に有意な負の影響を示している．本社の側からBUを業績によって規律づけることは，組織の〈重さ〉を軽減することに繋がる可能性が示唆されている．したがって，事業部制のようなBUを中心とした組織運営を行っている事業体に関しては，本社が直接事業活動に手を出すことよりも，業績や活動を常にモニタリングし，それに基づいて資源配分を適宜変更するようなコントロールの仕方が望ましい関与のあり方であると言えるかもしれない．ただし，この2変数も，全ての変数を投入したモデル5においては有意な結果を示してはいない．これは，「本社業績連動資源配分」と「本社業績連動給与」が，BU長のリーダーシップやミドル・マネジメントの戦略関与を媒介して組織の〈重さ〉を軽減しているという経路を持っていることによる可能性がある．すなわち，本社によるこれらの施策がBU内の成員の行動を規律付け，それによって組織の〈重さ〉を軽減するような望ましい活動が生み出されると考えられるのである．

次に，BU長のリーダーシップに関する2変数の影響を見ると，モデル3とモデル5において，「タスク志向性」と「人間関係志向性」は共に組織の〈重さ〉に対して強い負の影響を示しており，いずれも1％水準で有意である．すなわち，BU長が戦略やビジョンを明示的に示すほど，また部下に対して人間関係上の配慮を示すほど，組織は〈軽く〉なるのである．この結果

は，リーダーシップの重要性を示すものである．組織運営を円滑に機能させる上で，BU長が極めて重要な役割を担っているのである．特に，タスク志向性の係数が非常に大きいことを考えると，BU長自身が戦略的に考え，特定の方向に組織メンバーを導いていくことが，求められていると考えられるだろう．

最後に，ミドル・マネジメントの戦略関与に関する2変数の結果を見ると，モデル4およびモデル5において，「戦略コミュニケーション」は組織の〈重さ〉に対して統計的に有意な負の影響を示しているのに対して，「戦略イニシアティブ」は有意な結果を示さなかった．戦略に関して階層間・職能間で活発に議論をすることが組織の〈重さ〉を軽減する上で，一定の効果を持っていると考えられる．これに対して，ミドル自身が自発的に考え，提案をしていく状況は，必ずしも組織の〈重さ〉を軽減させる方向にはならないのである．この結果は，ミドルを中心とした創発戦略の創造・実行という言葉が想起させるイメージとはやや異なる状況を示唆しているように思われる．ミドル自身の戦略立案に関する主体性が重要なのではなく，ミドルが戦略に関して濃密なコミュニケーションを行うことが，望ましい組織運営を行う上で重要な要素となっているのである．したがって，求められるのは，いわゆるボトムアップで戦略が現場から提案され，それを上司が承認していくという姿では必ずしもない．むしろBU長が明示した戦略やビジョンに基づいて，上下間で活発に議論を交わす中で，組織として戦略を具体化ないし実行に移すことが必要だと考えられるだろう．

4.3　パス解析の結果

上記の結果からは，本社がBU長に影響を与え，それが更にミドルの行動に影響を与え，組織の〈重さ〉の軽減に繋がるという複合的な効果が存在している可能性が示唆される．こうした複雑な関係を捉えるために，多段階の因果関係を含むパス解析を行った．分析結果を示したのが図2-1である[8]．

---

[8] 図中では省略しているが，分析においては独立変数間と誤差項間に一部相関を許容している．

第Ⅰ部　無形資産と企業の生産性

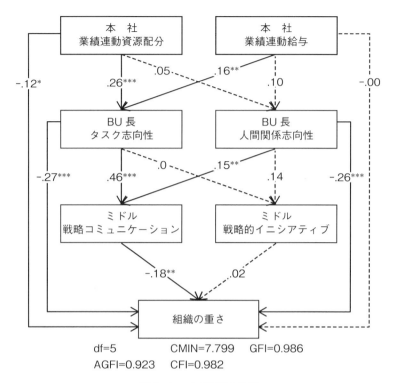

図2-1　パス解析の結果

注）＊：p<.10．＊＊：p<.05．＊＊＊：p<.01．図中の破線は N.S.

図中には，パス図に加えてそれぞれのパスの標準化係数と主要な適合度指標を示している．

　図から明らかなこととして，本社のBUおよびBU長に対するコントロール（「本社業績連動資源配分」と「本社業績連動給与」）はBU長のタスク志向性にのみ統計的に有意な正の影響を与えている．これは2つの意味で興味深い結果である．第1に，BU長のタスク志向性は，本社がBUやBU長に規律を与えることで向上可能だということである．回帰分析の結果が示すように，タスク志向性は組織の〈重さ〉を軽減させる有効な手段の一つとして考えられるため，これを本社のコントロールの仕方で左右できるという事実は非常に重要である．第2に，これと対照的に人間関係志向性は，本社のコントロ

ールとは無関係な点である．当然のことではあるものの，タスク志向性に比べ，人間関係志向性は属人的な性格が強く，適切な配慮行動ができるかどうかは，多分にBU長自身の性格に依存しているのだろう．

　BU長のリーダーシップの2要因（タスク志向性と人間関係志向性）は，いずれもミドル・マネジメントの戦略コミュニケーションに正の有意な影響を示している．特に，タスク志向性から戦略コミュニケーションへの影響は非常に強く，ミドルが組織内で活発に戦略について議論を行う上で，BU長が戦略やビジョンを明示する姿勢が極めて重要であることが示唆されている．

　最後に組織の〈重さ〉への影響を確認すると，本社による「業績連動資源配分」とBU長の「タスク志向性」および「人間関係志向性」，ミドル・マネジメントの「戦略コミュニケーション」はいずれも組織の〈重さ〉に対して負の有意な影響を与えている．特にBU長のタスク志向性と人間関係志向性が最も強い影響力を示しており，リーダーシップの重要性をここでも改めて確認することができる．ただし，本社による業績連動資源配分とミドル・マネジメントの戦略コミュニケーションについても組織の〈重さ〉を軽減する手段として有効なものである．それぞれの変数の組織の〈重さ〉に対する標準化総合効果を見ると，「本社業績連動資源配分」が-0.233，「本社業績連動給与」が-0.085，「タスク志向性」が-0.349，「人間関係志向性」が-0.288，「戦略コミュニケーション」が-0.179，「戦略イニシアティブ」が0.019であり，BU長のリーダーシップには及ばないものの，本社とミドルのBUへの関わり方も組織の〈重さ〉に対して一定の軽減効果を示しているのである．

　以上の分析に基づいて考えると，BU長のタスク志向や人間関係志向のリーダーシップを核として，本社がBU長のタスク志向に対して規律付けを行う役割を担い，ミドルやロワーがBU長の明示した方向性のもとで活発に議論を行うことで，組織を望ましい方向へと改善できる可能性が提示できるだろう．

5. おわりに

　本章では，組織の劣化の程度を示す指標としての組織の〈重さ〉を鍵概念として，日本の企業組織の劣化現象の測定とそうした問題を軽減する組織的施策を検討してきた．本章の分析結果からは，近年，なぜ多くの日本企業が停滞的な状況に留まっているのかについて少なくとも2点を指摘することができるだろう．

　第1は，リーダーシップの不足である．多くの企業組織が停滞的な状態に留まっている原因には，当然のことながら様々な要因が関係している．本章の分析結果からも，本社によるBUの管理のあり方や，現場のミドルやロワーに対するBU長のリーダーシップの程度，更にはミドルやロワー自身の活動のあり方といった様々な階層の諸施策や行動が複合的に関係していることが示唆されている．しかし，本章の分析結果は，その中でもBU長のリーダーシップ不足が特に大きく影響している可能性を示唆している．組織の〈重さ〉は，BU長のリーダーシップ，特にタスク志向性と強く関係する傾向にあることが確認できるからである．1990年代以降の日本企業では，多くの事業が成熟期や衰退期を迎え，事業の進め方についての舵取りが難しくなる中で，BUの進むべき方向性についてBU長が十分に明示的に示すことができていなかったのではないだろうか．

　第2に，本社によるBUのコントロールのあり方についても，従来のマネジメントでは多分に曖昧な部分があった可能性がある．本章の分析からは，本社がBUの業績を評価し，それに基づいて資源配分や報酬を変化させることが，BU長のタスク志向性の強さに影響を与えていることが確認できた．もちろんBUの業績は，外部環境の影響を多分に受けるため，業績と連動した資源配分や報酬が常に万能であると指摘するつもりはないが，少なくとも劣化した組織やリーダーシップの不足したBU長を規律付ける効果は期待できるのではないだろうか．

　以上のような発見事実は得られたものの，本章の分析は探索的な分析に留まっており，因果関係について明示できるほど十分に緻密な分析ができてい

るとは言い難い．それゆえ，ここで言及している議論についても暫定的な内容から考察をしているに過ぎない部分が多々存在している．また，今回の分析では，組織プロセスを中心に組織の〈重さ〉との関係を検討してきたけれども，そのような組織メンバーの行動だけではなく，組織の構造的な要因によって彼らの活動が規定されている可能性も大いに考えられる．今後，継続的に質問票調査を続けると共に，より緻密な分析と議論を進めていく必要があるだろう．

参考文献

Andersen, Torben J. (2004), "Integrating Decentralized Strategy Making and Strategic Planning Processes in Dynamic Environments," *Journal of Management Studies*, Vol. 41 (8), pp. 1271-1299.

Burgelman, Robert A. (1983), "A Model of the Interaction of Strategic Behavior, Corporate Context, and the Concept of Strategy," *Academy of Management Review*, Vol. 8 (1), pp. 61-70.

Floyd, Steven W. and Bill Wooldridge (1992), "Middle Management Involvement in Strategy and its Association with Strategic Type: A Research Note," *Strategic Management Journal*, Vol. 13 (S1), pp. 153-167.

Floyd, Steven W. and Bill Wooldridge (1997), "Middle Management's Strategic Influence and Organizational Performance," *Journal of Management Studies*, Vol. 34 (3), pp. 465-485.

Lawrence, Paul R. and Jay W. Lorsch (1967), *Organization and Environment: Managing Differentiation and Integration*, Graduate School of Business Administration, Harvard University.（ポール・R・ローレンス，ジェイ・W・ローシュ，吉田博［訳］『組織の条件適応理論――コンティンジェンシー・セオリー』産業能率短期大学出版部，1977年）

March, James G. and Herbert A. Simon (1958), *Organizations*, John Wiley.（J・G・マーチ，H・A・サイモン，土屋守章［訳］『オーガニゼーションズ』ダイヤモンド社，1977年）

Mintzberg, Henry (1978), "Patterns in Strategy Formation," *Management Science*, Vol. 24 (9), pp. 934-948.

Mintzberg, Henry (1994), *The Rise and Fall of Strategic Planning*, Free Press.

Nonaka, Ikujiro (1988), "Toward Middle-Up-Down Management: Accelerating Infor-

mation Creation," *Sloan Management Review*, Vol. 29 (3), pp. 9-18.
Pascale, Richard T. (1984), "Perspectives on Strategy: The Real Story Behind Honda's Success," *California Management Review*, Vol. 26 (3), pp. 47-72.
Porter, Michael E. (1996), "What Is Strategy?" *Harvard Business Review*, Vol. 74 (6), pp. 61-78.
Stogdill, Ralph M. (1974), *Handbook of Leadership: A Survey of Theory and Research*, Free Press.
Westley, Frances R. (1990), "Middle Managers and Strategy: Microdynamics of Inclusion," *Strategic Management Journal*, Vol. 11 (5), pp. 337-351.
Wooldridge, Bill and Steven W. Floyd (1990), "The Strategy Process, Middle Management Involvement, and Organizational Performance," *Strategic Management Journal*, Vol. 11 (3), pp. 231-241.
岩田龍子（1977），『日本的経営の編成原理』文真堂．
加護野忠男・野中郁次郎・榊原清則・奥村昭博（1983），『日米企業の経営比較——戦略的環境適応の理論』日本経済新聞社．
加藤俊彦・軽部大（2009），「日本企業における事業戦略の現状と課題——質問票調査に基づくデータ分析から」『組織科学』第42巻3号，4-15頁．
金井壽宏（1991），『変革型ミドルの探求——戦略・革新指向の管理者行動』白桃書房．
三枝匡（1994），『経営パワーの危機——熱き心を失っていないかビジネス戦略ストーリー』日本経済新聞社．
三枝匡（2001），『V字回復の経営——2年で会社を変えられますか：実話をもとにした企業変革ドラマ』日本経済新聞社．
津田真澂（1977），『日本的経営の論理』中央経済社．
沼上幹（2003），『組織戦略の考え方——企業経営の健全性のために』筑摩書房．
沼上幹・軽部大・加藤俊彦・田中一弘・島本実（2007），『組織の〈重さ〉——日本的企業組織の再点検』日本経済新聞出版社．
延岡健太郎（2002），「日本企業の戦略的意思決定能力と競争力——トップマネジメント改革の陥穽」『一橋ビジネスレビュー』第50巻1号，24-38頁．
三品和広（2002），「企業戦略の不全症」『一橋ビジネスレビュー』第50巻1号，6-23頁．

第 3 章

経営管理と企業価値
―― 組織改革は生産性に影響するか？ ――

川上淳之・淺羽　茂

要　旨

　本章では，上場企業に対して実施したインタビュー調査から組織改革を行った企業を特定し，傾向スコアマッチングを行って類似の比較対象企業を選び，それぞれ組織改革時の生産性と n 年後（n＝1〜5）の生産性の変化について，組織改革企業と非改革企業の間で生産性の変化に差があるかどうかを分析した．

　一般的に組織変革を行った企業全体についてみると，3 年目において組織改革の効果は確認され，業績が悪化していない状況で組織改革を行っている企業は 2 年目から 4 年目にかけて生産性の上昇がみられた．一方で，権限委譲や従業員の提案を伴う組織改革についてはその効果が全体の推計よりも高かった．これは，組織改革が調整期間を伴うために改革直後には効果が表れないことを示しており，組織成員を巻き込んだ方が改革の成果が上がることを示唆している．

1. はじめに

　生産性は，一国の経済成長を考えるうえでも，企業の競争力を測るうえでも，きわめて重要な指標の一つである．ゆえに，生産性がどのような要因によって伸びるか，停滞するかについては，これまで多くの経済学者によって研究されてきた（Solow 1957; Griliches 1984; Jorgenson 1990）．当初は，物的資本や技術が生産性に及ぼす影響が主に分析されていたが，最近ではそれらに加えて，人材，組織といった無形資産が注目されるようになった．その一つのきっかけは，「われわれの周りにはコンピューターがあふれているのに，それが生産性の統計には反映されていない」という MIT のロバート・ソローのコメントであった（Solow 1987）．このいわゆる「ソロー・パラドックス」の指摘を受けて，さらなる研究が進められ，IT 投資は，人材や組織といった補完的資産への投資が伴うときに生産性を上昇させることが見出された（Caroli and Van Reenen 2001 や Bresnahan, Brynjolfsson, and Hitt 2002）．その結果，働き方の変化，それに伴う組織構造上の変化など，組織改革が生産性にいかに影響するかが問題とされるようになったのである．

　ただし，教育や人材育成に関わる投資や取り組みが生産性に及ぼす影響については多くの研究が行われたが，組織改革と生産性の分析はあまり多くない．英米仏といった欧米諸国の 1980 年代，90 年代のデータを用いた分析に限られてしまう（Håkanson 2009）．それは，もっぱら，利用可能な組織改革に関するデータが限られていたからである．ところが，日本企業の経営手法（management practice）の測定を行った経済産業研究所内の無形資産研究会のインタビュー調査では，日本企業が 2000 年代に組織改革を行ったかどうかをたずねている．さらに，行われた組織改革の規模，動機，改革プロセスについてもデータを収集している．そこで，本章は，このデータを用いて，どのような組織改革が，いかに生産性に影響するかを分析することを目的とする．

　本章では，組織改革を行った企業を特定し，傾向スコアマッチングを行って類似の比較対象企業を選び，それぞれ組織改革時の生産性と n 年後

(n=1〜5) の生産性の変化を計算し，両者の間で生産性の変化に差があるかどうかを分析した．あらかじめその結果をまとめると，次のようになる．一般的に組織改革を行った企業全体についてみると，3期目（改革後3年目）において組織改革の効果が確認され，業績が悪化していない状況で組織改革を行っている企業は2期目から4期目にかけて生産性の上昇がみられた．一方で，権限委譲や従業員の提案を伴う組織改革についてはその効果が全体の推計よりも高かった．

本章は以下のような構成をとる．次節では，生産性，無形資産，組織改革に関する経済・経営分野の先行研究を選択的にレビューし，いくつかの仮説を導出する．第3節では，分析するデータ，分析方法について述べる．第4節で分析結果を報告し，最後に本章の分析が示唆する組織改革と生産性に対するインプリケーションをまとめて，結びとする．

2. 先行研究のサーベイと仮説の導出

伝統的に生産性は，技術進歩と資本蓄積によって決定されると考えられてきたが，最近ではさらに無形資産が生産性に及ぼす影響が注目されている（長岡1993；宮川2005）．van Ark（2004）の枠組みでいえば，無形資産はIT資本，人的資本，知識資本，組織資本，顧客資本，社会資本の6種類に分類される[1]．このうち，たとえばvan Ark, Inklaar, and McGuckin（2003）は，産業をIT財供給産業，IT財利用産業，非IT産業に分けて，それぞれの労働生産性上昇率を国際比較分析した．その結果，各国ともIT財供給産業の労働生産性上昇率は高いこと，米国ではサービス産業などIT財利用産業で他国よりも労働生産性上昇率が高いこと，逆に日本のIT財利用産業ではほとんど労働生産性の上昇がみられないことを示した[2]．

---

1) 無形資産についての包括的なレビューは，宮川・滝澤・金（2010）を参照されたい．
2) 日本については，宮川・浜潟（2004）が，JIP2002を利用して日本のIT投資も相応に伸びてきたことを示したが，2007年3月に公表されたEU KLEMSデータによれば，日本はIT資本サービス投入の拡大の点で，1995年以降主要6か国中イタリアと並んで最も低迷した（深尾・宮川2008）．

さらに，先に述べたソロー・パラドックスによってさらに研究が進み，単にIT投資が生産性を上昇させるのではなく，人的資本，組織資本といった他の無形資産への投資が重要であることが指摘された．IT資本と同時に，ソフトウェアやデータベースの開発費用，新規業務プロセスの導入費用，高度な技術を身につけたスタッフの獲得費用，大きな組織改革の実施費用といった無形資産が，IT資本の何倍も発生しており，これらの補完財がITの生産性への貢献の主要な推進役となっていることが明らかになった (Bresnahan, Brynjolfsson, and Hitt 2002; Brynjolfsson and Hitt 2000, 2003)．また，Bloom, Sadun, and Van Reenen (2012) は，米国の多国籍企業は米国以外の多国籍企業よりもITの高度活用によって生産性を大きく上昇させており，米国企業のITによる生産性の優位性は，その人的資源管理のおかげであると指摘している．

　これらの研究の影響もあり，無形資産のなかでも，特に人的資本，組織資本，あるいは経営手法に注目が集まった．たとえば，Bloom and Van Reenen (2007, 2010) は，人的資源管理だけでなく，在庫管理や組織目標の達成度，浸透度などについて，米英独仏の4か国の企業に対してインタビュー調査を行った．そしてこれらの経営手法をスコアリング化し，企業の生産関数を推定し，こうした経営手法で高いスコアを得た企業ほど生産性を向上させていることを示している[3]．

　この組織資本あるいは経営手法には様々なものが含まれるが，たとえば企業がITを導入した場合，それを適切に活用できるような組織構造や業務プロセスがある．もしIT導入時の企業の組織構造やプロセスが適切なものでなければ，組織を改革しなければならない．つまり組織改革の有無が，生産性に影響を及ぼす可能性が考えられるのである．Brynjolfsson, Renshaw,

---

3) Bloom and Van Reenen と同様のインタビュー調査を日本と韓国の企業に対して行い，その経営手法をスコアリングしたデータを用いた研究が，Lee *et al.* (2009) である．しかし，日本と韓国の企業では，欧米企業のように経営手法スコアは企業のパフォーマンスに強い影響を示していなかった．また，Kawakami and Asaba (2014) は，日本企業の経営手法スコアのデータを用いて，それが企業の市場価値に及ぼす影響を調べたが，同様にあまり大きなインパクトを有していないことを明らかにした．

and Van Alstyne（1997）は，コンピューター統合製造（CIM）に大規模投資を行った大手医薬品メーカーが，投資と同時に，権限委譲，作業フローの革新，コミュニケーションやチームワークの促進，顧客・サプライヤーとの関係などの企業改革を行うことでIT化の効果を上げたことを事例研究で説明している．

これまでの組織改革と生産性の研究では，組織のフラット化，権限委譲，分権的な意思決定プロセスという方向への組織構造上の変化が検討されてきた（Garicano and Rossi-Hansberg 2005; Bresnahan, Brynjolfsson, and Hitt 2002; Caroli and Van Reenen 2001; Håkanson 2009）．どのような特徴の組織構造が当該企業を取り巻く環境に適合しているかは，1960年代から，組織論において，コンティンジェンシー理論の名のもとで研究されてきた．コンティンジェンシー理論の基本的主張は，企業組織にはワン・ベスト・ウェイはないということである．すなわち，企業を取り巻く環境は，不確実性や複雑性の程度において異なり，企業組織の要件はそれぞれの環境で異なる．環境からの要請にうまく適合した組織は高い成果をあげることができると考えられているのである．たとえばBurns and Stalker（1961）は，不確実性の程度の低い環境下では，階層的で規則が整った「機械的組織」と呼ばれる組織が適合するのに対し，不確実性の程度の高い環境下では，フラットで例外が許容されるような「有機的組織」と呼ばれる組織が適合するということを発見した．

このコンティンジェンシー理論の知見に基づけば，組織改革と生産性の研究で検討されてきた組織改革は，「機械的組織」から「有機的組織」への変化と捉えることができる．昨今，IT化はもちろんのこと，グローバル化や様々な技術革新などによって，企業を取り巻く環境は急激に変化し，不確実性が高まっていると考えてよいだろう．それゆえ，このような組織改革は，今日の企業を取り巻く環境にフィットした組織構造への変化と考えることができる．そこで，仮説1をたてる．

仮説1：組織改革を行った企業は，生産性を向上させる．

ところが，組織改革を上手く遂行することは難しいとしばしば指摘される．そもそも組織成員は，改革に対して抵抗するものである（Kotter and

Schlesinger 2008; Duncan 1976; Nadler 1981).現在の業務を効率よく行うために，あるいは現在の顧客の要求に応えるために，企業はルーチンを作り上げ，認知的枠組みを確立し，それからの逸脱は避けようとするからである（Nelson and Winter 1982; Christensen 1997).それゆえ，組織改革を行った当初は，組織内で混乱が生じ，かえってパフォーマンスが低下してしまうかもしれない．そこで，仮説2を設定する.

　仮説2：組織改革を行うと，混乱が起きて，生産性が低下する.

　また，組織改革，組織開発の古典的研究である Lewin（1947）は，組織の改革には，溶解化，改革，再凍結の3段階が必要であると述べた．組織改革のためには，まず，ルーチンや既成概念を取り払う「溶解化」が必要であり，次いで，現状を把握して変化の方向性，具体的内容を打ち出す「改革」が行われ，最後に変化を定着させるために制度化する「再凍結」が行われなければならないというものである．あるいは，Kotter（1995）は，①危機意識を高める，②改革推進のための連帯チームを築く，③ビジョンと戦略を打ち出す，④ビジョンを周知徹底する，⑤従業員の自発を促す，⑥短期的成果を実現する，⑦成果を活かし，さらなる改革を推進する，⑧企業文化に定着させる，という組織改革の8段階モデルを提唱した．いずれも，組織改革は一朝一夕には実現できず，一定の期間がかかることを示唆している．したがって，仮説3を設定する.

　仮説3：組織改革を行うと，当初は生産性を低下させるが，一定期間後生産性を向上させる.

　日本企業における組織改革とパフォーマンスについての研究のなかで，篠崎（2007）は，情報化に際して，日本企業では，業務・組織面でも人材面でも，既存の仕組みを大きく見直すような企業改革の取り組みは，十分な効果に結びついていないことを見出した．他方，宮川・滝澤・金（2010）は，1990年代後半から今日までの日本の企業をみると，リストラに伴う研修費の削減やサービス業を中心とした非正規雇用の増加などは短期的な生産性向上策に寄与したが，長期的な人的資源の蓄積やグローバル化やIT化に対応

した組織改革などが置き去りにされていると述べている．したがって，日本企業にとって大規模な組織改革は生産性の向上に結び付かないのではなく，日本の経営手法が1980年代に優位であったがゆえに，それを改革して生産性の向上を実現するには時間がかかると考えられる．そこで，仮説4を得る．

仮説4：大規模な組織改革を行うと，当初は大きく生産性を低下させるが，一定期間後大きく生産性を向上させる．

先に述べたように，（組織）改革に対して組織成員は抵抗しがちであるとすれば，組織改革がどのようなきっかけで行われたかが，その後のパフォーマンスに影響を及ぼすかもしれない．Kotter（1995）の8段階モデルの最初に「危機意識を高める」という段階が必要であるとされているのは，なぜ改革が必要なのかについて十分な理解が得られないまま改革に入ってしまうとうまくいかないからである．関連したことは，Crespi, Criscuolo, and Haskel（2007）も見出している．彼らは，マーケットシェアを失った企業，輸出を行っている企業は厳しい競争にさらされているので，組織改革を導入する傾向にあると指摘している．業績が悪化し，危機感が醸成されていれば，生き残りのために改革を推進しようと組織成員が考えるために，抵抗が弱まり，組織改革がうまくいくかもしれない．そこで，仮説5を得る．

仮説5：業績悪化が理由ではない組織改革は，当初の生産性低下は小さく，後半の生産性向上も小さい．

また，Kotter（1995）の8段階モデルの第4，第5段階に，「ビジョンを周知徹底する」，「従業員の自発を促す」が入っているのは，社内コミュニケーションを軽視したり，障害（既存の仕組みや制度，慣行，抵抗者など）を放置したりすることが，組織改革の落とし穴であるとKotter（1995）が見つけたからである．つまり，組織成員を巻き込み，抵抗を弱めることが，組織改革には必要なのである．したがって，仮説6，仮説7を得る．

仮説6：ボトムアップを伴う組織改革は，調整に関わる費用が小さくなるので，初期の業績低下がみられず，早く業績が向上する．

仮説 7：権限委譲を伴う組織改革は，調整に関わる費用が小さくなるので，初期の業績低下がみられず，早く業績が向上する．

われわれが利用する日本企業の無形資産についてのインタビュー調査では，組織改革のいくつかのタイプ，特徴についてのデータが集められている．そこで，以下では，そのデータを分析することによって，上記の諸仮説を検討する．

3. データと分析方法

本章では，2つのデータを用いて組織改革の生産性に与える影響を検証する．組織改革に関する項目は，独立行政法人・経済産業研究所内の研究プロジェクトである「日本における無形資産研究」で行われたインタビュー調査である「無形資産に関するインタビュー調査」(以下，「インタビュー調査」と呼ぶ) を用いる．企業情報および生産性の推計には，政策投資銀行が収集した上場企業の財務情報である「企業財務データバンク」(以下，「財務データ」と呼ぶ) を使用する．

「インタビュー調査」は，2011 年に製造業，2012 年に非製造業の 2 回にわけて，上場企業の 407 社（製造業 277 社，非製造業 130 社）の企画部門のマネージャーに対してインタビューを行っている．質問項目は，企業環境，生産管理システム，組織目標，人的資源管理，人材育成，採用，雇用制度，労使関係，意思決定と情報フロー，組織改革の 10 カテゴリーにわたって行われており，各カテゴリーにおいて，質問は 3 つの枝問に分かれている．多くの枝問に対して肯定的に答えるほど，高いスコアが得られるように調査設計がされている．本章では，この中の組織改革に関する設問項目を用いる．

調査において，その企業が組織改革を行った企業であるかは，設問項目「Q10-1①過去 10 年間での組織改革の有無」[4] において，「はい」と回答しているか，「いいえ」と回答しているかで判別をする．ここで，「いいえ」と回答している企業を非改革企業と定義する．一方で，「はい」と回答していても，その企業の改革がいつ行われたものであるかは，生産性への影響を推定

第3章　経営管理と企業価値

表3-1　改革企業・非改革企業の分布

年	非改革企業	改革企業	改革企業 (改革終了年)	改革企業 (改革開始年)
2000	110	197	1	20
2001	117	203	10	9
2002	118	203	7	7
2003	123	209	6	14
2004	126	216	8	9
2005	130	227	7	16
2006	134	238	13	14
2007	137	251	12	18
2008	138	253	19	22
2009	139	253	19	43
2010	139	253	28	23
2011	139	253	25	19
合　計	1,550	2,756	155	214

する上で重要である．そこで，「Q10-1A 組織改革が始まった年」を用いて改革が開始された年を特定し，「Q10-1B 改革立案・実行に要した期間」を用いて改革終了年を確定する．表3-1は，改革企業・非改革企業の時系列分布を示したものである．左から2, 3列は，設問項目 Q10-1 で定義した改革企業と非改革企業数をどれだけ把握できるかを示しており，決算書数でみた分布である．一方で，右2列は Q10-1A および Q10-1B からみた，その年の改革企業が，開始年でみた場合と終了年でみた場合にどれだけ分布しているかを示したものである．表からは，2000年代後半にはいって組織改革企業が増えているように解釈できるが，10年間に複数回回答した企業が最新の改革について回答をしている可能性があることに留意する必要がある[5]．

---

4) 第2回インタビュー調査では，最初に製造業に限定した設問がされているために調査番号が一つ多く，第2回インタビュー調査では，組織改革に関する設問は，9番目の調査項目になる．
5) インタビュー調査においては，2000年代に行われた組織改革について，複数回行われた場合にどの改革について回答をするか指示をしていない．そのため，本章で取り上げる改革が2000年代の主な改革であったか最新の改革であったかについて特定することはできない．

アウトカム変数として使用する生産性 *TFP* は，Olley and Pakes（1996）が提示した生産関数から推定を行った[6]．分析対象とする期間は2000年からインタビュー調査が行われる前年の2010年までとする．2000〜2005年に組織改革が終了した企業を組織改革企業として定義をし，2000年から2010年の間に組織改革を行わなかった企業を非組織改革企業と定義する．

組織改革が生産性に与える影響を測るために行う推定は，組織改革を行っている企業と行っていない企業で，生産性成長率に差が生じるかどうかをみることである．組織改革が行われた年が k 年であり，その年の改革企業の生産性を TFP_{ik}^R，非改革企業の生産性を TFP_{ik}^N とする．組織改革企業における l 年先との生産性の伸びを $TFP_{ik+l}^R - TFP_{ik}^R$，非改革企業の生産性の伸びは $TFP_{ik+l}^N - TFP_{ik}^N$ と書くことができる[7]．すると，組織改革の効果の推定値は，次式で表すことができる．

$$DID = \{E(TFP_{ik+l}^R) - E(TFP_{ik}^R)\} - \{E(TFP_{ik+l}^N) - E(TFP_{ik}^N)\} \qquad (2)$$

これは，差分の差（Difference-in-differences: DID）推定量と呼ばれるもので，組織改革が行われるという介入の差と，介入後と介入前の差を用いることで，介入による効果を求めることが可能になる．なお，DIDに代表される，自然実験・観察研究の用語で置き換えた場合には，組織改革を行っている企業を処置群，行っていない企業を対照群と呼ぶ．改めて，改革企業・非改革企業を定義すると，改革企業とは k 年に改革を実施した企業であり，非改革企業とは k 年および $k+l$ 年において，改革を行っていない企業である．k 年以降および k 年以前に改革を行っている企業は分析対象に含まれていないことに留意する必要がある．

組織改革の生産性成長への効果をみる上で注意する必要があるのが，それが相関関係によるものか因果関係によるものかである．生産性の成長が見込

---

[6] 生産関数および，変数の作成については章末掲載の補論を参照．

[7] 生産性は，JIPデータベースから集計されたデフレーターを用いて推計した実質売上高から実質中間投入を引いて得られる実質付加価値を従業員数で除して求めている．成長率を計算するために，分析の対象期間において付加価値が負の値をとっているサンプルは除いている．除かれたサンプルは，改革企業で2社，非改革企業で46社であった．

める要因がほかにある場合，それに合わせて組織改革が行われている可能性も除くことはできない．そこで，Rosenbaum and Rubin (1983) で提案されている傾向スコアマッチング（Propensity score matching）を用いて，処置群と同様の属性を持つ対照群を選択し，組織改革の生産性への因果効果を推定する．傾向スコアマッチングでは，複数の共変量を傾向スコアという1変数に集約し，傾向スコアの近いサンプル同士を比較することで処置群と対照群の比較を行うマッチングの方法である．マッチング対象となる企業の選択方法については，傾向スコアの値の距離（キャリパー）が 0.01 以内であるサンプルをマッチング対象とするキャリパー・マッチングを採用した．

傾向スコアを求めるために用いる推定は，当年に組織改革を行っていれば1，行っていなければ0のダミー変数を被説明変数とし，説明変数には，企業のガバナンスをみるために株式海外法人保有比率，株式役員保有比率を，企業規模の代理変数として従業員数対数値を，企業年齢対数値を，企業の業績の状態をみるために売上高利益率の1期ラグ，年次ダミーと産業ダミーを加えている．表3-2は，2000年から2005年に組織改革を行った企業と非組織改革企業を対象に，2000年から2005年の分析に用いる変数の記述統計量をまとめているが，ここからは，組織改革企業と非組織改革企業で，企業業績や規模については大きな差はみられず，株式の海外法人保有比率が高ければ改革を行い，役員保有比率が高ければ改革が行われないというガバナンス構造に差があることが示される．また，傾向スコアを推定するための Probit 分析を行った結果からは，役員が株式を保有している企業，企業年齢の長い企業で組織改革が行われていないという実態が明らかになっている（表3-3）．

なお，傾向スコアを選択する上でスタンダードであると言われる C 統計量が 0.8 であるという基準（星野・岡田 2006）は上回っており，ここで選んだ共変量はモデルを説明していることが示されている．

4. 推定結果

因果関係をみるための傾向スコアマッチングを行わなかった場合の組織改革企業と非組織改革企業の労働生産性成長率を，コントロール変数を含めな

表3-2 記述統計量

	サンプルサイズ	平均値	標準偏差
全企業			
dTFP $(t+1)$	533	0.002	0.039
dTFP $(t+2)$	533	0.003	0.055
dTFP $(t+3)$	533	0.000	0.064
dTFP $(t+4)$	533	−0.009	0.087
dTFP $(t+5)$	533	−0.014	0.093
対数従業員数	533	6.743	1.079
売上高利益率	533	0.051	0.060
対数企業年齢	533	4.015	0.451
株式海外法人保有比率（％）	533	7.164	8.745
株式役員保有比率（％）	533	5.815	9.074
非組織改革企業			
dTFP $(t+1)$	502	0.003	0.035
dTFP $(t+2)$	502	0.003	0.051
dTFP $(t+3)$	502	−0.001	0.063
dTFP $(t+4)$	502	−0.010	0.087
dTFP $(t+5)$	502	−0.015	0.093
対数従業員数	502	6.729	1.069
売上高利益率	502	0.052	0.061
対数企業年齢	502	4.011	0.461
株式海外法人保有比率（％）	502	7.136	8.850
株式役員保有比率（％）	502	6.024	9.246
組織改革企業			
dTFP $(t+1)$	31	−0.010	0.081
dTFP $(t+2)$	31	−0.003	0.102
dTFP $(t+3)$	31	0.015	0.068
dTFP $(t+4)$	31	0.009	0.076
dTFP $(t+5)$	31	0.000	0.083
対数従業員数	31	6.963	1.229
売上高利益率	31	0.041	0.046
対数企業年齢	31	4.071	0.249
株式海外法人保有比率（％）	31	7.621	6.930
株式役員保有比率（％）	31	2.433	4.476

第3章　経営管理と企業価値

表3-3　組織改革の実施要因

変数名	組織改革ダミー		
	係　数	限界効果	漸近的 t 値
海外法人保有比率	−0.016	−0.002	−1.29
株式役員保有比率	−0.039	−0.004	−1.65*
売上高利益率	−2.591	−0.251	−1.31
企業年齢対数値	−0.793	−0.077	−2.01**
従業員数対数値	0.191	0.019	1.58
定数項	−2.487		−1.34
サンプルサイズ	533		
疑似決定係数	0.193		
対数尤度	−95.402		
C 統計量	0.827		

注）被説明変数は組織改革を行っていれば1，行っていなければ0のダミー変数．Probit モデルで推定を行い，標準誤差は White の修正による標準誤差を採用している．*，**はそれぞれ有意水準が10％，5％で帰無仮説を棄却していることを示している．

い最小二乗法を用いる推定を行った．その推定結果は表3-4 にまとめられている．表3-4 には，組織改革企業は非組織改革企業と比較して1年目に生産性を低下させるという負の効果が示されている．これは，仮説1を退け，仮説2を裏付ける結果であるといえ，それ以降も生産性の向上は確認されない．この点において，仮説3も退けられ，組織改革の効果はこの推定方法からは支持されないことが示される．

ただし，このモデルにおいては，組織改革を実行した企業と比較を行っている企業に，そもそも組織改革を行う必要のなかった企業が含まれている可能性がある．この場合，業績悪化によって組織改革を行う企業については，組織改革を行う必要のなかった企業と比べて業績が低下すること，組織改革の効果が非改革企業と比べてみられないことも十分予測される．

そこで，傾向スコアを用いたマッチングから，組織改革企業に近い値の傾向スコアを持つ企業を比較対象として抽出して比較を行った．その結果（表3-5）をみると，最小二乗法の推定結果と比べて，1期成長率でみられた負の効果について組織改革企業と非改革企業との間で有意な差異はみられず，一方で，3期目と4期目において，最小二乗法の結果と比較してより大きな組

表3-4 組織改革が生産性成長率に与える影響（最小二乗法）

	1期差成長率	2期差成長率	3期差成長率	4期差成長率	5期差成長率
組織改革ダミー	−0.014* −1.92	−0.006 −0.59	0.015 1.34	0.019 1.23	0.016 0.94
サンプルサイズ	533	533	533	533	533
F値	3.675	0.346	1.789	1.514	0.887
Prob＞F	0.056	0.557	0.182	0.219	0.347
調整済み決定係数	0.005	−0.001	0.001	0.001	0.000

注）被説明変数は生産性成長率．期成長率とは，組織改革を実施した年を年とした時，年と年の間の生産性成長率をあらわす．最小二乗法で推定を行い，標準誤差はWhiteの修正による標準誤差を採用している．*は有意水準が10％で帰無仮説を棄却していることを示している．ここでは，コントロール変数は加えていない．

表3-5 組織改革が生産性成長率に与える影響
（傾向スコアマッチング）

	非改革企業	改革企業	差分	t値
1期差成長率	−0.006	−0.010	−0.004	−0.23
2期差成長率	−0.016	−0.003	0.013	0.62
3期差成長率	−0.019	0.015	0.034	2.06**
4期差成長率	−0.026	0.009	0.035	1.82*
5期差成長率	−0.024	0.000	0.024	1.27

注）(1) 表3-5〜3-9において，改革企業の生産性成長率と，非改革企業の生産性成長率を比較し，その差がゼロであるという帰無仮説をt検定している．*，**，***はそれぞれ有意水準が10％，5％，1％で帰無仮説を棄却していることを示している．改革企業と非改革企業の比較は表3-3で行ったProbitモデルの推定結果から算出される傾向スコアを用いて，キャリパー0.01のマッチングを行い，改革企業と傾向スコアの近い企業を非改革企業の中から選んで行ったものである．
(2) 組織改革を行った企業は31社であった．

織改革の効果が確認される．この推定結果は，先に述べた最小二乗法による推定結果とは異なり，仮説2を支持しない．最小二乗法による推定結果は，対照群となる企業の選択によって表れているものであることを示唆している．

しかし，同時に「仮説1：組織改革を行った企業は生産性を向上させる」についても，すぐにその効果があらわれるものではなく，一定期間を経てその効果が表れるという条件付きであることも示される．Lewin（1947）による再凍結の過程，Kotter（1995）による8段階モデルなどが示すように，本

第3章　経営管理と企業価値

章の分析結果からは，改革が終了してからはその効果はすぐに表れず，5年後になって初めて非改革企業との差異がみられることが推定される．ゆえに，「仮説3：組織改革を行うと，当初は生産性を低下させるが，一定期間後生産性を向上させる」は支持された．

ここでみた組織改革は，調査対象全体のものであり，様々なタイプの改革が含まれていることに注意する必要がある．そこで，以下は，組織改革企業の中で，改革の規模や動機，その内容に注目して，仮説を検討したい．インタビュー調査では，組織改革を行った企業に対して，その改革の規模が「部や課の統廃合・簡素化を超える規模か」（Q10-1②）をたずねている．この設問に「はい」と回答している企業を大規模組織改革企業と定義し，同様に傾向スコアマッチングを用いて推定を行った結果が表3-6である．この推定結果では，表3-5に示されている全体の推定結果と同様に，1期差でみられた生産性の成長率の低下はみられず，3期目において成長率の向上がみられる．さらに，3期目にみられる生産性の成長は，全体の推定のそれよりも高い[8]．この推定結果は，「大規模な組織改革を行うと，当初は大きく生産性を低下させるが，一定期間後大きく生産性を向上させる」という仮説4の後半部分について支持するものである．

表3-7は業績悪化によってもたらされていない場合の組織改革の効果をまとめたものである．ここでは，設問項目「Q10-1C 改革実施を決断した理由」において，「業績が悪化し現状の組織では改善の見込みがないと判断」と回答していない企業を抽出している[9]．組織改革企業全体と比べて顕著にその違いがみられるのは，初期時点において生産性の低下がみられない点と，早期（2期目）から生産性に高い成長がみられる点にある．特に，全体の推

---

8) 組織改革企業を全体でみた場合と，大規模組織改革企業でみた場合で，それぞれ傾向スコアマッチングを行っているため，対照群となる企業におけるウェイト付けや企業選択が異なっている点に留意する必要がある．
9) Q10-1Cは複数回答の設問項目であり，それ以外の回答は，「競合他社が改革したことに伴い対抗上実施」「取引先など外部からの勧めがあった」「自らの意志で将来の布石として」「わからない・どちらとも」である．なお，業績悪化企業のみを抽出して推定を行った場合はサンプルサイズが小さいために推定を行うことができなかったため，非業績悪化理由に組織改革をみることで，その効果を確認している．

表3-6 大規模な組織改革が生産性成長率に与える影響（傾向スコアマッチング）

	非改革企業	改革企業	差　分	t値
1期差成長率	−0.020	−0.010	0.010	0.02
2期差成長率	−0.049	−0.003	0.046	0.98
3期差成長率	−0.039	0.020	0.059	2.04*
4期差成長率	−0.016	0.013	0.029	0.96
5期差成長率	−0.031	0.001	0.032	0.91

注）改革企業（統廃合）は，改革企業の内，「組織変更は部や課の統廃合・簡素化を超える規模か」という設問に「はい」と回答した企業27社である．*は有意水準が10％で帰無仮説を棄却していることを示している．

表3-7 要因別の組織改革が生産性成長率に与える影響（傾向スコアマッチング）

	非改革企業	改革企業	差　分	t値
1期差成長率	−0.006	0.010	0.016	1.42
2期差成長率	−0.016	0.025	0.041	2.73***
3期差成長率	−0.019	0.020	0.039	2.21**
4期差成長率	−0.026	0.011	0.037	1.73*
5期差成長率	−0.024	0.002	0.026	1.22

注）改革企業（非業績悪化）は「業績が悪化し現状の組織では改善の見込みがないと判断」以外の要因で組織改革を行った企業19社である．*，**，***はそれぞれ有意水準が10％，5％，1％で帰無仮説を棄却していることを示している．

定結果からみることができた初期段階の生産性の低下が，業績悪化企業の生産性低下によって引き起こされるものであることを示唆している点で重要である．「仮説5：業績悪化が理由ではない組織改革は，当初の生産性低下は小さく，後半の生産性向上も小さい」という仮説は満たされるが，同時に，「仮説3：組織改革を行うと，当初は生産性を低下させるが，一定期間後生産性を向上させる」で示された初期の生産性低下は，業績悪化企業による改革で顕著にみられる可能性も確認された．

仮説6と仮説7はそれぞれ，ボトムアップによる組織改革，権限委譲を伴う組織改革が初期時点でかかる調整費用を小さくするために初期の業績悪化は小さいことを示しているものである．ボトムアップについては，Q10-2②

第3章　経営管理と企業価値

表3-8　従業員の提案を伴う組織改革が生産性成長率に与える影響
（傾向スコアマッチング）

	非改革企業	改革企業	差分	t値
1期差成長率	−0.008	−0.011	−0.003	−0.11
2期差成長率	−0.041	−0.003	0.038	1.01
3期差成長率	−0.031	0.021	0.052	2.22**
4期差成長率	−0.015	0.014	0.029	1.10
5期差成長率	−0.030	0.002	0.032	1.07

注）改革企業（従業員提案）は，改革企業の内，「職員から組織変革について新たな建設的な提案が出たか」という設問に「はい」と回答した改革企業19社である．**は有意水準が5％で帰無仮説を棄却していることを示している．

表3-9　権限委譲の組織改革が生産性成長率に与える影響
（傾向スコアマッチング）

	非改革企業	改革企業	差分	t値
1期差成長率	−0.017	−0.004	0.013	0.44
2期差成長率	−0.072	0.003	0.075	1.35
3期差成長率	−0.058	0.025	0.083	2.51**
4期差成長率	−0.020	0.029	0.049	1.40
5期差成長率	−0.040	0.010	0.050	1.27

注）改革企業（権限委譲）は，改革企業の内，「組織変革による決定権限の下部委譲」がある改革を行った企業19社である．**は有意水準が5％で帰無仮説を棄却していることを示している．

「職員から組織変革について新たな建設的な提案が出たか」という設問項目への回答を用い，権限委譲の有無は，Q10-3①の設問「組織改革による決定権限の下部委譲はあったか」の回答を用いている．表3-8，3-9の推定結果をみると，両方の推定結果において，全体のサンプルで行った推定と同様に3期目で組織改革の効果がみられる点，その効果は全体でみた場合よりも大きい点で共通しており，それぞれの仮説を裏付けるものであるといえる．

5．分析のまとめと残された課題

　本章は，企業の組織改革が生産性に与える影響という改革の効果に注目し，その特徴を明らかにした．インタビュー調査と財務データを用いて，傾向スコアマッチングモデルから明らかにされた特徴として，組織改革には，改革

を行った直後には効果が表れず，3年目に，時差をもってその効果が表れることが示された．これは，Lewin（1947）やKotter（1995）が提示した，組織改革のプロセスの仮説を，生産性への効果という点で裏付けるものである．それに加え，業績悪化によらない組織改革は2期目からの高い効果が表れ，ボトムアップによる組織改革でより高い効果がみられた点において，常に組織改革の必要性を認識している必要があることや，改革には従業員の賛同や協力が必要であることが示唆される．

ただし，本章で行った分析には課題が残されている．まず，改革の効果が表れる期間を考慮して分析する為に，分析期間が限定され，サンプルサイズが小さいものとなった．その結果，分析の頑健性をチェックするための，より詳細な分析には及んでいない．その点を改善するには，業績を把握可能であり，かつ，組織改革に重点をおいた統計を大規模に行う必要がある．また，インタビュー調査は分析対象期間（2000年代）において，一つの改革についてたずねているために，どれくらいのスパンをおいて企業が改革を実施しているかを把握することはできなかった．これは，分析期間の制約による，組織改革の効果が及ばなくなる時期の把握と共に求められる．

また，組織改革について権限委譲の有無や規模については調査から把握することができたが，より具体的な組織改革の内容（どのような部署を縮小・統合・拡大しているか等）についてはみることができなかった．その為，企業は自社が成長するために必要な改革を達成できているという前提をおかざるを得なかった．同規模・同業種の企業が同一の理由で組織改革を行う時に，それを成功させる要因については，大規模な調査を実施するか，個別企業の事例研究に特化する必要があるだろう．

補　論　Olley and Pakes法による生産性の推計方法

企業レベルの生産性の推計に，本章はOlley and Pakes（1996）の生産関数を用いる[10]．Olley and Pakes（1996）の生産関数は，内生性，セレクション・バイアス，企業間で異なる確認できない要素といった推計上の問題を改善するものである．生産関数の概要は以下のとおりである．

企業 i の $t+1$ 期における生産関数の期待値 $E[\Omega_{it+1}]$ は，現在の生産性と資本ストックのレベルの関数として与えられる．

$$E[\Omega_{it+1} \mid \Omega_{it}, K_{it}]$$

そして，企業 i は以下のベルマン方程式で割引現在価値を最大化する．

$$\begin{aligned} &V_{it}(K_{it}, a_{it}, \Omega_{it}) \\ &= \operatorname{Max}[\Phi, \operatorname{Sup}_{I_{it} \geq 0} \Pi_{it}(K_{it}, a_{it}, \Omega_{it}) - C(I_{it}) + \\ &\quad \rho E\{(V_{it+1}(K_{it+1}, a_{it+1}, \Omega_{it+1}) \mid J_{it})\}] \end{aligned}$$

$\Pi_{it}(\cdot)$ は利潤関数，$C_{(\cdot)}$ は投資の費用関数，ρ は割引因子，$E(\cdot \mid J_{it})$ は企業 i の情報 J_{it} による期待値演算子である．また，清算時に得られる企業価値 Φ が割引利益の期待値を上回れば，退出すると仮定する．

マルコフ完全均衡の解から退出戦略と投資戦略は次のとおり示される．

$$\chi_{it} = \begin{cases} 1 & \text{if } \Omega_{it-1} \geq \underline{\Omega}_{it-1} \\ 0 & otherwise \end{cases}, \quad I_{it} = I(\Omega_{it}, K_{it}, a_{it})$$

企業は，前期の生産性レベル Ω_{it-1} が閾値 $\underline{\Omega}_{it-1}$ を上回れば，市場に留まる（$\chi_{it}=1$）．投資戦略は，今期の生産性レベル Ω_{it}，資本ストック K_{it}，企業年齢 a_{it} に依存する．

以上の仮定に従い，Olley and Pakes（1996）は付加価値が労働，資本，企業年齢，生産性レベルによって決まる生産関数を提示する．

$$Y_{it} = F(K_{it}, L_{it}, a_{it}, \Omega_{it})$$

Y_{it} と L_{it} はそれぞれ，t 期における企業 i の付加価値と労働投入量である．コブ・ダグラス型を仮定すると，これは，

---

10) Olley and Pakes（1996）の推定にあたり，われわれは STATA のコマンドである *opreg* を用いる．補論は，このコマンドの解説である Yasar, Raciborski, and Poi（2008）で記述されている内容を参考にしている．

$$Y_{it} = \beta_0 + \beta_l l_{it} + \beta_k k_{it} + \beta_a a_{it} + u_{it} \text{ and } u_{it} = \Omega_{it} + \eta_{it}$$

と書き換えることができる．小文字で示される変数はその値が自然対数変換されていることを示すものである．

前述の同時性バイアスとセレクション・バイアスのために，最小二乗法による生産関数の推定は不偏性と一致性を満たさない．そこで，Olley and Pakes (1996) は投資額の決定に関するルール $I_{it} = I(\Omega_{it}, K_{it}, a_{it})$ を採用している．この逆関数として，生産性レベル Ω_{it} に関する

$$\Omega_{it} = I^{-1}(I_{it}, K_{it}, a_{it}) = h(I_{it}, K_{it}, a_{it})$$

を置く．これを，上記の生産関数に代入すると，

$$y_{it} = \beta_l l_{it} + \beta_k k_{it} + \phi(i_{it}, k_{it}, a_{it} + u_{it}) + \eta_{it}$$

が得られる．

$$\phi(i_{it}, k_{it}, a_{it} + u_{it}) = \beta_0 + \beta_k k_{it} + \beta_a a_{it} + h(i_{it}, k_{it}, a_{it})$$

である．なお，$h(i_{it}, k_{it}, a_{it})$ は二乗項まで含む関数を仮定する．

また，退出に関するルールは，セレクション・バイアスの問題を除くことになる．t 期に生存する確率は一期前の生産性レベル Ω_{it-1} と閾値 $\underline{\Omega}_{it-1}$, に依存しており，一期前の生産性レベル Ω_{it-1} は企業年齢，資本ストック，投資額に依存する．このルールから，われわれは企業が市場に留まり続ける確率の予測値 $\hat{P}_{it}$ を Probit モデルから推定することが可能であり，生産関数も生存確率の予測値を含む次式に書き換えることができる．

$$y_{it} - \beta_l l_{it} = \beta_k k_{it} + g(\hat{\phi}_{t-1} - \beta_k k_{it-1} - \beta_a a_{it-1}, \hat{P}_{it}) + \xi_{it} + \eta_{it}$$

$g(\cdot)$ は二次項までとる $\hat{\phi}_{t-1} - \beta_k k_{it-1} - \beta_a a_{it-1}$ と $\hat{P}_{it}$ を説明変数とする多項式であり，ξ_{it} は存続し，投資と退出決定に依存しない TFP である．生産関数の推定結果は補表 3-A に示す．なお，推定に用いた変数の作成方法は以下のとおりである．

実質売上高は「財務データ」より得られる「総売上高」，実質中間投入は

「売上原価」と「販売費および一般管理費」を足し合わせ,「労務費」「減価償却」「租税公課」を除いたものを,JIP データベースより得られるデフレーターを用いて実質化したものである.資本ストックは,確認されるもっとも古い年次である 1978 年,もしくは上場した年の有形固定資産簿価を初期値とし,恒久棚卸法で実質準資本ストックを推計している[11].

それ以外の変数については,共変量として「外資の株式保有比率」「役員の株式保有比率」「企業年齢」,「営業利益」と「総売上高」を用いて作成する「売上高利益率」を使用する.

補表 3 - A　生産関数の推計結果

	係数	t 値
資本ストック対数値	0.651	3.30***
労働対数値	0.507	20.80***
年次ダミー	YES	
産業ダミー	YES	
サンプルサイズ	10,962	
グループ数	1,588	

注)　***は有意水準が 1% で帰無仮説を棄却していることを示している.

---

11)　償却率は建物が 0.047,構築物が 0.056,機械・装置が 0.095,工具が 0.088 である.

参考文献

Bloom, Nicholas and John Van Reenen (2007), "Measuring and Explaining Management Practices across Firms and Countries," *Quarterly Journal of Economics*, Vol. 122(4), pp. 1351-1408.

Bloom, Nicholas and John Van Reenen (2010), "Why Do Management Practices Differ across Firms and Countries?" *Journal of Economic Perspectives*, Vol. 24(1), pp. 203-224.

Bloom, Nicholas, Raffaella Sadun, and John Van Reenen (2012), "Americans Do IT Better: US Multinationals and the Productivity Miracle," *American Economic Review*, Vol. 102(1), pp. 167-201.

Bresnahan, Timothy F., Erik Brynjolfsson, and Lorin M. Hitt (2002), "Information Technology, Workplace Organization, and the Demand for Skilled Labor: Firm-Level Evidence," *Quarterly Journal of Economics*, Vol. 117(1), pp. 339-376.

Brynjolfsson, Erik and Lorin M. Hitt (2000), "Beyond Computation: Information Technology, Organizational Transformation and Business Performance," *Journal of Economic Perspectives*, Vol. 14(4), pp. 23-48.

Brynjolfsson, Erik and Lorin M. Hitt (2003), "Computing Productivity: Firm-Level Evidence," *Review of Economics and Statistics*, Vol. 85(4), pp. 793-808.

Brynjolfsson, Erik, Amy Renshaw, and Marshall Van Alstyne (1997), "The Matrix of Change: A Tool for Business Process Reengineering," *Sloan Management Review*, Winter 1997, pp. 37-54.

Burns Tom and George M. Stalker (1961), *The Management of Innovation*, Tavistock.

Caroli, Eve and John Van Reenen (2001), "Skill-Biased Organizational Change? Evidence from a Panel of British and French Establishments," *Quarterly Journal of Economics*, Vol. 116(4), pp. 1449-1492.

Christensen, Clayton M. (1997), *The Innovator's Dilemma: When New Technologies Cause Great Firms to Fail*, Harvard Business School Press.

Crespi, Gustavo A., Chiara Criscuolo, and Jonathan E. Haskel (2007), "Information Technology, Organizational Change and Productivity Growth: Evidence from UK Firms," *CEP Discussion Paper* (Centre for Economic Performance, London School of Economics and Political Science), No. 783.
http://cep.lse.ac.uk/pubs/download/dp0783.pdf

Duncan, Robert B. (1976), "The Ambidextrous Organization: Designing Dual Structures for Innovation," in: Ralph H. Kilmann, Louis R. Pondy, and Dennis P. Slevin (eds.), *The Management of Organization Design: Strategies and Implementation Volume 1*, North Holland, pp. 167-188.

Garicano, Luis and Esteban Rossi-Hansberg (2005), "Organization and Inequality in a Knowledge Economy," *NBER Working Paper* (National Bureau of Economic Research), No. 11458. http://www.nber.org/papers/w11458.pdf

Griliches, Zvi (1984), *R&D, Patents, and Productivity*, University of Chicago Press.

Håkanson, Christina (2009), "Effects of Organizational Change on Firm Productivity," *Sveriges Riksbank Working Paper Series*, No. 230.

Heckman, James J., Hidehiko Ichimura, and Petra E. Todd (1997), "Matching As An Econometric Evaluation Estimator: Evidence from Evaluating a Job Training Programme," *Review of Economic Studies*, Vol. 64(4), pp. 605-654.

Jorgenson, Dale W. (1990), "Productivity and Economic Growth," in: Ernst R. Berndt and Jack E. Triplett (eds.), *Fifty Years of Economic Measurement: The Jubilee of the Conference on Research in Income and Wealth*, University of Chicago Press, pp. 19-118.

Kawakami, Atsushi and Shigeru Asaba (2014), "How Does the Market Value Organizational Management Practices of Japanese Firms? Using Interview Survey Data," *RIETI Discussion Paper Series*, No. 14-E-050.

Kotter, John P. (1995), "Leading Change: Why Transformation Efforts Fail," *Harvard Business Review*, Vol. 73(2), pp. 59-67.

Kotter, John P. and Leonard A. Schlesinger (2008), "Choosing Strategies for Change," *Harvard Business Review*, Vol. 86 (7-8), pp. 130-139.

Lee, Keun, Tsutomu Miyagawa, Shigesaburo Kabe, Junhyup Lee, Hyoungjin Kim, YoungGak Kim, and Kazuma Edamura (2009), "Management Practices and Firm Performance in Japanese and Korean Firms: An Empirical Study Using Interview Surveys," Paper presented CAED Tokyo Conference on October 2, 2009. http://gcoe.ier.hit-u.ac.jp/CAED/papers/id230_Lee_et_al.pdf

Lewin, Kurt (1947), "Group Decision and Social Change," in: Theodore M. Newcomb and Eugene L. Hartley (eds.), *Readings in Social Psychology*, Holt, Rinehart and Winston, pp. 197-211.

Nadler, David A. (1981), "Managing Organizational Change: An Integrative Perspective," *Journal of Applied Behavioral Science*, Vol. 17(2), pp. 191-211.

Nelson, Richard R. and Sidney G. Winter (1982), *An Evolutionary Theory of Economic Change*, Harvard University Press.

Olley, G. Steven and Ariel Pakes (1996), "The Dynamics of Productivity in the Telecommunications Equipment Industry," *Econometrica*, Vol. 64(6), pp. 1263-1297.

Rosenbaum, Paul R. and Donald B. Rubin (1983), "The Central Role of the Propensity Score in Observational Studies for Causal Effects,"*Biometrika*, Vol. 70(1), pp.

41-55.
Solow, Robert M. (1957), "Technical Change and the Aggregate Production Function," *Review of Economics and Statistics*, Vol. 39(3), pp. 312-320.
Solow, Robert M. (1987), "We'd Better Watch Out," *New York Times Book Review*, July 12.
van Ark, Bart (2004), "The Measurement of Productivity: What Do the Numbers Mean?" in: George M. M. Gelauff, Luuk Klomp, Stephan Raes, and Theo Roelandt (eds.), *Fostering Productivity: Patterns, Determinants and Policy Implications*, Elsevier, pp. 29-61.
van Ark, Bart, Robert Inklaar, and Robert H. McGuckin (2003), "'Changing Gear'── Productivity, ICT and Services Industries: Europe and the United States," in: Jens F. Christensen and Peter Maskell (eds.), *The Industrial Dynamics of the New Digital Economy*, Edward Elgar, pp. 56-99.
Yasar, Mahmut, Rafal Raciborski, and Brian Poi (2008), "Production Function Estimation in Stata Using the Olley and Pakes Method," *Stata Journal*, Vol. 8(2), pp. 221-231.
篠崎彰彦 (2007),「日本企業の業務・組織・人材改革と情報化の効果に関する実証研究──全国3141社のアンケート結果に基づくロジット・モデル分析」『経済分析』第179号, 36-54頁.
長岡貞男 (1993),『日米欧の生産性と国際競争力』東洋経済新報社.
星野崇宏 (2009),『調査観察データの統計科学──因果推論・選択バイアス・データ融合』岩波書店.
星野崇宏・岡田謙介 (2006)「傾向スコアを用いた共変量調整による因果効果の推定と臨床医学・疫学・薬学・公衆衛生分野での応用について」『保健医療科学』第55巻3号, 230-243頁.
宮川努 (2005),『日本経済の生産性革新』日本経済新聞社.
宮川努・浜潟純大 (2004),「わが国IT投資の活性化要因── JIP データベースを利用した国際比較と実証分析」『経済研究』第55巻3号, 245-260頁.
宮川努・滝澤美帆・金榮愨 (2010),「無形資産の経済学──生産性向上への役割を中心として」『日本銀行ワーキングペーパーシリーズ』No. 10-J-8.
深尾京司・宮川努［編］(2008),『生産性と日本の経済成長── JIP データベースによる産業・企業レベルの実証分析』東京大学出版会.

第 4 章

経営管理と R&D 活動
―― 日韓インタビュー調査をもとにした実証分析 ――

枝村一磨・宮川　努・金　榮愨
鄭　鎬成

要　旨

　本章では，2008 年，2011～12 年に日本と韓国で実施された経営管理に関する企業インタビュー調査をもとに算出された経営スコアを経営管理の代理変数と捉え，企業の経営管理と研究開発活動との関連性を考察する．イノベーションを起こす確率が研究開発資源の投入量と研究開発をサポートする経営管理に依存すると想定する Aghion and Tirole（1994a, 1994b）に基づいて研究開発活動の実施に関するモデルを日本と韓国のデータを用いてそれぞれ Probit 推計したところ，日韓両国の企業は共通して，経営スコアが高い企業は研究開発活動を実施する可能性が高いことがわかった．経営スコアを組織管理と人的資源管理に関するスコアに分けた推計では，日本企業は組織管理スコアの高い企業で研究開発活動を行っている一方，韓国企業は人的資源管理スコアの高い企業で研究開発活動を行っている可能性が高いことが示唆された．また，研究開発資源投入量に関する Tobit 推計では，日本では経営スコアが高い企業ほど研究開発費も大きく，特に組織管理スコアが高い企業は研究開発費を多く支出しているという結果が得られた．韓国では，人的資源管理スコアが高い企業ほど，研究開発費を多く支出している可能性が示唆された．経営努力を行っている企業ほど研究開発活動を行っているという本章の分析結果は，研究開発活動に対する経営組織の役割の重要性を指摘した先行研究と整合的である．

第 I 部 無形資産と企業の生産性

1. はじめに——研究開発支出の効率性と経営組織からのアプローチ

「技術で勝って,ビジネスで負ける」.研究開発投資の水準で世界トップクラスにありながら,20 年の長きにわたって経済成長率が低迷している現象を,これほど的確に表した言葉はないだろう.2011 年における研究開発費の対 GDP 比率[1]は,日本は 3.4% であり,ドイツ(2.9%)やアメリカ(2.8%)より高くなっている.1990 年代前半にバブルが崩壊してから,日本では GDP や生産性の成長率は低水準となっているが,欧米と較べても研究開発投資を積極的に行ってきた.経済成長率は低水準である一方で研究開発投資は積極的であることから,研究開発投資の収益率が 1980 年代から 1990 年代,2000 年代にかけて低下しているのではないかという疑念が提起されている[2].

研究開発投資の収益率に関する先行研究を整理した表 4-1 を見ると,1980

---

* 本章は,2013 年 11 月 28 日に開かれた,東京大学金融教育研究センター・日本銀行調査統計局第 5 回共催コンファレンス「グローバル化と日本経済の対応力」での報告をもとにした日本銀行ワーキングペーパー(日本銀行ワーキングペーパーシリーズ,14-J-4)を改訂したものである.第 5 回東大・日銀コンファレンスにおける討論者の専修大学の伊藤恵子氏,座長の一橋大学の深尾京司氏他,コンファレンス参加者からの貴重なコメントに感謝したい.また 2014 年度春季日本経済学会(同志社大学)での報告に対する一橋大学の大山睦氏の建設的なコメントにも謝意を表したい.さらに 2014 年 9 月 27 日に学習院大学で開かれた,「日本の無形資産投資に関する実証研究 ブックコンファレンス」における討論者の明治大学の鈴木和志氏,参加者からの貴重なコメントにも感謝したい.分析に重要な役割を果たしたインタビュー調査の実施にあたっては,経済産業研究所上席研究員・大和大学の尾崎雅彦氏,日本経済研究センター主任研究員の可部繁三郎氏の献身的な協力を得たことにも感謝したい.さらに,Tobit 推計に関する疑似決定係数の計算方法については,学習院大学の赤司健太郎氏から貴重な助言をいただいた.なお,本論文の見解は,研究者個人のものであり,筆者達が所属する組織の見解を反映したものではない.論文中の誤りもすべて筆者達の責任である.本章は,科学技術研究費基盤(S)「日本の無形資産投資に関する実証研究」(課題番号:22223004)および科学技術研究費基盤(B)「広義の社会資本投資が民間経済に及ぼす効果の検証」の補助を受けている.

1) 世界銀行 "World Development Indicators 2015"
2) 『経済財政白書 平成 14 年版』,安部(2004)や大塚(2011)は,日本の研究開発効率の低下を指摘している.Branstetter and Nakamura(2003)は特許データで測った研究開発ストックが生産性向上に寄与していないことを指摘している.

128

第4章 経営管理とR&D活動

表4-1 日本におけるR&D収益率の推計

論文	使用データ	対象業種	推計期間	収益率
Odagiri and Iwata (1986)	日経NEEDS	製造業	1966～73年 1974～82年	20.1% 16.9%
Goto and Suzuki (1989)	著者達が収集したデータ	無機化学 有機化学 医薬品 硝子 電気機械 電子部品 自動車	1976～84年	32% 56% 42% 25% 22% 22% 33%
Griliches and Mairesse (1990)	日経NEEDS	製造業に属し，研究開発費を支出している企業	1973～80年	56.2%
Suzuki (1993)	日本政策投資銀行財務データベース	電気機械	1981～89年	20.2%
Kwon and Inui (2003)	経済産業省「企業活動基本調査」	製造業に属し，研究開発費を支出している企業	1995～98年	16.3%
元橋 (2009)	総務省「科学技術研究調査」，日本政策投資銀行財務データベース	研究開発を実施している全企業	1984～91年 1991～98年 1998～2005年	13.2% 34.3% 37.4%
Kim and Ito (2013)	経済産業省「企業活動基本調査」	製造業に属し，従業員50人以上，資本金3,000万円以上の企業	1995～2008年	27.3%

年代から90年代にかけて行われた，研究開発投資が生産性の向上に与える企業レベルの研究を概観すると，1980年代以前の研究開発収益率は16.9%（Odagiri and Iwata 1986）から56.2%（Griliches and Mairesse 1990）と，その推計に大きな分散が見られる[3]．1990年代のデータを使った先行研究であるKwon and Inui（2003）は16.3%，90年代から2000年代のデータを使った

---

3) 研究開発投資が生産性向上に与える効果の実証研究については，Griliches（2000）やHall（1993）を参照されたい．また日本のこれまでの研究成果については，鈴木・宮川（1986），Goto and Suzuki（1989），元橋（2009）などを参照されたい．

Kim and Ito (2013) は 27.3% と推計している．また，元橋 (2009) は，バブル崩壊前が 13.2%，バブル崩壊後の 1991 年から 1998 年までが 34.3%，1998 年から 2005 年までが 37.4% と研究開発収益率を推計しており，バブル崩壊後も研究開発資産の限界生産力は低下していないように見える．現時点では，研究開発の効率性について完全に一致した見解が出されていない段階だが，注目すべきは，これらの調査・研究が，研究開発が生産性や付加価値の向上に資する過程で，経営能力，経営戦略，研究開発マネージメントの重要性を指摘している点である．

実は，経済理論の分野でもいくつかの論文が，研究者のインセンティヴを高める経営組織のあり方を研究している．例えば Aghion and Tirole (1994a, 1994b) は，Grossman and Hart (1986) や Hart and Moore (1988) の不完備契約の議論をイノベーション・プロセスに応用し，どのように研究成果を配分すればよいか，どのような資金調達方式が望ましいかを検討している．また，Acemoglu, Aghion, and Zilibotti (2003) は，イノベーションを生み出す組織の形態が，技術フロンティアに近づくキャッチアップ期と，技術フロンティアに到達した後の時期では異なることを指摘し，前者では研究開発部門を垂直統合した組織形態が望ましいが，後者では組織外の研究成果を積極的に活用する方式が望ましいと述べている．

企業組織に関する研究は，Milgrom and Roberts (1992) や Roberts (2004) 以来，理論的な発展だけでなく実証分析の面でも蓄積が見られる[4]．しかし，Azoulay and Lerner (2013) が指摘するように，企業の組織管理がイノベーションにどのような影響をもたらすかについては，未だ十分な実証研究の蓄積がない．彼らのサーベイでは，成果主義による報酬体系がイノベーションを促進するという考え方に対し，Ederer and Manso (2013) が，イノベーションは現時点での成果報酬に対してではなく，将来時点での成果報酬に対して影響を受けるという結果を示していることを紹介している．一方日本では，こうした研究は，経済学や経営学の分野ではなく，技術者による技術マネー

---

4) 最近の企業組織に関する研究をまとめたものとしては，Gibbons and Roberts (2013) がある．

第4章　経営管理とR&D活動

ジメントの分野で行われている[5]．例えば，丹羽（2013）第3章では，研究者の活性化を目的とする組織管理のあり方を，アンケートによって調査している．

　数少ない上記の先行研究を踏まえると，欧米では報酬体系が研究者のインセンティヴに与える影響を重視し，日本では組織目標が研究者の研究意欲に与える影響に着目しているようである．そこで本章では，企業組織と研究開発活動の関係を分析する．分析を行う際には，組織管理と報酬体系に関する調査の両者を兼ね備えた独自調査の結果を用いる[6]．我々が用いる調査結果データは，研究開発のインセンティヴを直接調べるために実施されたものではなく，組織資本や人的資源の経営管理を調査するために実施したものであり[7]，経営手法（management practice）に関する独自のインタビュー調査を実施した Bloom and Van Reenen（2007）に基づいている．

　Bloom and Van Reenen（2007）は，米，英，仏，独の4か国の企業に関し，経営目標（target），生産活動のモニタリング（monitoring），従業員へのインセンティヴ（incentive）に関するインタビュー調査を行っており，そのインタビュー項目は，先に述べた組織管理と人的資源管理を含んだものとなっている．彼らは，このインタビュー調査結果を経営スコアとして数量化し，企業パフォーマンスとの関係を調べている．さらに，Bloom, Sadun, and Van Reenen（2012）は，調査対象国を先の4か国を含む12か国に広げて分析をしている．彼らは，事業所レベルでの投資決定の範囲，現場の労働者の雇用決定権，新製品の導入，製品販売やマーケティングに関して，事業者レベルの管理者が決定権をどの程度有しているかを，権限委譲（decentralization）の指標としている．また，信頼性（trust）の指標を世界価値観調査（World

---

5） 経済学・経営学の分野における技術マネージメントの文献としては，一橋大学イノベーション研究センター（2001）があるが，企業内組織とイノベーションに関してはあまり体系的な解説がない．一方，丹羽（2006）では，技術開発を行うための組織のあり方を論じている．
6） Azoulay and Lerner（2013）は，企業組織とイノベーションに関する研究では，既存のデータセットは利用できず，独自の調査に依存するしかない点を強調している．
7） Syverson（2011）はミクロレベルの生産性分析に関するサーベイで，生産性に変動をもたらす企業内要因の一つとして経営要因をあげている．

Values Survey）の文化的特性の指標から抽出し，信頼性と権限委譲の関係を分析している．こうした分析の背景には，権限委譲に代表される経営特性の背景にある文化的要素を実証的に検証しようとする意図がある．

　本章では，Bloom, Sadun, and Van Reenen（2012）のように，各国の文化的背景の違いが，経営スタイルの違いや企業パフォーマンスに与える影響を類推する作業までは行わない．本章は，ヨーロッパを対象に経営スタイルの国際比較を行っている Bloom and Van Reenen（2007）の調査票に基づいて日本と韓国で実施されたインタビュー調査の結果を利用し，企業の生産性に大きな影響を与える研究開発活動と経営管理との関係を調べる[8]．

　我々の分析は次のように構成されている．次節では，Aghion and Tirole（1994a, 1994b）の考え方に基づいて，経営管理（経営努力）と研究開発活動の関係を定式化する．そして第3節では，独自のインタビュー調査から導き出された経営スコアの値を，企業の経営努力の代理指標とし，研究開発活動との関係を実証的に検証する．実証分析では，研究開発活動の実施の有無を被説明変数とする Probit 分析と，研究開発集約度を被説明変数とする Tobit 分析の2種類の推計を実施する．本章の最後では，こうした実証研究の成果を要約するとともに今後の課題について述べる．

2. 経営努力と R&D 活動に関する考え方

　本節では，経営管理と R&D 活動の関連性を考えるため，Aghion and Tirole（1994a, 1994b）を参考に次のようなモデルを考える[9]．まず次のよう

---

[8] 日本と韓国との研究開発投資研究については，すでに Kim and Ito（2013）の分析があるが，彼らは企業レベルの財務データを用いた生産関数に基づいて，研究開発の効率性の分析をしている．

[9] 第1節で述べたように，Aghion and Tirole（1994a, 1994b）のモデルは，もともと Grossman and Hart（1986）や Hart and Moore（1988）らの不完備契約モデルを，研究者がイノベーションを起こしやすいインセンティヴ・モデルに応用したものである．したがって彼らの目的は，イノベーションを起こしやすい報酬と制度のあり方を考察することにあるが，本章ではそこまでは踏み込まない．

第 4 章　経営管理と R&D 活動

な企業 i の生産関数を考える．

(1)　$Y_i = A_i F(K_i, L_i, M_i)$

ここで，Y は企業の生産量，A は企業の生産性，K は資本量，L は労働投入量，M は中間投入量である．このときこの企業の生産性は，

(2)　$A_i = G(R_i) e_i$

で表されるとする．Aghion and Tirole (1994a, 1994b) は，イノベーションを起こす確率が，研究開発資源の投入量と研究者のインセンティヴに依存すると想定したが，ここでも，R を研究開発資源の投入量とみなし，財単位で投入量が測られると考える．そして $G(R)$ は研究開発資源の投入によって生産性が向上する確率と考え，$G'(R) > 0$, $G''(R) < 0$ を仮定する．ただし e は，研究者の研究へのインセンティヴではなく，研究開発をサポートする経営努力と考え，$e > 1$ を仮定する．このような前提のもとで，企業の利潤 (π_i) 最大化は，

(3)　$\text{Max } \pi_i = G(R_i) e_i F(K_i, L_i, M_i) - rK_i - wL_i - pM - R_i - c(e_i)$

で表される．ここで，r は実質金利，w は実質賃金，p は実質中間投入価格である．この生産要素価格が競争的な市場で決定されていると考えると，資本，労働といった通常の生産要素の投入量は，標準的な利潤最大化を通して決定される．また $c(e)$ は企業の経営努力に関する費用で，$c'(e) > 0$, $c''(e) < 0$ を仮定する．すなわち，Penrose (1959) が考えたように，企業内の経営能力は有限であるため，経営努力を増せば増すほど，それに伴うコストが遙増すると想定する．このため，最適な研究開発資源の投入量 (R^*) と最適な経営努力 (e^*) に関して，

(4)　$G'(R_i^*) e F(K_i^*, L_i^*, M_i^*) - 1 = 0$
(5)　$G(R_i^*) F(K_i^*, L_i^*, M_i^*) - c'(e_i^*) = 0$

となる．この (4) および (5) 式から，最適な経営努力と最適な研究開発資源投入量との関係は，

第Ⅰ部　無形資産と企業の生産性

(6) $\quad \dfrac{dR_i^*}{de_i^*} = \dfrac{G'(R_i^*)\{c'(e_i^*) + c''(e_i^*)e_i^*\}}{G'(R_i^*) - G''(R_i^*)c'(e_i^*)e_i^*} > 0$

となる．すなわち(6)式は，企業の最適な経営努力と最適な研究開発資源が正に相関していることを示している．

3. 経営管理と R&D 活動の実証分析

3.1　Probit 分析

前節の(6)式は，経営努力を行う企業では研究開発資源の投入も増えていることを意味する．本節ではこの関係を実証的に検討する．最初は，以下のような Probit 関数の推計により，経営努力と研究開発行動の実施との関連性を調べる．

(7) $\quad \mathrm{Prob}(D_i = 1 \mid e_i,\ x_i) = \Phi(\alpha e_i,\ \beta x_i)$

式の左辺は，企業 i が研究開発活動を行う確率である．D は研究開発費を 0 より大きい値で計上している場合に 1 を取り，それ以外の場合は 0 を取るダミー変数である[10]．e はインタビュー調査から得られた経営スコアによって表される経営努力．x は経営努力の他に研究開発活動に影響を及ぼす変数である．我々の推計では，企業特性である企業年齢や従業者数，業種を x として選んでいる．経営スコアのデータは日本及び韓国で 2 回実施されたインタビュー調査から算出したものである[11]．我々の調査でカバーされている経営管理は，組織管理と人的資源管理に分かれる．組織管理に関する経営スコア

---

[10]　本章では，研究開発費が 0 または欠損値の場合に 0 を取るダミー変数としている．韓国財務データにおいて，研究開発費は 0 より大きい値か欠損値が収録されており，0 となっているサンプルがない．そのため，韓国財務データにおいては，研究開発費が欠損値の場合は研究開発活動を行っていないと仮定して推計を行う必要がある．このような韓国財務データの特性を考慮し，推計に一貫性を持たせるため，日本データについても同様に当ダミー変数を作成している．

第 4 章　経営管理と R&D 活動

が高いということは，企業内で経営目標がしっかりと定まっており，その経営目標の到達度が従業員に広く認識されているということを意味している．一方，人的資源管理については，高いパフォーマンスを達成した従業員に対して報酬，昇進などの面で速やかな対応がなされ，人材育成にも力を入れている場合についてスコアが高くなるようになっている[12]．

また，研究開発投資は，各調査に対応する期の企業活動基本調査，日本政策投資銀行財務データ，韓国財務データからデータを取得している．こうした財務データは，第 1 回インタビュー調査に関しては 2006〜08 年度決算，第 2 回インタビュー調査に関しては 2009〜2011 年度決算のデータを対応させている．これは，Bloom and Van Reenen（2007）や Miyagawa et al.（2015），Lee et al.（2016）と同様に，management practice は単年度では大きな変更がないため，複数期間の財務データを対応させることができると考えたためである[13]．経営スコア以外で，推計に利用したデータの記述統計量は表 4-2 にまとめている．

まず日本と韓国のそれぞれについて全サンプルを用いた推計結果を表 4-3-1 で見てみよう[14]．表 4-3-1 を見ると，経営スコアの係数は，日韓とも有意に正となっている．すなわち組織内の目標が各構成員に浸透し，かつ柔軟な人的資源管理が進んだ経営を実施している企業は，研究開発活動も行っている可能性が高いことを示している．係数のすぐ下の山括弧内にある標準偏回帰係数は，経営スコアが 1 標準偏差だけ上昇した際に研究開発を行う確率が何標準偏差変化するかを示しているが，平均スコアの変化に関する感応度

---

11)　日本と韓国で実施された経営管理に関するインタビュー調査については，本書第 1 章において詳しく説明されているので，参照されたい．
12)　組織管理と人的資源管理に対応するインタビュー調査の質問項目については，宮川ほか（2014）の補論 1，補論 2 を参照されたい．
13)　Bloom and Van Reenen（2007）では，複数年のパネル化された財務データにインタビュー調査を対応させて，企業の固定効果，年ダミー，産業ダミーを推計に含めて分析を行っている．本章における日本と韓国の分析データでは，第 1 回調査及び第 2 回調査のデータ間で統一された企業コードを持たないため，企業の固定効果を含めず，年ダミーと産業ダミーを推計に含めた分析を行っている．
14)　組織管理スコアと人的資源管理スコアの相関性が高いことから，多重共線性の影響を排除するため，以下の推計結果では両変数を含めた推計は示していない．

表 4-2 記述統計量

日本

	サンプル数	平均	標準偏差	最小値	最大値
研究開発ダミー	2,792	0.49	0.50	0	1
研究開発費／売上高	2,792	0.02	0.03	0	0.33
従業員数（千人）	2,792	1.29	3.60	0.004	47.181
企業年齢（年）	2,792	47.08	20.26	3	139

韓国

	サンプル数	平均	標準偏差	最小値	最大値
研究開発ダミー	2,266	0.73	0.44	0	1
研究開発費／売上高	2,266	0.02	0.04	0	1.25
従業員数（千人）	2,266	0.73	2.28	0.004	35.286
企業年齢（年）	2,266	23.78	15.15	0	81

表 4-3-1 Probit 推計（全サンプル）

サンプル国	日本	韓国	日本	韓国	日本	韓国
経営スコア	0.316*** <0.305> (5.134)	0.142*** <0.199> (2.872)				
組織管理スコア			0.310*** <0.372> (6.139)	0.056 <0.089> (1.315)		
人的資源管理スコア					0.149*** <0.165> (2.831)	0.149*** <0.236> (3.406)
企業年齢	0.005*** <0.193> (2.918)	−0.009*** <−0.293> (−4.190)	0.005*** <0.184> (2.783)	−0.008*** <−0.285> (−4.094)	0.005*** <0.193> (2.923)	−0.009*** <−0.300> (−4.281)
従業者数	0.022** <0.157> (2.275)	0.026 <0.132> (1.552)	0.021** <0.150> (2.191)	0.032* <0.164> (1.924)	0.025*** <0.181> (2.596)	0.023 <0.117> (1.369)
定数項	−2.252*** (−11.816)	−0.281* (−1.785)	−2.276*** (−13.269)	−0.098 (−0.651)	−1.789*** (−10.872)	−0.279* (−1.912)
製造業ダミー	Yes	Yes	Yes	Yes	Yes	Yes
第2回調査ダミー	Yes	Yes	Yes	Yes	Yes	Yes
年ダミー	Yes	Yes	Yes	Yes	Yes	Yes
サンプル数	2,792	2,266	2,792	2,266	2,792	2,266
疑似決定係数	0.379	0.078	0.382	0.075	0.374	0.079

注）*，**，***は，それぞれ10％，5％，1％水準で有意であることを示す．括弧を付していない数値は係数，＜ ＞の数値は標準偏回帰係数，( ) の数値はt値を示す．

第4章 経営管理とR&D活動

は日本（0.305）が韓国（0.199）よりも高い．

　全体の経営スコアを組織管理に関する経営スコア，人的資源管理に関する経営スコアに分けて推計すると，日本企業は組織管理スコア及び人的資源管理スコアの高い企業で研究開発活動を行っており，韓国企業は人的資源管理スコアの高い企業で研究開発活動を行っているという結果となる．企業年齢はすべての推計について有意となっているが，日本企業の場合は古い企業が研究開発活動を行っており，韓国企業の場合は新しい企業が研究開発活動を行う傾向にあるという対照的な結果となる．従業者数で測った企業規模については，日本では規模の大きい企業ほど，研究開発行動を起こす確率が有意に高まるが，韓国企業では有意な結果は得られていない．

　次に表4-3-2で製造業，非製造業にサンプルを分割した推計結果を見てみよう．表4-3-2を見ると，製造業では，全サンプルを用いた推計結果とほぼ同じである．日本企業では経営スコアだけでなく，組織管理スコアと人的資源管理スコアに分けた場合でも，それぞれの係数について，符号条件を満たして有意な結果を得ている．韓国企業の場合は，経営スコアについては，正で有意な結果を得ているが，経営スコアを組織管理スコアと人的資源管理スコアに分割した場合は，人的資源管理スコアについてのみ，正で有意な結果となっている．標準偏回帰係数は，表4-3-1の全サンプルを用いた推計結果と同様に，日本（0.532）の方が韓国（0.200）よりも高い．企業年齢についても，日本は古い企業が，韓国は若い企業が研究開発を実施する確率が高い．一方，従業員数で測った企業規模については，日韓とも製造業では規模の大きな企業の方が研究開発を実施する確率が有意に高くなる．

　次に非製造業の場合は，日韓企業とも経営スコアの係数は，有意に正となり，限界確率は日本企業の方が高くなっている点では，これまでの結果と同じである．しかし，経営管理の種類を分けた場合は，日韓企業とも組織管理スコアについては正で有意な結果を得ているが，人的資源管理スコアについては有意な結果が得られていない．また企業年齢については，製造業と異なり，日韓とも若い企業ほど研究開発を実施する確率が有意に高くなる．また企業規模についても，製造業と異なり有意な結果は得られていない．

　最後に表4-3-3で規模別の推計結果を見てみよう．まず従業員300人未満

第Ⅰ部　無形資産と企業の生産性

表 4-3-2

サンプル国	製造業				
	日本	韓国	日本	韓国	日本
経営スコア	0.422*** <0.532> (4.495)	0.129** <0.200> (2.304)			
組織管理スコア			0.333*** <0.505> (4.229)	0.019 <0.034> (0.400)	
人的資源管理スコア					0.289*** <0.419> (3.566)
企業年齢	0.016*** <0.804> (5.780)	-0.008*** <-0.286> (-3.303)	0.015*** <0.770> (5.546)	-0.008*** <-0.280> (-3.232)	0.016*** <0.804> (5.794)
従業者数	0.041** <0.474> (2.231)	0.075** <0.420> (2.348)	0.041** <0.471> (2.231)	0.088*** <0.494> (2.677)	0.048** <0.549> (2.524)
定数項	-1.608*** (-5.403)	0.681*** (4.265)	-1.403*** (-5.174)	0.909*** (5.883)	-1.233*** (-4.669)
第2回調査ダミー 年ダミー	Yes Yes	Yes Yes	Yes Yes	Yes Yes	Yes Yes
サンプル数 疑似決定係数	1,335 0.246	1,848 0.017	1,335 0.244	1,848 0.014	1,335 0.24

注）表4-3-2，4-3-3ともに*，**，***は，それぞれ10％，5％，1％水準で有意であることを示す．括弧を付し

表 4-3-3

サンプル国	中小企業				
	日本	韓国	日本	韓国	日本
経営スコア	0.105 <0.105> (1.131)	0.083 <0.110> (1.263)			
組織管理スコア			0.180** <0.217> (2.319)	0.022 <0.034> (0.400)	
人的資源管理スコア					-0.009 <-0.010> (-0.110)
企業年齢	-0.006** <-0.228> (-2.281)	-0.015*** <-0.419> (-4.708)	-0.006** <-0.218> (-2.196)	-0.015*** <-0.424> (-4.769)	-0.006** <-0.247> (-2.249)
従業者数	2.871*** <0.447> (4.894)	1.413*** <0.229> (2.620)	2.892*** <0.450> (4.960)	1.497*** <0.242> (2.796)	2.974*** <0.463> (5.043)
定数項	-1.891*** (-6.529)	-0.355* (-1.740)	-2.133*** (-7.759)	-0.231 (-1.191)	-1.596*** (-6.380)
製造業ダミー 第2回調査ダミー 年ダミー	Yes Yes Yes	Yes Yes Yes	Yes Yes Yes	Yes Yes Yes	Yes Yes Yes
サンプル数 疑似決定係数	1,198 0.327	1,413 0.073	1,198 0.329	1,413 0.072	1,198 0.326

第4章 経営管理とR&D活動

Probit 推計（産業別）

韓国	非製造業						
	日本	韓国	日本	韓国	日本	韓国	
	0.271*** <0.329> (3.202)	0.185* <0.213> (1.679)					
			0.330*** <0.515> (4.845)	0.207** <0.276> (2.202)			
0.157*** <0.278> (3.205)					0.058 <0.081> (0.810)	0.089 <0.114> (0.894)	
−0.008*** <−0.298> (−3.436)	−0.005** <−0.227> (−2.220)	−0.011*** <−0.377> (−2.695)	−0.005** <−0.232> (−2.272)	−0.011*** <−0.386> (−2.760)	−0.005** <−0.222> (−2.167)	−0.011*** <−0.371> (−2.655)	
0.068** <0.383> (2.165)	0.002 <0.015> (0.143)	−0.030 <−0.140> (−0.953)	0.001 <0.007> (0.070)	−0.027 <−0.126> (−0.863)	0.006 <0.038> (0.385)	−0.027 <−0.124> (−0.848)	
0.644*** (4.460)	−1.586*** (−6.293)	−0.517 (−1.476)	−1.789*** (−7.971)	−0.600* (−1.812)	−1.025*** (−4.750)	−0.277 (−0.859)	
Yes Yes	Yes Yes	Yes Yes	Yes Yes	Yes Yes	Yes Yes	Yes Yes	
1,848 0.02	1,457 0.042	418 0.026	1,457 0.052	418 0.029	1,457 0.035	418 0.022	

ていない数値は係数, ＜ ＞の数値は標準偏回帰係数, ( ) の数値は t 値を示す.

Probit 推計（規模別）

韓国	大企業						
	日本	韓国	日本	韓国	日本	韓国	
	0.301*** <0.283> (3.397)	0.132 <0.182> (1.620)					
			0.327*** <0.398> (4.644)	0.046 <0.074> (0.662)			
0.091 <0.138> (1.601)					0.095 <0.103> (1.255)	0.151** <0.231> (2.038)	
−0.015*** <−0.415> (−4.662)	0.006*** <0.261> (2.797)	−0.007** <−0.259> (−2.270)	0.006** <0.235> (2.506)	−0.007** <−0.259> (−2.267)	0.007*** <0.267> (2.858)	−0.007** <−0.271> (−2.380)	
1.386** <0.224> (2.570)	0.000 <0.001> (0.016)	0.012 <0.099> (0.769)	−0.001 <−0.011> (−0.130)	0.016 <0.128> (0.998)	0.002 <0.023> (0.260)	0.010 <0.078> (0.600)	
−0.365* (−1.925)	−2.182*** (−7.903)	0.005 (0.015)	−2.272*** (−9.518)	0.207 (0.707)	−1.618*** (−6.730)	−0.013 (−0.047)	
Yes Yes Yes	Yes Yes Yes	Yes Yes Yes	Yes Yes Yes	Yes Yes Yes	Yes Yes Yes	Yes Yes Yes	
1,413 0.074	1,594 0.44	853 0.105	1,594 0.445	853 0.103	1,594 0.436	853 0.107	

の中小企業を対象とした推計では,日韓とも経営スコアについては有意な結果が得られていない.しかし,日本企業については組織管理スコアのみが正で有意な結果を得ており,中小企業でも組織目標の明確化やその浸透を図る経営を行っている企業では,研究開発を実施する可能性が高いということがわかる.一方,韓国の中小企業については,経営スコアと研究開発活動については有意な結果は得られなかった.企業年齢については,日韓とも若い企業の方が研究開発を実施する可能性が高いという結果を得ており,従業員数で測った企業規模については,規模の大きい企業が研究開発を実施しやすい,という結果となった.

大企業の推計結果では,日本企業については経営スコアと組織管理スコアについて正で有意な結果を得ており,韓国企業については人的資源管理スコアについて正で有意な結果を得ている.企業年齢に関する係数の符号については,日本と韓国は対照的で,日本の大企業は古い企業ほど研究開発を実施する可能性が高まるのに対し,韓国の大企業では若い企業ほど研究開発を実施する可能性が高まる.しかし日韓とも大企業では企業規模と研究開発との間に有意な関係は見られなかった.

3.2 Tobit 分析

Probit 推定では,経営努力の違いによって,研究開発活動を行うか否かを検証した.しかし(6)式が意味するところは,経営努力を進める企業では,研究開発資源投入量が増加するという関係であった.したがって,ここでは一定以上の経営努力をすると(すなわち経営スコアが上昇すると),研究開発投資が始まり,さらに経営努力を積み重ねると,研究開発資源投入量が増加すると考え,次のような Tobit モデルを推計することにする.

$$\left(\frac{R_i}{Y_i}\right)^* = const. + \gamma e_i + \eta x_i + u_i$$

(8) $\quad \frac{R_i}{Y_i} = \left(\frac{R_i}{Y_i}\right)^*, \quad if \left(\frac{R_i}{Y_i}\right)^* > 0$

第 4 章　経営管理と R&D 活動

表 4-4-1　Tobit 推計（全サンプル）

サンプル国	日本	韓国	日本	韓国	日本	韓国
経営スコア	0.011*** (5.355)	0.002 (1.194)				
組織管理 スコア			0.013*** (7.878)	0.002 (1.235)		
人的資源管理 スコア					0.003* (1.859)	0.002 (0.897)
企業年齢	0.000 (−1.438)	−0.001*** (−7.363)	−0.000* (−1.740)	−0.001*** (−7.315)	0.000 (−1.348)	−0.001*** (−7.361)
従業者数	0.001*** (5.370)	0.001 (1.251)	0.001*** (5.176)	0.001 (1.387)	0.001*** (5.763)	0.001 (1.258)
定数項	−0.078*** (−11.808)	−0.009 (−1.446)	−0.085*** (−14.249)	−0.009 (−1.460)	−0.057*** (−9.901)	−0.008 (−1.236)
製造業ダミー	Yes	Yes	Yes	Yes	Yes	Yes
第 2 回調査 ダミー	Yes	Yes	Yes	Yes	Yes	Yes
年ダミー	Yes	Yes	Yes	Yes	Yes	Yes
サンプル数	2,792	2,266	2,792	2,266	2,792	2,266
疑似決定係数	0.203	0.031	0.208	0.031	0.200	0.031

注）*, ***は，それぞれ 10%, 1% 水準で有意であることを示す．また（ ）内の数値は t 値を示す．

$$\frac{R_i}{Y_i} = 0, \ otherwise$$

ここで(8)式の左辺は，研究開発費を売上高で除した研究開発集約度である．

この(8)式を推計した結果を整理したのが表 4-4-1～4-4-3 である．まず，日本と韓国のそれぞれについて全サンプルを用いた推計結果（表 4-4-1）を見ると，日本では経営スコアの係数が有意に正となる．Probit モデルを用いた分析と同様に経営スコアを組織管理スコアと人的資源管理スコアに分けて行った推計では，日本では組織管理スコア及び人的資源管理スコアが高い企業において研究開発投資比率も高くなっている．このことは，日本企業の場合，組織管理に関して目標の公平性や浸透度を高めている企業は，研究開発投資の集約度も高くなることを意味している．一方，韓国では経営スコアと研究開発投資の規模の間に十分有意な関係を見出すことはできない．また，企業年齢については韓国企業のみ安定して負で有意な結果を得られ，韓国企業では若い企業ほど研究開発投資の集約度が高い．企業規模については，日本企業についてのみ，企業規模が大きくなるほど研究開発集約度も有意に高

表 4-4-2

サンプル国	製造業				
	日本	韓国	日本	韓国	日本
経営スコア	0.011*** (4.322)	0.003 (1.568)			
組織管理スコア			0.013*** (6.044)	0.002 (1.244)	
人的資源管理スコア					0.004* (1.878)
企業年齢	0.000 (−0.067)	−0.001*** (−6.407)	0.000 (−0.422)	−0.001*** (−6.321)	0.000 (0.028)
従業者数	0.002*** (5.522)	0.001 (1.595)	0.002*** (5.396)	0.001* (1.804)	0.002*** (5.828)
定数項	−0.023*** (−2.741)	0.018*** (2.856)	−0.029*** (−3.783)	0.019*** (3.257)	−0.005 (−0.599)
第2回調査ダミー	Yes	Yes	Yes	Yes	Yes
年ダミー	Yes	Yes	Yes	Yes	Yes
サンプル数	1,335	1,848	1,335	1,848	1,335
疑似決定係数	0.060	0.014	0.066	0.013	0.055

注) 表 4-4-2, 4-4-3 ともに*, **, ***は，それぞれ 10%, 5%, 1% 水準で有意であることを示す．また ( ) 内

表 4-4-3

サンプル国	中小企業				
	日本	韓国	日本	韓国	日本
経営スコア	0.012*** (3.579)	0.001 (0.497)			
組織管理スコア			0.012*** (3.926)	0.002 (0.878)	
人的資源管理スコア					0.007** (2.393)
企業年齢	−0.000*** (−3.018)	−0.001*** (−5.996)	−0.000*** (−3.107)	−0.001*** (−6.018)	−0.000*** (−3.210)
従業者数	0.021 (0.934)	−0.033 (−1.324)	0.026 (1.167)	−0.033 (−1.326)	0.023 (1.042)
定数項	−0.085*** (−7.601)	−0.007 (−0.765)	−0.086*** (−7.965)	−0.009 (−0.991)	−0.071*** (−7.238)
製造業ダミー	Yes	Yes	Yes	Yes	Yes
第2回調査ダミー	Yes	Yes	Yes	Yes	Yes
年ダミー	Yes	Yes	Yes	Yes	Yes
サンプル数	1,198	1,413	1,198	1,413	1,198
疑似決定係数	0.167	0.031	0.168	0.031	0.165

第 4 章　経営管理と R&D 活動

Tobit 推計（産業別）

	非製造業						
韓国	日本	韓国	日本	韓国	日本	韓国
	0.009*** (3.342)	−0.003 (−0.537)				
			0.012*** (5.254)	0.002 (0.456)		
0.003 (1.465)					0.002 (0.652)	−0.006 (−1.205)
−0.001*** (−6.439)	−0.000*** (−2.961)	−0.001*** (−3.446)	0.000*** (−3.032)	−0.001*** (−3.474)	−0.000*** (−2.896)	−0.001*** (−3.470)
0.001 (1.537)	0.000 (−0.477)	−0.001 (−0.580)	0.000 (−0.557)	−0.001 (−0.743)	0.000 (−0.196)	−0.001 (−0.423)
0.019*** (3.443)	−0.053*** (−6.039)	−0.003 (−0.180)	−0.061*** (−7.691)	−0.015 (−0.927)	−0.032*** (−4.368)	0.003 (0.205)
Yes	Yes	Yes	Yes	Yes	Yes	Yes
Yes	Yes	Yes	Yes	Yes	Yes	Yes
1,848	1,457	418	1,457	418	1,457	418
0.014	0.016	0.020	0.022	0.020	0.012	0.021

の数値は t 値を示す．

Tobit 推計（規模別）

	大企業						
韓国	日本	韓国	日本	韓国	日本	韓国
	0.005** (2.031)	0.005** (2.129)				
			0.011*** (5.463)	0.003 (1.438)		
0.000 (0.084)					−0.003 (−1.389)	0.005** (2.244)
−0.001*** (−6.005)	0.000 (−0.778)	−0.000*** (−3.700)	0.000 (−1.215)	−0.000*** (−3.600)	0.000 (−0.776)	−0.000*** (−3.846)
−0.032 (−1.269)	0.001*** (3.769)	0.001 (1.635)	0.001*** (3.562)	0.001* (1.946)	0.001*** (3.977)	0.001 (1.457)
−0.005 (−0.528)	−0.057*** (−6.775)	−0.008 (−0.962)	−0.074*** (−10.007)	−0.003 (−0.449)	−0.035*** (−4.658)	−0.006 (−0.865)
Yes	Yes	Yes	Yes	Yes	Yes	Yes
Yes	Yes	Yes	Yes	Yes	Yes	Yes
Yes	Yes	Yes	Yes	Yes	Yes	Yes
1,413	1,594	853	1,594	853	1,594	853
0.031	0.226	0.040	0.232	0.038	0.226	0.040

まっていることが確認されている．

表 4-4-2 は，(8) 式を製造業と非製造業にサンプルを分割して推計を行った結果を整理したものである．製造業の推計結果は，全サンプルの推計結果とほぼ同じである．日本企業については，経営スコアについて正で有意な結果が得られているが，韓国企業については，経営スコアと研究開発投資集約度との間に有意な結果は見られない．その他の変数についても，企業年齢の係数は有意ではなく，日本企業について企業規模の係数が正で有意となっている点は表 4-4-1 の結果と同じである．組織管理スコアと人的資源管理スコアに分けた推計結果を見てみると，日本において組織管理スコア及び人的資源管理スコアは正で有意となるが，韓国では両者の係数は正であるものの有意ではない．すなわち，日本の製造業では，組織目標の浸透度や達成度の検証，職員の管理や研修，OJT 等をよく行う企業ほど研究開発投資比率が高いという結果が得られる．次に，非製造業のサンプルを用いて推計を行うと，経営スコアに関しては，日本企業で経営スコアと組織管理スコアが正で有意となっている．韓国企業については，経営スコアと研究開発集約度との関係は見られない．また企業年齢については，日韓企業ともに負で有意となっており，非製造業では若い企業ほど研究開発集約度が高いことがわかる．企業規模については，日韓企業いずれについても研究開発集約度との有意な関係は見られない．

表 4-4-3 では，Probit モデルでの推計（表 4-3-3）と同様に，中小企業と大企業でサンプルを分割した推計結果を示している．中小企業サンプルの推計については，日本企業は経営スコア，組織管理スコア，人的資源管理スコアが正で有意となっている．一方，韓国企業では，経営スコアと研究開発集約度の関係は薄い．企業年齢については日韓企業ともに若い企業ほど研究開発集約度が高いという結果が得られているが，企業規模については日韓ともに研究開発の規模を説明する有意な要因とはなっていない．

大企業サンプルの推計では，日韓企業ともに，経営スコアが研究開発の規模と正で有意な関係を示す推計結果が得られている．ただし，組織管理スコアと人的資源管理スコアに分けた推計結果では，日本では組織管理スコアが有意に正となり，韓国では人的資源管理スコアが有意に正となっている．日

本の大企業では特に組織目標の浸透度や達成度の検証等の組織管理を行っている企業ほど研究開発集約度が高く，韓国の大企業では特に職員の管理や研修，OJT 等の人的資源管理を行っている企業ほど研究開発集約度が高い．企業年齢に関しては，韓国において，若い企業ほど積極的に研究開発を行うという結果が得られた．企業規模に関しては，日本において規模の大きい企業ほど研究開発に積極的であるという結果が得られている．

3.3 個別質問項目と研究開発投資

Probit 推計及び Tobit 推計では，経営管理の種類によって研究開発行動との関係が異なることが示された．そこで，より詳細に組織管理及び人的資源管理の個別の質問項目と研究開発行動の関係を分析した．推計は，日本と韓国のそれぞれのサンプルを用いて，Probit 推計及び Tobit 推計を行い，単一の質問項目のスコアと研究開発の有無または研究開発投資比率との関係をみた．企業特性を示す変数としては，企業年齢及び企業規模を用いた．表 4-5 は推計結果の要約だが，個別の質問項目の係数の有意性だけを示している．

表 4-5 をみると，日本においては組織管理の項目が研究開発活動や研究開発の規模と深く関係しており，韓国においては人的資源管理の項目が研究開発活動と深く関係していることがわかる．組織管理について見てみると，日本では，組織目標水準の設定や浸透程度，達成度点検，戦略変更の速さ，権限委譲や IT 活用を目的とした組織改革が，研究開発活動の実施だけでなく，量的な増加とも有意に関わっていることがわかる．韓国では，組織目標の達成度点検，権限委譲，IT 活用を目的とした組織改革が研究開発活動の実施と有意に関係していることがわかる．

一方，人的資源管理についてみてみると，日本では報酬を通じた職員へのインセンティヴ付けや職員が専門性を獲得するための積極的な施策が，研究開発の実施と強い関係を有していることがわかる．特に，職員へのインセンティヴ付けは，研究開発の量的な増加とも強い関係がある．韓国では，成果が低いまたは高い職員への対応や中核となる人材の確保，管理者の人的管理評価，人材育成や OJT が研究開発の実施と関係があり，特に中核となる人材の確保は研究開発活動の量的な増加と関係が見られる．

表4-5 個別質問項目に関する推計結果

推計方法	Probit		Tobit	
サンプル国	日本	韓国	日本	韓国
組織管理				
組織目標水準の設定	**		**	
組織目標の浸透程度	***		***	
組織目標の達成度点検	**	*	***	
戦略変更の速さ	***		***	
組織改革の内容（権限委譲）	***	*	***	
組織改革の内容（IT活用）	***	*	***	
人的資源管理				
職員のインセンティブ	***		***	
成果が低い職員への対応		*		
成果が高い職員への対応		***		
中核となる人材の確保		**		***
管理者の人的管理評価		***		
研修による人材育成		*		
OJT		***		
職員の専門性	***			

注) *，**，***は，それぞれ10%，5%，1%水準で有意に正であることを示す．

3.4 経営管理は，研究開発投資の要因となるか

ここまでの推計では，経営管理と研究開発活動の関係性について調べてきた．これは，経営管理の変数が，特定の時点における独自調査の下で，サンプル数を確保するという観点からはやむを得ない選択である．しかし，我々が実施した調査におけるすべての情報を利用するという条件を緩めるならば，第1回のインタビュー調査の結果を利用して，調査企業の第1回調査実施後3年間の財務データと対応させることにより，経営管理に関する変数が，研究開発活動に影響を与えているかどうかを検証することができる[15]．

---

15) 経営スコアが外生変数として企業行動に影響を与えるかどうかという問題は，Bloom and Van Reenen の一連の研究に常につきまとう問題である．唯一の例外は，Bloom et al. (2013) がインド企業の経営管理に関して調べた分析である．ここでは，彼らは，経営コンサルティングを受け入れた企業とそうでない企業のパフォーマンスを調べることにより，経営コンサルティングを外生的に捉えることに成功している．

第 4 章 経営管理と R&D 活動

表 4-6 第 1 回インタビュー調査と 2009～11 年の財務データを利用した推計

推計方法	Probit			Tobit		
サンプル国	日本	日本	日本	日本	日本	日本
経営スコア	0.314*** <0.331> (3.995)			0.015*** (3.915)		
組織管理 スコア		0.349*** <0.468> (5.514)			0.019*** (6.086)	
人的資源管理 スコア			0.103 <0.123> (1.510)			0.003 (0.998)
企業年齢	0.006*** <0.237> (2.772)	0.006*** <0.234> (2.739)	0.006*** <0.222> (2.612)	0.001*** (4.356)	0.001*** (4.335)	0.000*** (4.181)
従業者数	0.202* <0.160> (1.694)	0.187 <0.148> (1.574)	0.263** <0.209> (2.147)	0.010** (2.230)	0.009** (1.992)	0.012*** (2.705)
定数項	-2.178*** (-8.755)	-2.316*** (-10.485)	-1.593*** (-7.302)	-0.126*** (-9.739)	-0.139*** (-11.883)	-0.094*** (-8.243)
製造業ダミー 年ダミー	Yes Yes	Yes Yes	Yes Yes	Yes Yes	Yes Yes	Yes Yes
サンプル数 疑似決定係数	1,491 0.203	1,491 0.211	1,491 0.196	1,491 0.111	1,491 0.118	1,491 0.107

注) *,**,***. は,それぞれ 10%,5%,1% 水準で有意であることを示す.括弧を付していない数値は係数,< >の数値は標準偏回帰係数,( ) の数値は t 値を示す.

表 4-6 は,過去の経営スコアが,その後の研究開発活動に及ぼす影響に関して,日本企業のサンプルについて推計を行った結果である.表 4-6 を見ると,Probit 推計でも Tobit 推計でも,全体の経営スコアは,研究開発活動に有意な影響を与えていることがわかる.すなわち,経営の質の向上は,研究開発活動を行う可能性を高め,そして量的にも研究開発支出額を増やす効果を有することが示されている.経営管理を組織管理と人的資源管理に分けた場合は,組織管理スコアの上昇が,研究開発活動の活性化につながることが示されている.企業年齢については,すべての推計で,年齢の高い企業ほど,積極的に研究開発活動を行っており,企業規模に関しては,規模の大きい企業ほど研究開発規模も大きくなるという結果になっている.

4. 推計結果の経済的含意

　グローバル化が進み，企業が国境を超えて，資本や人材を調達でき，技術の伝播速度も速まる中で，企業パフォーマンスの違いを生み出す要因として各企業の経営努力や経営文化の違いが注目されている．研究開発についてもこうした経営管理やガバナンスの重要性が認識され始めている．

　本章は，企業の経営手法を定量化し，企業パフォーマンスとの関係を実証的に調べた Bloom and Van Reenen（2007）にならって，日本と韓国で2回にわたって実施した経営管理に関するインタビュー調査をもとにした経営スコアの違いが，研究開発活動にどのような影響を及ぼすかを実証的に調べた．

　実証方法は Probit 分析と Tobit 分析の双方を利用した．経営スコアが研究開発行動の有無に関係しているかどうかを調べた Probit 分析では，全体のサンプルを利用した推計において，日韓ともおおむね経営スコアの高い企業では，研究開発が行われていることが確認できた．また，経営スコアを組織管理と人的資源管理に分けると，日本企業では組織管理と人的資源管理の両者と研究開発行動の関係性が強く，韓国企業では特に人的資源管理と研究開発行動の関係性が強いことが分かった．製造業と非製造業にサンプルを分けた推計では，日韓で製造業，非製造業とも全体の経営管理と研究開発活動の関係性は強い．中小企業と大企業にサンプルを分けた推計では，大企業では同様の結果を得られるが，中小企業では経営管理と研究開発活動との関係はほとんど見られない．

　経営管理と研究開発支出の量的な関係を調べた Tobit 分析では，主に日本企業で有意な結果を得られている．特に組織管理については，サンプルを製造業と非製造業に分割した分析および中小企業と大企業に分割した分析においても，研究開発支出と有意な関係があることが統計的に示唆されている．なお，経営スコア以外の変数としては，企業特性を示す企業年齢と企業規模を含めて推計を行っているが，企業年齢に関しては，特に韓国で若い企業ほど研究開発を実施する可能性が高いことが示されている．

　より詳細な質問項目と研究開発行動の関係を調べると，日本は組織目標水

準の設定や浸透程度，達成度点検，戦略変更の早さや権限委譲，ITの活用といった組織管理全般が研究開発活動と関連性があることがわかる．また，職員へのインセンティヴ付けや職員の専門性獲得の施策も関連性がある．一方，韓国では成果に応じた職員への対応や中核人材の確保，管理者の人的管理評価，人材育成の方が研究開発活動との関わりが強い．

今回の分析は，(6)式からわかるように，経営努力と研究開発行動がともに内生変数であることと，2時点のインタビュー調査の結果を利用せざるを得なかったことから，両変数間の関係性を中心に実証分析を行った．これらを考慮するため，日本企業については第1回のインタビュー調査の結果を利用した経営スコアを使って，インタビュー調査以降の研究開発行動への影響を分析してみると，全体の経営スコア，特に組織管理スコアの上昇は，研究開発活動の実施の可能性を高めるとともに，その支出を量的にも増加させる影響を持つことを示している．

我々の実証分析は，Aghion and Tirole（1994a, 1994b）やAcemoglu, Aghion, and Zilibotti（2003）らが示した，研究開発活動に対する経営組織の役割の重要性を支持していると言える．また日本企業について示された，組織管理スコアと研究開発活動の有意な関係性については，丹羽（2006，2013）の研究の方向性が，組織のあり方と研究者のインセンティヴにあったことと整合的である．

日本では特に組織管理を行っている企業ほど研究開発活動が活発であり，韓国では特に人的資源管理を行っている企業ほど研究開発活動が活発であるという我々の推計結果は，もう一つの示唆を与えている．日本では組織管理だけでなく，あわせて職員の成果の管理や中核人材の確保，管理者の評価等の人的資源管理もより一層積極的に実施すれば，より研究開発が活発化する可能性である．また，韓国企業は人的資源管理に加えて，組織目標の設定や浸透，素早い戦略変更等の組織管理の実施をなお一層推進することで，研究開発が活発化する可能性もある．

例えば，2008年9月に発生したリーマンショックに対応するため，2009年1月にサムスン電子は本社・10事業部体制を，本社・2部門・10事業部体制に素早く改変し，同年12月には本社・7事業部体制に統廃合した．一方，

日本企業では，リーマンショックを受けてコスト削減や在庫圧縮，不採算事業からの撤退，事業体制の合理化等の「守り優先の経営」にシフトしていると指摘されている（増田 2009）．日本企業も前向きな組織管理を志向しなければ，研究開発活動も低調になる可能性がある．

人的資源管理に関しては，日本企業では，研究開発活動との関連性があまり見られないが，これは第1章でみたように，人的資源管理スコアが相対的に高い値に達しているからとも言える．例えば，成果主義賃金制度を導入する際，日本では従業員に十分な説明を行いながら2年以上の年月をかけて導入している．一方，韓国では短期間で導入した（労働政策研究・研修機構 2009）という事例からも考えられるように，トップダウン式に制度を運用することが重視されているために，人的資源管理のスコアも相対的に低くなっている．したがって韓国企業も人的資源管理をより適切に行うことで，研究開発活動がさらに活発化する余地がある．

5. 今後の課題

ただし，我々の研究で残された課題も多い．まず我々が使用した経営スコアは，一般的な企業の経営手法の特徴を定量化したもので，研究開発活動に特化した調査から導出されたものではない．研究開発活動における経営管理の重要性をより厳密に議論するならば，新たに研究開発活動に特化した調査を実施し，そこから導出された経営指標と研究開発活動との関係を調べる必要があるだろう．

経営スコアが競争条件やコーポレート・ガバナンスを示す指標となっている可能性もある．特に人的資源管理は企業が直面する競争条件を反映し，組織資本はコーポレート・ガバナンスの進展度合いを反映しているかもしれない．本インタビュー調査の調査項目の一つである「競争企業数」や，取締役，監査役，株主総会等のガバナンスに関する調査を実施し，分析モデルに含めることで，この点は考慮できる．ただし，日本と韓国の両国の企業特性を把握し，日韓両国で統一された調査を適切に行うにはさらなる議論，研究蓄積が必要であろう．

さらに推計においては，我々は経営管理の状況が短期間で変化しないと考え，Bloom and van Reenen（2007）を参考にして，2008年に行われた第1回インタビュー調査の結果を2006年から2008年の企業活動基本調査の個票データに接合し，2011年に行われた第2回インタビュー調査の結果を2009年から2011年の企業財務データバンクの上場企業データに接合して，両データをプールして推計を行っている．第1回調査結果を接合したデータと，第2回調査結果を接合したデータについて，企業を識別することはできないため，データをプールしてProbitおよびTobit分析を行っている．しかし，その方法では，2006年から2008年，または2009年から2011年の期間に，同一の経営スコアを持ちながら，研究開発を実施している年としていない年が混合するサンプル企業が生じてしまう．2006年から2011年まで企業を識別してパネルデータとし，企業の固定効果を考慮した推計を行うことである程度は考慮できるが，企業を識別することができない我々のデータからはそれができない．今後の課題としたい．

また，我々の実証分析は，Aghion and Tirole（1994a, 1994b）やAcemoglu, Aghion, and Zilibotti（2003）らの議論の一部しかカバーしていないということにも注意すべきであろう．彼らのモデルでは，イノベーション活動における経営組織の重要性を指摘するにとどまらず，研究者の意欲を引き出すための研究成果の分配契約にまで議論を進めている．また，Aghion, Van Reenen, and Zingales（2013）は，経営者が研究開発に注力するインセンティヴを増加させるために，どのような資金調達方式が望ましいかということを議論している．日本では，Hosono, Tomiyama, and Miyagawa（2004）が資金調達方法と研究開発支出との関係を調べているが，その資金調達方式が研究者の研究努力や，それを引き出すための経営努力にまでは言及していない．今後はこうした資金調達方式を通したコーポレート・ガバナンスのあり方と経営努力，研究開発意欲の関係を踏まえながら，イノベーション活動を考えていくようなデータの整備と実証分析が必要とされるだろう．

参考文献

Acemoglu, Daron, Philippe Aghion, and Fabrizio Zilibotti (2003), "Vertical Integration And Distance To Frontier," *Journal of the European Economic Association*, Vol. 1(2–3), pp. 630–638.

Aghion, Philippe and Jean Tirole (1994a), "Opening the Black Box of Innovation," *European Economic Review*, Vol. 38(3–4), pp. 701–710.

Aghion, Philippe and Jean Tirole (1994b), "The Management of Innovation," *Quarterly Journal of Economics*, Vol. 109(4), pp. 1185–1209.

Aghion, Philippe, John Van Reenen, and Luigi Zingales (2013), "Innovation and Institutional Ownership," *American Economic Review*, Vol. 103(1), pp. 277–304.

Azoulay, Pierre and Josh Lerner (2013), "Technological Innovation and Organizations," in: Robert Gibbons and John Roberts (eds.), *The Handbook of Organizational Economics*, Princeton University Press, pp. 575–603.

Bloom, Nicholas and John Van Reenen (2007), "Measuring and Explaining Management Practices across Firms and Countries," *Quarterly Journal of Economics*, Vol. 122(4), pp. 1351–1408.

Bloom, Nicholas, Raffaella Sadun, and John Van Reenen (2012), "The Organization of Firms Across Countries," *Quarterly Journal of Economics*, Vol. 127(4), pp. 1663–1705.

Bloom, Nicholas, Benn Eifert, Aprajit Mahajan, David McKenzie, and John Roberts (2013), "Does Management Matter? Evidence from India," *Quarterly Journal of Economics*, Vol. 128(1), pp. 1–51.

Branstetter, Lee and Yoshiaki Nakamura (2003), "Is Japan's Innovative Capacity in Decline?" in: Magnus Blomström, Jennifer Corbett, Fumio Hayashi, and Anil Kashyap (eds.), *Structural Impediments to Growth in Japan*, University of Chicago Press, pp. 191–223.

Ederer, Florian and Gustavo Manso (2013), "Is Pay for Performance Detrimental to Innovation?" *Management Science*, Vol. 59(7), pp. 1496–1513.

Gibbons, Robert and John Roberts (eds.) (2013), *The Handbook of Organizational Economics*, Princeton University Press.

Goto, Akira and Kazuyuki Suzuki (1989), "R&D Capital, Rate of Return on R&D Investment and Spillover of R&D in Japanese Manufacturing Industries," *Review of Economics and Statistics*, Vol. 71(4), pp. 555–564.

Griliches, Zvi (2000), *R&D, Education, and Productivity: A Retrospective*, Harvard University Press.

Griliches, Zvi and Jacques Mairesse (1990), "R&D and Productivity Growth: Comparing Japanese and U.S. Manufacturing Firms," in: Charles R. Hulten (ed.),

Productivity growth in Japan and the United States, University of Chicago Press, pp. 317-348.

Grossman, Sanford J. and Oliver D. Hart (1986), "The Costs and Benefits of Ownership: A Theory of Vertical and Lateral Integration," *Journal of Political Economy*, Vol. 94(4), pp. 691-719.

Hall, Bronwyn H. (1993), "Industrial Research During the 1980s: Did the Rate of Return Fall?" *Brookings Papers on Economic Activity: Microeconomics*, Vol. 2, pp. 289-331.

Hart, Oliver and John Moore (1988), "Incomplete Contracts and Renegotiation," *Econometrica*, Vol. 56(4), pp. 755-785.

Hosono, Kaoru, Masayo Tomiyama, and Tsutomu Miyagawa (2004), "Corporate Governance and Research and Development: Evidence from Japan," *Economics of Innovation and New Technology*, Vol. 13(2), pp. 141-164.

Kim, YoungGak and Keiko Ito (2013), "R&D Investment and Productivity: A Comparative Study of Japanese and Korean Firms," *RIETI Discussion Paper Series*, No. 13-E-043.

Kwon, Hyeog Ug and Tomohiko Inui (2003), "R&D and Productivity Growth in Japanese Manufacturing Firms," *ESRI Discussion Paper Series*, No. 44.

Lee, Keun, Tsutomu Miyagawa, YoungGak Kim, and Kazuma Edamura (2016), "Comparing the Management Practices and Productive Efficiency of Korean and Japanese Firms: An Interview Survey Approach," *Seoul Journal of Economics*, Vol. 29(1), pp. 1-41.

Milgrom, Paul R. and John Roberts (1992), *Economics, Organization, and Management*, Prentice-Hall.（ポール・ミルグロム，ジョン・ロバーツ［著］，奥野正寛・伊藤秀史・今井晴雄・西村理・八木甫［訳］『組織の経済学』NTT出版，1997年）

Miyagawa, Tsutomu, Keun Lee, YoungGak Kim, Hosung Jung, and Kazuma Edamura (2015), "Has the Management Quality in Korean Firms Caught Up with That in Japanese Firms? An Empirical Study Using Interview Surveys," in: Ahmed Bounfour and Tsutomu Miyagawa (eds.), *Intangibles, Market Failure and Innovation Performance*, Springer, pp. 157-191.

Odagiri, Hiroyuki and Hitoshi Iwata (1986), "The Impact of R&D on Productivity Increase in Japanese Manufacturing Companies," *Research Policy*, Vol. 15(1), pp. 13-19.

Penrose, Edith T. (1959), *The Theory of the Growth of the Firm*, Basil Blackwell.（エディス・ペンローズ［著］，日髙千景［訳］『企業成長の理論（第3版）』ダイヤモンド社，2010年）

Roberts, John (2004), *The Modern Firm: Organizational Design for Performance and Growth*, Oxford University Press.（ジョン・ロバーツ［著］，谷口和弘［訳］『現代企業の組織デザイン――戦略経営の経済学』NTT 出版，2005 年）

Suzuki, Kazuyuki (1993), "R&D Spillovers and Technology Transfer among and within Vertical Keiretsu Groups: Evidence from the Japanese Electrical Machinery Industry," *International Journal of Industrial Organization*, Vol. 11 (4), pp. 573-591.

Syverson, Chad (2011), "What Determines Productivity?" *Journal of Economic Literature*, Vol. 49 (2), pp. 326-365.

安部忠彦（2004），「なぜ企業の研究開発投資が利益に結びつきにくいのか」『Economic Review』（富士通総研経済研究所），第 8 巻 1 号，48-63 頁．

大塚哲洋（2011），「日本企業の競争力低下要因を探る――研究開発の視点からみた問題と課題」『みずほ総研論集』（みずほ総合研究所調査本部），2011 年第 2 号，43-73 頁．

鈴木和志・宮川努（1986），『日本の企業投資と研究開発戦略――企業ダイナミズムの実証分析』東洋経済新報社．

内閣府［編］（2002），『経済財政白書　平成 14 年版』財務省印刷局．

丹羽清（2006），『技術経営論』東京大学出版会．

丹羽清［編］（2013），『技術経営の実践的研究』東京大学出版会．

一橋大学イノベーション研究センター［編］（2001），『イノベーション・マネジメント入門』日本経済新聞社．

増田貴司（2009），「金融危機後の経営環境はどう変わり，日本企業はどのように対応しているか」『TBR 産業経済の論点』（東レ経営研究所経済レポート），No. 09-05.

宮川努・枝村一磨・Kim YoungGak・Jung Hosung（2014），「経営管理と R&D 活動――日韓インタビュー調査を元にした実証分析」『日本銀行ワーキングペーパーシリーズ』No. 14-J-4.

元橋一之（2009），「日本企業の研究開発資産の蓄積とパフォーマンスに関する実証分析」深尾京司［編］『バブル／デフレ期の日本経済と経済政策 1　マクロ経済と産業構造』慶應義塾大学出版会，251-258 頁．

労働政策研究・研修機構（2009），「成果主義賃金制度の日韓比較」『JILPT 資料シリーズ』No. 53.

第 5 章

成果主義賃金と生産性

加藤隆夫・児玉直美

要　旨

　年功賃金は，終身雇用制度や企業内労働組合とともに，いわゆる日本的雇用制度「三種の神器」の一つにも数えられてきた．年功賃金から成果主義賃金への移行は，最近20年間に最も話題になった日本型人的資源管理慣行の変化とも言われる．成果主義賃金賛成派は，日本企業が生産性を向上させ競争力を取り戻すためには，旧来の年功賃金から成果主義賃金に移行すべきであると主張する．一方，成果主義賃金反対派は，成果主義が本当に労働生産性を上昇させるかどうか懐疑的である．日本における成果主義導入が生産性に与える影響についての厳密な考証がないために，この論争は未だ決着を見ていない．本章では，独自の企業レベルパネルデータを利用して，成果主義導入効果と，企業の文化，伝統，マネジメントの質の高さなど観測されないが時間的に変化しない企業固定効果を分けて推定することに成功した．総じて言えば，成果主義導入による生産性効果は有意でないという結果で，これは成果主義導入反対派の主張を支持する．しかしながら，同時に，終身雇用を重視しない企業や，現場の従業員参加があり，現場知識を上手く活用する企業においては，成果主義導入が生産性上昇につながることを我々は示した．これは，人的資源管理の補完性が重要であるということを意味する．さらに，成果主義は賃金上昇を引き起こすことも確認できた．この賃金上昇は，年功賃金から成果主義賃金への移行の結果，労働者の受け取る賃金の不確実性が増したことに対するリスクプレミアムで説明できる．成果主義による賃金上昇と生産性上昇の効果はほぼ等しいため，企業業績は上がりも下がりもしない．つまり，成果主義導入は，企業の収益性には影響を及ぼさない．

第Ⅰ部　無形資産と企業の生産性

1. はじめに

多くの国で，報酬システムは，固定給から業績連動給与へと変化している（Ben-Ner and Jones 1995; Bryson *et al.* 2012; Lemieux, MacLeod, and Parent 2009）．業績連動給には2種類あり，一つは企業，部署など所属するグループの業績に連動するグループ業績連動型賃金（group incentive pay）であり，もう一つは個人の業績に連動する個人業績連動型賃金（individual incentive pay）である．

日本企業は，生産プロセスにおける無形資産として，人的資源管理慣行を大いに利用してきたことで知られている．従業員持株制度（employee stock ownership），ゲインシェアリング（gainsharing），利潤分配制度（profit sharing）等のグループ業績連動型賃金については，過去にも多くの事例があり，研究蓄積がある（Jones and Kato 1995; Ohkusa and Ohtake 1997; Kato and Morishima 2003）．一方，これまでは，個人業績連動型賃金についてあまり注意が払われてこなかった．しかし，1980年代末のバブル崩壊以降，日本経済は，長期にわたる景気停滞に陥った．日本の雇用システムは急激な市場環境の変化に反応できず，それが，日本経済の構造転換を遅らせたと批判されている（Ono and Rebick 2003）．経済同友会や日本経済団体連合会のような財界人の中には，日本的なシステムを米国型システムに転換すべきと主張する人もいる．この文脈の中で，米国型の個人業績連動型賃金（成果主義）への関心が高まり，日本企業の生産性を高め，競争力を取り戻すために，従来の年功賃金から米国型成果主義賃金へ転換を試みる企業が増えた．

一方，成果主義賃金反対派は，成果主義が本当に労働生産性を上昇させるかどうか懐疑的である．成果主義の生産性効果に関する研究が日本であまり

＊本章は，独立行政法人経済産業研究所におけるプロジェクト「日本の無形資産投資に関する研究」プロジェクトの成果の一部である．本章を作成するに当たって，経済産業研究所・藤田昌久氏，森川正之氏，小西葉子氏，学習院大学・宮川努氏，一橋大学・深尾京司氏はじめセミナー参加者，「日本の無形資産投資に関する研究」プロジェクトメンバーから多くの有益なコメントをいただいた．ここに記して感謝する．

第5章　成果主義賃金と生産性

ないために，この論争は未だ決着を見ていない[1]．本章では，我々は，独自の企業レベルパネルデータを用いて，成果主義効果も加味した生産関数を推計する．クロス・セクションデータを使っている既存研究とは違って，我々は，固定効果推定を行い，その結果，成果主義の効果と，企業文化，伝統，マネジメントの質の高さといったような観測されず時間的には変化しない企業特性の効果を分けることに成功した．成果主義による生産性上昇は，賃金上昇を伴う場合には，必ずしも利益率上昇にはつながらない．これを検証するため，我々は，生産関数推計に加え，成果主義の賃金上昇，利益率上昇への効果も計測した．

本章の以下の構成は，第2節でデータについて，第3節で生産関数推計モデルと結果について説明し，第4節で賃金と企業利益率の推計を行い，第5節で結論を述べる．

2. データ

分析には，日本の製造業企業の長期パネルデータを利用した．以下の2つのデータベース：(i)経済産業研究所の「組織と人材管理・育成に関する企業インタビュー調査」，(ii)日本政策投資銀行の「企業財務データバンク」を結合した．「組織と人材管理・育成に関する企業インタビュー調査」は，2011～2012年に経済産業研究所が，上場企業を対象に実施したインタビュー調査である．分析可能な企業数は402社で，このうち約2／3が製造業，残りが非製造業である．「企業財務データバンク」は，（株）日本政策投資銀行が，上場企業（金融・保険業除く）の有価証券報告書をもとに作成したデータベースで，1956～2012年の会社概況，貸借対照表，損益計算書などの情報が掲載されている．

成果主義に関する情報は，「組織と人材管理・育成に関する企業インタビ

---

[1]　日本における成果主義に関する研究としては，玄田・神林・篠崎（2001），大竹・唐渡（2003）など成果主義と労働意欲に関する研究，阿部（2006）など成果主義導入による賃金構造の変化に関する研究などが挙げられる．

表 5-1 記述統計量

		Obs	Mean	S.D.
$\ln Q_{it}$	付加価値額対数値	8,773	15.51	1.59
$\ln L_{it}$	労働投入対数値	8,773	6.96	1.34
$\ln K_{it}$	資本ストック対数値	8,773	15.86	1.66
$PRP_{it\text{-}j}$	成果主義導入後（1：導入後，0：導入前）	8,773	0.21	0.41
$\ln Wage_{it}$	平均賃金対数値	8,771	8.14	1.12
$MARGIN_{it}$	売上高経常利益率	8,772	0.05	0.08
LTE_i	終身雇用重視（1：重視する，0：重視しない）	8,716	0.71	0.45
EI_i	従業員関与（1：関与あり，0：関与なし）	8,751	0.56	0.50

データ）経済産業研究所「組織と人材管理・育成に関する企業インタビュー調査」，日本政策投資銀行の「企業財務データバンク」．

ュー調査」から，生産性や賃金に関する情報は企業財務データバンクから得た．最終的には，1956～2012 年の製造業上場企業 254 社，延べ 8,912 サンプルを分析に用いた．

記述統計量は表 5-1 に示す．成果主義導入後ダミーの平均値は 0.21，つまり，全サンプルの 21% が成果主義導入後，残りの 79% は成果主義導入前又は成果主義を導入していないサンプルである．終身雇用を重視している企業は 71%，現場の一般従業員からの改善提言がある企業は 56% である．

3. 生産関数推計モデルと結果

推定したモデルは，コブ・ダグラス型生産関数に，成果主義導入後ダミーを加えた以下の推計式である．

(1) $\ln Q_{it} = \beta_K \ln K_{it} + \beta_L \ln L_{it} + \beta_1 PRP_{it\text{-}j} + （企業固定効果） + （年効果） + u_{it}$

ここで，Q_{it} は企業 i の t 年の付加価値額で計測したアウトプット，K_{it} は資本ストック，L_{it} は労働投入，$PRP_{it\text{-}j}$ は企業 i の t 年において，成果主義が過去少なくとも j 年間（$j=1, 2, \cdots, 7$）使われている場合に 1，それ以外は 0 となるダミー変数である．付加価値額，資本ストックは，2005 年を 100 とする SNA 国内総生産デフレーター，固定資本形成・民間設備投資デ

フレーターを使って実質化している．7年分のタイムラグを検討した理由は以下の4点である．①成果主義を導入してもすぐには労働者の行動が変わらない，②労働者のソーティング，つまり，成果主義導入によって，生産性の高い労働者が企業に残り，生産性の低い労働者が企業を去ることによる効果が現れるまでには時間がかかる（例えば，Lazear (2000) 参照のこと），③新しい賃金体系が機能するためには試行錯誤のための時間が必要である[2]，④成果主義導入の生産性効果を計測するためには，形式的な成果主義「制度」導入ではなく，「実質的な制度の広がり」，つまり労働者への浸透度や制度によるインセンティブの強さを指標として利用するのが理想的であるが，実質的な運用を計測する指標を利用することができないため，間接的な方法ではあるが，成果主義が実施されてからの時間の長さが成果主義の浸透度と正に相関すると想定してタイムラグを利用する（Freeman and Kleiner (2000)，Kato (2006) を参照のこと）．つまり，新たに成果主義が導入されてからそれが企業の生産性に効果を発揮するまでj年（$j=1, 2, \cdots, 7$）かかることを想定する．

結果の頑強性を確認するために，トランスログ型生産関数を使った推計も行ったが，結果は，コブ・ダグラス型生産関数の場合とほとんど変わらなかった．さらに，労働投入の内生性とセレクション問題に対応するために，Olley and Pakes (1996) や Levinsohn and Petrin (2003) によって提唱され，Wooldridge (2009) によって簡素化された方法も試みた．結果の有意性は落ちるものの結果にそれほど大きな違いはなかった．

我々が利用したのは，パネルデータなので，企業の生産性と成果主義導入決定の両方に影響を及ぼす企業が観測されない異質性の問題を克服することができた．例えば，マネジメントの質が高い企業は，革新的で賢明な賃金体系として成果主義を導入する可能性が高いだろう．また，そのようなマネジメントの質の高い企業の生産性は高いことが多い．一般的には，そのようなマネジメントの質の高さは計測できず，コントロールすることができないた

2） Kato and Morishima (2003), Kato (2006), Müller and Stegmaier (2014) を参照のこと．

第Ⅰ部　無形資産と企業の生産性

表5-2　成果主義導入の生産性効果（固定効果推定）

	1期ラグ	2期ラグ	3期ラグ	4期ラグ	5期ラグ	6期ラグ	7期ラグ
$\ln K_{it}$	0.108**	0.097*	0.105**	0.096*	0.092*	0.088*	0.083*
	[2.033]	[1.865]	[2.006]	[1.877]	[1.825]	[1.735]	[1.662]
$\ln L_{it}$	0.774***	0.774***	0.771***	0.767***	0.764***	0.760***	0.755***
	[9.477]	[9.546]	[9.519]	[9.507]	[9.483]	[9.390]	[9.322]
PRP_{it-1}	0.105						
	[1.326]						
PRP_{it-2}		0.094					
		[1.207]					
PRP_{it-3}			0.094				
			[1.224]				
PRP_{it-4}				0.084			
				[1.104]			
PRP_{it-5}					0.082		
					[1.076]		
PRP_{it-6}						0.078	
						[1.013]	
PRP_{it-7}							0.067
							[0.835]
R-squared	0.660	0.642	0.626	0.604	0.583	0.562	0.540
N	8,773	8,516	8,278	8,030	7,783	7,536	7,289

注）全てのモデルは企業固定効果，年効果でコントロールされている．括弧内はクラスタロバスト推計による t 値．***，**，*は，それぞれ1，5，10％水準で統計的に有意なことを示す．

データ）経済産業研究所「組織と人材管理・育成に関する企業インタビュー調査」，日本政策投資銀行の「企業財務データバンク」．

め，クロス・セクションデータによる推定は成果主義の生産性効果にマネジメントの質の効果が混入してしまい，過大評価につながる可能性が高い．マネジメントの質の高さのような観測されないが時間を通じて安定的な企業の異質性をコントロールするための標準的な解決法は，企業固定効果推定であり，我々はそれを実施した．

さらに，全企業に共通な傾向（例えば経年的に全ての企業で生産性が高まっている）やマクロショックの効果をコントロールするために，年固定効果も考慮した．表5-1は記述統計量，表5-2は式(1)の基本となる生産関数の固定効果推定の結果である．

資本と労働の係数は，正で統計的に有意で，また係数の大きさも妥当である．しかしながら，成果主義ダミーの係数は10％水準でも有意ではない．

これは,総じて言えば,日本において,成果主義は生産性に有意な影響を与えないことを意味する.

ただし,成果主義導入が生産性に与える効果は,企業のタイプによって異なる可能性がある.1番目の仮説として,年功賃金から成果主義への移行は,「終身雇用」といったような他の伝統的な慣行も同時に変化しない場合には,生産性を上昇させる効果がないというものである(Morishima 1995).これを検証するために,基本モデルを拡張して,成果主義導入後ダミー(PRP_{it-j})と終身雇用($LTE_i=1$:企業 i が終身雇用を重視している場合,0:それ以外)の交差項を加えた推計を行う[3].

(2) $\ln Q_{it} = \beta_K \ln K_{it} + \beta_L \ln L_{it} + \beta_1 PRP_{it-j} + \beta_2 PRP_{it-j} \times LTE_i$
 $+ (企業固定効果) + (年効果) + u_{it}$

式(2)の固定効果推定の結果は,表5-3である.今度は,成果主義導入後ダミーの係数は正かつ10%水準で有意である.この結果は,終身雇用をもはやあまり重視していない企業では,成果主義の導入によって26〜30%生産性が上がることを意味する.成果主義導入後ダミーと終身雇用の交差項は負かつ10%水準で有意あるいはあと少しで有意であるという水準である.交差項の係数は成果主義ダミーの係数の大きさと絶対値でほぼ同程度で,係数の符号は逆である.終身雇用を重視している企業の生産性効果は,成果主義ダミー終身雇用の交差項,成果主義ダミーの係数の合計でありほぼ0である(統計的検定しても0).我々の結果は,Morishima(1995)など人的資源管理慣行の補完性の重要性を強調する先行研究とも整合的である.

ハイパフォーマンス雇用システム(High Performance Work System)は,様々な人的資源管理が相乗効果を生み出すもう一つの例である(例えば,Kato 2014).成果主義を組織の生産性向上につなげるために,従業員が生産性向上のための現場知識を創造し共有するメカニズム(現場の一般従業員の参

---

3) 終身雇用を維持しているか否かの情報は調査時点の一時点しかない.そのため,終身雇用の単独項の固定効果モデルの係数は推計できない.成果主義導入後ダミーは毎年の情報が得られるので,成果主義導入後ダミーと終身雇用の交差項の係数は推定できる.

表5-3 終身雇用重視か否かによる成果主義導入の生産性効果（固定効果推定）

	1期ラグ	2期ラグ	3期ラグ	4期ラグ	5期ラグ	6期ラグ	7期ラグ
$\ln K_{it}$	0.110**	0.099*	0.107**	0.097*	0.093*	0.089*	0.084
	[2.031]	[1.865]	[1.994]	[1.856]	[1.794]	[1.698]	[1.618]
$\ln L_{it}$	0.778***	0.779***	0.777***	0.774***	0.771***	0.768***	0.763***
	[9.509]	[9.587]	[9.584]	[9.590]	[9.579]	[9.505]	[9.437]
$PRP_{it\text{-}1}$	0.274*						
	[1.788]						
$PRP_{it\text{-}1} \times LTE_i$	−0.249						
	[−1.403]						
$PRP_{it\text{-}2}$		0.258*					
		[1.698]					
$PRP_{it\text{-}2} \times LTE_i$		−0.242					
		[−1.383]					
$PRP_{it\text{-}3}$			0.286*				
			[1.895]				
$PRP_{it\text{-}3} \times LTE_i$			−0.282				
			[−1.615]				
$PRP_{it\text{-}4}$				0.280*			
				[1.848]			
$PRP_{it\text{-}4} \times LTE_i$				−0.287			
				[−1.637]			
$PRP_{it\text{-}5}$					0.285*		
					[1.872]		
$PRP_{it\text{-}5} \times LTE_i$					−0.295		
					[−1.676]		
$PRP_{it\text{-}6}$						0.297*	
						[1.897]	
$PRP_{it\text{-}6} \times LTE_i$						−0.315*	
						[−1.752]	
$PRP_{it\text{-}7}$							0.291*
							[1.782]
$PRP_{it\text{-}7} \times LTE_i$							−0.320*
							[−1.724]
R-squared	0.661	0.643	0.627	0.605	0.585	0.565	0.542
N	8,716	8,460	8,223	7,977	7,732	7,487	7,242
F_diff	0.076	0.029	0.002	0.005	0.012	0.041	0.107

注）全てのモデルは企業固定効果，年効果でコントロールされている．括弧内はクラスターロバスト推計による t 値．***，**，*は，それぞれ1，5，10％水準で統計的に有意なことを示す．

データ）経済産業研究所「組織と人材管理・育成に関する企業インタビュー調査」，日本政策投資銀行の「企業財務データバンク」．

第5章 成果主義賃金と生産性

表5-4 従業員関与有無による成果主義導入の生産性効果（固定効果推定）

	1期ラグ	2期ラグ	3期ラグ	4期ラグ	5期ラグ	6期ラグ	7期ラグ
$\ln K_{it}$	0.110**	0.098*	0.106**	0.096*	0.091*	0.086*	0.081
	[2.050]	[1.861]	[1.987]	[1.841]	[1.777]	[1.681]	[1.598]
$\ln L_{it}$	0.766***	0.767***	0.764***	0.761***	0.758***	0.754***	0.751***
	[9.238]	[9.331]	[9.308]	[9.326]	[9.311]	[9.219]	[9.169]
PRP_{it-1}	−0.106						
	[−1.097]						
$PRP_{it-1} \times EI_i$	0.357**						
	[2.496]						
PRP_{it-2}		−0.122					
		[−1.283]					
$PRP_{it-2} \times EI_i$		0.364***					
		[2.597]					
PRP_{it-3}			−0.131				
			[−1.402]				
$PRP_{it-3} \times EI_i$			0.375***				
			[2.696]				
PRP_{it-4}				−0.129			
				[−1.399]			
$PRP_{it-4} \times EI_i$				0.354**			
				[2.571]			
PRP_{it-5}					−0.113		
					[−1.215]		
$PRP_{it-5} \times EI_i$					0.323**		
					[2.337]		
PRP_{it-6}						−0.097	
						[−1.032]	
$PRP_{it-6} \times EI_i$						0.291**	
						[2.072]	
PRP_{it-7}							−0.097
							[−1.039]
$PRP_{it-7} \times EI_i$							0.271*
							[1.901]
R-squared	0.665	0.647	0.631	0.608	0.587	0.566	0.542
N	8,751	8,495	8,259	8,013	7,767	7,521	7,275
F_diff	5.140	5.010	5.180	4.480	3.920	3.210	2.390
p_diff	0.024	0.026	0.024	0.035	0.049	0.074	0.123

注）全てのモデルは企業固定効果，年効果でコントロールされている．括弧内はクラスターロバスト推計による t 値．***，**，*は，それぞれ 1，5，10% 水準で統計的に有意なことを示す．
データ）経済産業研究所「組織と人材管理・育成に関する企業インタビュー調査」，日本政策投資銀行の「企業財務データバンク」．

加)が必要である．成果主義と現場の従業員参加の補完性を検証するために，式(1)を拡張した以下の式を推計する．

(3) $\ln Q_{it} = \beta_K \ln K_{it} + \beta_L \ln L_{it} + \beta_1 PRP_{it-j} + \beta_2 PRP_{it-j} \times EI_i$
$\quad +$（企業固定効果）$+$（年効果）$+ u_{it}$

ここで，現場の従業員参加の変数 EI_i（＝1：企業 i に現場の一般従業員の改善提言がある場合，0：それ以外）．表5-4が示すように，成果主義ダミー（PRP_{it-j}）と現場の従業員参加（EI_i）の交差項は正で，5％水準で有意であり，これは，成果主義と現場の従業員参加の相乗効果を示唆する．成果主義ダミーの係数は10％水準でも有意でない．これは，現場の従業員参加がない企業では，成果主義は生産性上昇につながらないことを意味する．一方，現場の従業員参加がある企業の生産性効果は，成果主義ダミー，成果主義ダミーと従業員参加の交差項の係数の合計であり，5％水準で正で有意である．これは，成果主義は現場の従業員参加と一緒に取り入れられて初めて生産性を上昇させることを意味する．

4. 賃金と企業利益率の推計

　成果主義の生産性上昇は，多くの場合，賃金上昇を伴うため，必ずしも企業業績の上昇につながるわけではない．成果主義賃金の下では，成果によって賃金が増減するため，年功賃金システムから成果主義賃金への移行は，労働者にとっては賃金の不確実性が高まるということを意味する．つまり，成果主義賃金を導入する時には，企業はリスクプレミアム分も支払わなければならず，結果として賃金上昇につながる可能性が高い．もし成果主義導入による賃金上昇が生産性上昇分と相殺する場合には，成果主義導入による生産性上昇は企業利益の改善にはつながらない．以下，我々は，この仮説の可能性について検討する．具体的には，成果主義導入による賃金上昇を検討するために，まず，以下の基本的な賃金関数の推計を行う．

第5章 成果主義賃金と生産性

表5-5 成果主義導入の賃金への効果（固定効果推定）

	1期ラグ	2期ラグ	3期ラグ	4期ラグ	5期ラグ	6期ラグ	7期ラグ
PRP_{it-1}	0.082 [1.646]						
PRP_{it-2}		0.086* [1.714]					
PRP_{it-3}			0.085* [1.680]				
PRP_{it-4}				0.091* [1.771]			
PRP_{it-5}					0.093* [1.769]		
PRP_{it-6}						0.093* [1.732]	
PRP_{it-7}							0.085 [1.523]
R-squared	0.579	0.579	0.580	0.581	0.581	0.581	0.581
N	6,614	6,556	6,447	6,328	6,204	6,077	5,949

注）全てのモデルは企業固定効果，年効果でコントロールされている．括弧内はクラスターロバスト推計によるt値．*は10％水準で統計的に有意なことを示す．
データ）経済産業研究所「組織と人材管理・育成に関する企業インタビュー調査」，日本政策投資銀行の「企業財務データバンク」．

$$(4) \quad \ln Wage_{it} = \beta_1 PRP_{it-j}$$
$$+（企業固定効果）+（年効果）+（コントロール変数）+ u_{it}$$

ここで，賃金（$\ln Wage_{it}$）は，企業iのt年の従業者の平均賃金の対数値である[4]．従業者平均年齢，平均勤続年数，それらの2次項，企業規模（従業者数の対数値），資本／労働比率，ROAでコントロールした．さらに，生産関数推計の時と同様，この基本モデルを拡張して，成果主義導入と終身雇用の交差項も加えた推計を行う．

$$(5) \quad \ln Wage_{it} = \beta_1 PRP_{it-j} + \beta_2 PRP_{it-j} \times LTE_i$$
$$+（企業固定効果）+（年効果）+（コントロール変数）+ u_{it}$$

---

4) 平均賃金は，総人件費を従業員数で除して算出した．

表5-6 終身雇用重視か否かによる成果主義導入の賃金への効果（固定効果推定）

	1期ラグ	2期ラグ	3期ラグ	4期ラグ	5期ラグ	6期ラグ	7期ラグ
PRP_{it-1}	0.200* ［1.826］						
$PRP_{it-1} \times LTE_i$	−0.181 ［−1.407］						
PRP_{it-2}		0.208* ［1.891］					
$PRP_{it-2} \times LTE_i$		−0.188 ［−1.449］					
PRP_{it-3}			0.221** ［2.000］				
$PRP_{it-3} \times LTE_i$			−0.207 ［−1.591］				
PRP_{it-4}				0.238** ［2.130］			
$PRP_{it-4} \times LTE_i$				−0.222* ［−1.689］			
PRP_{it-5}					0.251** ［2.203］		
$PRP_{it-5} \times LTE_i$					−0.236* ［−1.769］		
PRP_{it-6}						0.268** ［2.325］	
$PRP_{it-6} \times LTE_i$						−0.259* ［−1.913］	
PRP_{it-7}							0.272** ［2.280］
$PRP_{it-7} \times LTE_i$							−0.273* ［−1.964］
R-squared	0.584	0.585	0.586	0.588	0.588	0.588	0.589
N	6,570	6,512	6,403	6,285	6,162	6,036	5,909
F_diff	0.112	0.130	0.060	0.075	0.058	0.022	0.001
p_diff	0.738	0.719	0.807	0.785	0.810	0.883	0.978

注）全てのモデルは企業固定効果，年効果でコントロールされている．括弧内はクラスターロバスト推計によるt値．**，*は，それぞれ5，10％水準で統計的に有意なことを示す．

データ）経済産業研究所「組織と人材管理・育成に関する企業インタビュー調査」，日本政策投資銀行の「企業財務データバンク」．

第5章 成果主義賃金と生産性

表5-7 従業員関与有無による成果主義導入の賃金への効果（固定効果推定）

	1期ラグ	2期ラグ	3期ラグ	4期ラグ	5期ラグ	6期ラグ	7期ラグ
PRP_{it-1}	−0.070 [−1.012]						
$PRP_{it-1} \times EI_i$	0.274*** [2.663]						
PRP_{it-2}		−0.073 [−1.039]					
$PRP_{it-2} \times EI_i$		0.283*** [2.721]					
PRP_{it-3}			−0.077 [−1.101]				
$PRP_{it-3} \times EI_i$			0.284*** [2.729]				
PRP_{it-4}				−0.070 [−1.000]			
$PRP_{it-4} \times EI_i$				0.279*** [2.657]			
PRP_{it-5}					−0.066 [−0.928]		
$PRP_{it-5} \times EI_i$					0.269** [2.534]		
PRP_{it-6}						−0.065 [−0.920]	
$PRP_{it-6} \times EI_i$						0.268** [2.478]	
PRP_{it-7}							−0.072 [−1.018]
$PRP_{it-7} \times EI_i$							0.263** [2.397]
R-squared	0.589	0.590	0.590	0.590	0.589	0.588	0.587
N	6,588	6,531	6,424	6,307	6,185	6,060	5,934
F_diff	7.880	8.320	7.980	7.900	7.240	6.730	5.550
p_diff	0.005	0.004	0.005	0.005	0.008	0.010	0.019

注）全てのモデルは企業固定効果，年効果でコントロールされている．括弧内はクラスターロバスト推計による t 値．***，**は，それぞれ1，5％水準で統計的に有意なことを示す．
データ）経済産業研究所「組織と人材管理・育成に関する企業インタビュー調査」，日本政策投資銀行の「企業財務データバンク」．

同様に，成果主義導入と現場の従業員参加の交差項を加えた推計も行う．

(6) $\ln Wage_{it} = \beta_1 PRP_{it-j} + \beta_2 PRP_{it-j} \times EI_i$
$\quad\quad + （企業固定効果）+（年効果）+（コントロール変数）+ u_{it}$

表5-5，5-6，5-7は，式(4)，(5)，(6)の固定効果推定の結果である．表5-5が示すように，成果主義導入の係数（PRP_{it-j}）は正で，1期ラグ，7期ラグの係数以外は全て10％水準で有意である（1期ラグ，7期ラグの係数もあと少しで有意である）．係数の大きさは，成果主義の導入は，従業員平均賃金を8～9％上昇させることを示している．

表5-6は，成果主義の係数は正であるものの，成果主義導入と終身雇用の交差項の係数は負であることを示している．成果主義の単独項は正で，1期ラグ，2期ラグでは10％水準，3期～7期ラグでは5％水準で有意である．一方，成果主義と終身雇用の交差項は負であるが必ずしも有意な結果とはなっておらず，1期～3期ラグでは10％水準で非有意，4期～7期ラグでは10％水準で有意な結果である．つまり，終身雇用を重視しない企業では，表5-3で示したように，成果主義導入によって，生産性上昇と賃金上昇が同時に起こっている．終身雇用を重視する企業の賃金上昇は，成果主義導入ダミーと，成果主義導入ダミーと終身雇用の交差項の合計であり，その係数はずっと小さく，また統計的にもほとんど0である．この事実は，先の生産関数推計の結果（つまり，年功賃金システムから成果主義賃金への移行は，終身雇用システムを見直した企業のみにおいて，生産性向上につながる）と整合的である．

一方，成果主義と現場の従業員参加の補完性については，表5-7に示したように，成果主義ダミー（PRP_{it-j}）と現場の従業員参加（EI_i）の交差項の係数は正かつ1％水準で有意（1期～4期ラグ），又は5％水準で有意（5期～7期ラグ）である．これは，成果主義と現場の従業員参加に相乗効果があることを示す．一方，成果主義ダミー自体の係数は，10％水準でも有意ではなく，現場の従業員参加のない企業で成果主義を導入しても賃金上昇につながらないことを示唆している．翻って，従業員参加がある企業では，成果主義導入による賃金上昇は，成果主義導入後ダミー，成果主義導入後ダミーと従業員参加の係数の合計であり，正かつ5％水準で有意である．つまり，従業員参

第5章 成果主義賃金と生産性

表5-8 成果主義導入の企業利益への効果（固定効果推定）

	1期ラグ	2期ラグ	3期ラグ	4期ラグ	5期ラグ	6期ラグ	7期ラグ
PRP_{it-1}	0.001 [0.081]						
PRP_{it-2}		−0.001 [−0.149]					
PRP_{it-3}			−0.001 [−0.177]				
PRP_{it-4}				−0.002 [−0.333]			
PRP_{it-5}					−0.001 [−0.191]		
PRP_{it-6}						0.002 [0.232]	
PRP_{it-7}							0.002 [0.256]
R-squared	0.127	0.129	0.126	0.133	0.138	0.143	0.151
N	8,856	8,598	8,356	8,105	7,855	7,606	7,357

注）全てのモデルは企業固定効果，年効果でコントロールされている．括弧内はクラスターロバスト推計による t 値．
データ）経済産業研究所「組織と人材管理・育成に関する企業インタビュー調査」，日本政策投資銀行の「企業財務データバンク」．

加がある企業でのみ，成果主義導入は賃金を上昇させる．

　成果主義導入は，生産性上昇，賃金上昇につながっており，またその係数は同程度であるため，企業利益に対する効果はほぼないと予想される．この仮説を確かめるために，企業利益（売上高経常利益率）についても同様の推計を行う．

(7) 　$MARGIN_{it} = \beta_1 PRP_{it-j}$
　　　　　　＋（企業固定効果）＋（年効果）＋（コントロール変数）＋ u_{it}

ここで，$MARGIN_{it}$ は企業 i の t 年の売上高経常利益率である．企業規模（従業者数の対数値）でもコントロールする．式(7)の固定効果推定の結果は，表5-8に示す．予想通り，売上高経常利益率の係数は小さく，また10％水準でも有意ではない．生産関数や賃金関数の推計と同様に，式(7)を拡張した以下の2つのモデルも推計する．

表5-9 終身雇用重視か否かによる成果主義導入の企業利益への効果（固定効果推定）

	1期ラグ	2期ラグ	3期ラグ	4期ラグ	5期ラグ	6期ラグ	7期ラグ
PRP_{it-1}	−0.011 [−1.181]						
$PRP_{it-1} \times LTE_i$	0.018* [1.736]						
PRP_{it-2}		−0.014 [−1.455]					
$PRP_{it-2} \times LTE_i$		0.020* [1.855]					
PRP_{it-3}			−0.013 [−1.291]				
$PRP_{it-3} \times LTE_i$			0.017 [1.555]				
PRP_{it-4}				−0.013 [−1.200]			
$PRP_{it-4} \times LTE_i$				0.015 [1.269]			
PRP_{it-5}					−0.010 [−0.892]		
$PRP_{it-5} \times LTE_i$					0.013 [0.974]		
PRP_{it-6}						−0.002 [−0.140]	
$PRP_{it-6} \times LTE_i$						0.006 [0.401]	
PRP_{it-7}							−0.003 [−0.288]
$PRP_{it-7} \times LTE_i$							0.009 [0.577]
R-squared	0.125	0.127	0.128	0.134	0.139	0.144	0.151
N	8,798	8,541	8,301	8,052	7,804	7,557	7,310
F_diff	0.734	0.507	0.296	0.088	0.087	0.166	0.222
p_diff	0.392	0.477	0.587	0.767	0.768	0.684	0.638

注）全てのモデルは企業固定効果，年効果でコントロールされている．括弧内はクラスターロバスト推計によるt値．*は10％水準で統計的に有意なことを示す．

データ）経済産業研究所「組織と人材管理・育成に関する企業インタビュー調査」，日本政策投資銀行の「企業財務データバンク」．

第5章 成果主義賃金と生産性

表5-10 従業員関与有無による成果主義導入の企業利益への効果（固定効果推定）

	1期ラグ	2期ラグ	3期ラグ	4期ラグ	5期ラグ	6期ラグ	7期ラグ
PRP_{it-1}	0.011 [1.029]						
$PRP_{it-1} \times EI_i$	−0.018* [−1.808]						
PRP_{it-2}		0.010 [0.975]					
$PRP_{it-2} \times EI_i$		−0.019* [−1.802]					
PRP_{it-3}			0.011 [0.915]				
$PRP_{it-3} \times EI_i$			−0.019* [−1.748]				
PRP_{it-4}				0.009 [0.741]			
$PRP_{it-4} \times EI_i$				−0.019 [−1.629]			
PRP_{it-5}					0.011 [0.835]		
$PRP_{it-5} \times EI_i$					−0.021 [−1.605]		
PRP_{it-6}						0.015 [0.982]	
$PRP_{it-6} \times EI_i$						−0.023 [−1.597]	
PRP_{it-7}							0.017 [1.015]
$PRP_{it-7} \times EI_i$							−0.023 [−1.452]
R-squared	0.133	0.135	0.131	0.138	0.144	0.149	0.154
N	8,830	8,573	8,333	8,084	7,836	7,589	7,342
F_diff	1.300	1.610	1.840	2.390	1.990	1.420	0.713
p_diff	0.256	0.206	0.176	0.123	0.160	0.235	0.399

注）全てのモデルは企業固定効果，年効果でコントロールされている．括弧内はクラスターロバスト推計による t 値．*は10％水準で統計的に有意なことを示す．

データ）経済産業研究所「組織と人材管理・育成に関する企業インタビュー調査」，日本政策投資銀行の「企業財務データバンク」．

(8)　$MARGIN_{it} = \beta_1 PRP_{it-j} + \beta_2 PRP_{it-j} \times LTE_i$
　　　　$+ （企業固定効果）+（年効果）+（コントロール変数）+ u_{it}$

(9)　$MARGIN_{it} = \beta_1 PRP_{it-j} + \beta_2 PRP_{it-j} \times EI_i$
　　　　$+ （企業固定効果）+（年効果）+（コントロール変数）+ u_{it}$

表 5-9 のように，終身雇用を重視しない企業の企業業績は，成果主義導入の係数で示されるが，10％ 水準でも有意ではない．終身雇用を重視する企業の結果は，成果主義ダミー，成果主義ダミーと終身雇用の係数の合計であるが，10％ 水準でも有意ではない．同様に，表 5-10 に示すように，現場の従業員参加がある企業でも，ない企業でも，企業業績の上昇は観測されない．

5．結　論

　日本企業は旧来，年功的な賃金システムを採用してきた．年功賃金から成果主義賃金への移行は，最近 20 年間に最も話題になった人的資源管理施策／慣行の変化とも言われる．年功賃金から成果主義賃金への移行を支持する人たちは，日本企業は従来の年功賃金から脱して成果主義賃金を導入することによって，生産性を上昇させ，競争力を取り戻すべきであると主張する．一方，成果主義賃金反対派は，成果主義が企業の生産性を上げるという前提に疑問を呈する．日本における成果主義導入が生産性に与える影響についての厳密な考証がないために，この論争は未だ決着を見ていない．本章では，独自の企業レベルパネルデータを利用して，成果主義の生産性効果を推定した．これまでの多くの研究はクロス・セクションデータを利用した研究であるが，我々は，企業固定効果モデルを推定し，成果主義導入効果と，企業の文化，伝統，マネジメントの質の高さなど観測されないが時間的に変化しない企業固定効果を分けて推定することに成功した．

　総じて言えば，成果主義導入による生産性効果は有意でないという結果で，これは成果主義導入懐疑派の主張を支持する．しかしながら，同時に，我々の結果は，終身雇用を重視しない企業や，現場の従業員の参加があり，現場知識を上手く活用する企業においては，成果主義導入が生産性上昇につなが

ることを示す．つまり，我々の結果は，人的資源管理の補完性が重要であるということを指摘する．さらに，成果主義は賃金上昇を引き起こすことも確認できた．この賃金上昇は，伝統的な年功賃金から成果主義賃金への移行の結果，賃金の不確実性が増したことに対するリスクプレミアムで説明できる．成果主義による賃金上昇と生産性上昇の効果はほぼ等しいため，企業業績は上がりも下がりもしない．つまり，成果主義導入は，企業の収益性には影響を及ぼさない．

年功賃金から成果主義への移行は近年，政策的な課題として取り上げられている．一例として，現在は残業規制の対象になっている労働者の一部に対して，時間でなく成果に応じて賃金を支払うように，政府は労働基準法改正法案を議論している．終身雇用のような日本の伝統的な人的資源管理を変えることなしには，成果主義は生産性向上につながらないことを我々の結果は示唆している．さらには，生産性向上に資する現場知識を創造し共有する機会を与えることなしに成果主義を導入しても，生産性の向上につながらない．成果主義導入を促進するに際して，政策立案者は，成果主義と他の人的資源管理慣行の相乗効果を理解し，その相乗効果が最大化するような政策をデザインするべきであろう．

参考文献

Ben-Ner, Avner and Derek C. Jones (1995), "Employee Participation, Ownership, and Productivity: A Theoretical Framework," *Industrial Relations*, Vol. 34(4), pp. 532-554.

Bryson, Alex, Richard B. Freeman, Claudio Lucifora, Michele Pellizzari, and Virginie Pérotin (2012), "Paying for Performance: Incentive Pay Schemes and Employees' Financial Participation," *CEP Discussion Papers*, No. 1112.

Freeman, Richard B. and Morris M. Kleiner (2000), "Who Benefits Most from Employee Involvement: Firms or Workers?" *American Economic Review*, Vol. 90 (2), pp. 219-223.

Jones, Derek C. and Takao Kato (1995), "The Productivity Effects of Employee Stock-Ownership Plans and Bonuses: Evidence from Japanese Panel Data," *American Economic Review*, Vol. 85(3), pp. 391-414.

Kato Takao (2006), "Determinants of the Extent of Participatory Employment Practices: Evidence from Japan," *Industrial Relations*, Vol. 45(4), pp. 579-605.

Kato, Takao (2014), "High-Involvement Work Systems in Japan, The U.S. and Korea: Evidence from Field Research," in: Jaime Ortega (ed.), *International Perspectives on Participation* (Advances in the Economic Analysis of Participatory and Labor-Managed Firms, Volume 15), Bingley: Emerald Publishing, pp. 95-119.

Kato, Takao and Motohiro Morishima (2003), "The Nature, Scope and Effects of Profit Sharing in Japan: Evidence from New Survey Data," *International Journal of Human Resource Management*, Vol, 14(6), pp. 942-955.

Lazear, Edward P. (2000), "Performance Pay and Productivity," *American Economic Review*, Vol. 90(5), pp. 1346-1361.

Lemieux, Thomas, W. Bentley MacLeod, and Daniel Parent (2009), "Performance Pay and Wage Inequality," *Quarterly Journal of Economics*, Vol. 124(1), pp. 1-49.

Levinsohn, James and Amil Petrin (2003), "Estimating Production Functions Using Inputs to Control for Unobservables," *Review of Economic Studies*, Vol. 70(2), pp. 317-341.

Morishima, Motohiro (1995), "Embedding HRM in a Social Context," *British Journal of Industrial Relations*, Vol. 33(4), pp. 617-640.

Müller, Steffen and Jens Stegmaier (2014), "The Dynamic Effects of Works Councils on Labor Productivity: First Evidence from Panel Data," *LASER Discussion Papers*, No. 78. http://www.laser.uni-erlangen.de/papers/paper/206.pdf

Ohkusa, Yasushi and Fumio Ohtake (1997), "The Productivity Effects of Information Sharing, Profit Sharing, and ESOPs," *Journal of the Japanese and International Economies*, Vol. 11(3), pp. 385-402.

Olley, G. Steven and Ariel Pakes (1996), "The Dynamics of Productivity in the Telecommunications Equipment Industry," *Econometrica*, Vol. 64(6), pp. 1263-1297.

Ono, Hiroshi and Marcus E. Rebick (2003), "Constraints on the Level and Efficient Use of Labor," in: Magnus Blomström, Jennifer Corbett, Fumio Hayashi, and Anil Kashyap (eds.), *Structural Impediments to Growth in Japan*, University of Chicago Press, pp. 225-257.

Wooldridge, Jeffrey M. (2009), "On Estimating Firm-level Production Functions Using Proxy Variables to Control for Unobservables," *Economics Letters*, Vol. 104(3), pp. 112-114.

阿部正浩（2006），「成果主義導入の背景とその功罪」『日本労働研究雑誌』第48巻9号，18-35頁．

大竹文雄・唐渡広志 (2003),「成果主義的賃金制度と労働意欲」『経済研究』第 54 巻 3 号, 193-205 頁.

玄田有史・神林龍・篠崎武久 (2001),「成果主義と能力開発——結果としての労働意欲」『組織科学』第 34 巻 3 号, 18-31 頁.

第6章

人事方針と人事施策の適合と企業成長

西岡由美

要　旨

　本章では，(独) 経済産業研究所「無形資産に関するインタビュー調査」のデータを用いて，人的資源管理の内的整合性 (internal fit)，つまり人的資源管理の上位概念である人事方針と下位概念である人事施策の適合が企業成長に及ぼす影響を分析した．分析結果の要点は以下のとおりである．

　第1に，人事方針として成果主義と終身雇用を同時にとるハイブリット型企業は売上高成長率と有意な負の関係にある．第2に，成果主義型人事管理は単独では売上高成長率と有意な正の関係にあるが，人材育成との交互作用項は有意な負の関係にある．第3に，終身雇用と人材育成の交互作用項は売上高成長率と有意な正の関係にあるが，成果主義と人材育成の交互作用項は有意な負の関係にある．以上の結果から，企業は「人事方針間の相互作用」，「人事施策間の相互作用」，「人事方針と人事施策の相互作用」の負の影響も考慮する必要があり，人的資源管理において内的整合性が実現されない場合には，企業の成長を阻害する可能性が示唆された．

　伝統的な日本企業では，長期雇用を前提に長期的な視点で社員の成果を向上させることを目的に企業内の人材育成に積極的に取り組んできた．しかし近年，長期的な成果よりも短期的な成果を重視する成果主義を導入する傾向が強まっており，従来の日本企業の成長の源泉の一つであった人材育成が有効に機能しなくなっている．成果主義と終身雇用を同時に重視するハイブリッド型がインタビュー調査企業の約半数を占める現状を踏まえると，日本企業の成長を回復するためには従来型の企業内人材育成の在り方を再考する必要性が高まっている．

第 I 部　無形資産と企業の生産性

1. はじめに

　本章の目的は,「無形資産に関するインタビュー調査」(以下,「無形資産調査」) のデータを用いて, 人的資源管理の内的整合性 (internal fit), つまり人的資源管理の上位概念である人事方針と下位概念である人事施策の適合, さらに人事方針間, 人事管理施策間の適合が企業成長に及ぼす影響を明らかにすることである.

　「無形資産調査」は, 国際比較を念頭に Bloom and Van Reenen (2007) とできる限り同じ調査項目でインタビュー調査を実施し, 同じ方法で無形資産のマネジメント・スコアを試算しているが, 日本企業においては, 無形資産の蓄積の効果として, 必ずしも期待されるような高い企業価値が確認できていない (Kawakami and Asaba 2013). つまり, Bloom and Van Reenen (2007) で設定されている無形資産のマネジメント・スコアが日本企業で他国の企業と同じ傾向を示すとは限らず, 場合によっては逆効果を示すこともある. Kawakami and Asaba (2013) によると, マネジメント・スコアを人的資源管理と組織資本にかかわるものに分けて分析した場合には, こういった傾向は組織資本においてとくに顕著であるが, さらにマネジメント・スコアを細かく要素分解した場合には, 同じ人的資源管理のスコアにおいても, 人事評価は無形資産の市場価値を高めるが, 成果の公開性は無形資産の市場価値を減じる.

　また Chadwick (2010) に代表されるように, 戦略的人的資源管理 (Strategic Human Resource Management. 以下, SHRM) の研究では, 人的資源管理の組み合わせ方に応じて人的資源管理が組織パフォーマンスに及ぼす効果は異なることが主張されており,「無形資産調査」においても多様な人的

＊本章は, 独立行政法人経済産業研究所におけるプロジェクト「日本における無形資産の研究：国際比較及び公的部門の計測を中心として」の成果の一部である. 本章の作成にあたり, 独立行政法人経済産業研究所ディスカッション・ペーパー検討会にご参加の方々および「日本における無形資産の研究」研究会メンバーから多くの有益なコメントを頂いた. ここに記して感謝申し上げる.

第6章　人事方針と人事施策の適合と企業成長

資源管理の組み合わせによってその効果が相殺される，場合によっては減じてしまう可能性が考えられる．とくにバブル崩壊以降，日本企業では人的資源管理の再編が求められ，成果主義的な評価・処遇制度を導入する企業が増加するに伴い，人的資源管理のバリエーションが増えてきている．その結果，組み合わせによっては生産性の向上に寄与する「適切な」人的資源管理を導入している企業もあれば，意図せずして生産性を低減させてしまう人的資源管理を導入した結果，従業員を疲弊させたり，優秀な人材の流出をまねいている企業もあると考えられる．

そこで，本章ではSHRMの枠組みの一部を援用することによって，人的資源管理の各要素が生み出すシナジー効果のメカニズムについて検討する．具体的には，第1に人事方針と人事施策をそれぞれ要素分解し，各要素とその交互作用が企業成長に及ぼす影響を明らかにする．第2に，人的資源管理の上位概念である人事方針と下位概念である人事施策との内的整合性が企業成長に及ぼす影響を検討する．

2. 先行研究と仮説の導出

1990年代以降，SHRMの研究が活発に行われている．SHRMとは，組織の目標が達成できるように計画的にパターン化された人的資源管理であり（Wright and McMahan 1992），適切に計画された人的資源管理が組織の目標を達成するためにどのような役割を果たすのかを研究するものである（Huselid 1995）．SHRMの基本枠組みは図6-1に示されたとおりであり，伝統的な人的資源管理とSHRMの違いは大きく2つある．第1に人的資源管理を組織の戦略的な経営プロセスに結び付けていること，第2に，様々な人的資源管理の施策間の協調や一貫性に着目していることが挙げられる．とくに第2の点については，環境や経営戦略と施策間の適合を示す「外的整合性（external fit）」と企業内部における施策同士の整合性を示す「内的整合性（internal fit）」の有効性や必要性が指摘されている．なお本章では，企業の経営戦略と人的資源管理の適合ではなく，人的資源管理内の適合，つまり各要素が相互に生み出すシナジー効果について検討することを目的としている

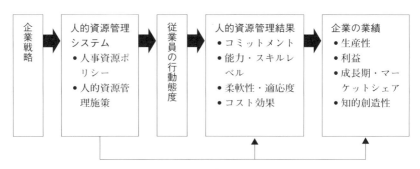

図6-1 戦略的人的資源管理論の枠組み

出所）守島（1996）．

ことから，これらの2つの整合性のうち後者の「内的整合性」に着目する．

さらに SHRM 研究で分析対象とする人的資源管理の捉え方は，上位概念の HR Philosophy（人事哲学），HR Policy（人事方針）から HR Program（人事プログラム），HR Practices（人事施策），HR Process（人事プロセス）など研究者によって多様であり（Arthur and Boyles 2007），様々な観点での研究が進められている．本章では，このうち「無形資産調査」で把握可能な「人事方針」と「人事施策」に着目する．

まず人事方針とは，人的資源の状態や人的資源をどのように管理していくのかに関する方針で，企業がこれに基づいて人的資源管理システムを組むものであり（守島 1996），組織の中で行われる人事プログラム，プロセス，技術といったことに関する企業や事業単位での意図を表したものである（Wright and Boswell 2002）．つまり，人事方針は人事施策の導入，実施，機能を規定する上位概念と捉えることが可能である．

日本企業における人事方針の研究としては，「評価・処遇に関する成果の重視」と「長期的雇用の衰退（採用・育成）」といった内部労働市場ルールの変更の2軸の組み合わせによって企業を分類し，企業及び従業員に及ぼす影響を示した Morishima（1996），守島（2006, 2011）がある．これらの研究によると，日本企業には「伝統型（成果主義なし＋長期雇用）」「成果主義＋雇用の外部化」に加えて，「成果主義＋長期雇用」の3タイプが存在する．このうち「成果主義＋長期雇用」については，従業員が否定的な反応を示している

可能性が示唆され (Morishima 1996, 守島 2006),成果主義導入による生産性効果は有意でないが,同時に終身雇用を重視しない企業においては,成果主義の導入が生産性上昇につながるという結果が示されている (加藤・児玉 2016).一方,経営視点と従業員視点とをバランスするという点では「成果主義＋長期雇用」が最も頑健性または持続性をもつ可能性も指摘されている (守島 2011).すなわち日本企業においては一見対立し,矛盾する2つの人事方針が同時にとられ,それが何らかの価値を生み出している可能性もある.伝統的な日本企業は,長期的な視点での企業成長を前提に,評価・処遇面で従業員間にあまり格差をつけない,長期雇用を前提とした年功的人事システムをとってきた.これに対して,バブル崩壊以降,多くの日本企業が導入し始めた成果主義とは,賃金決定要因として結果としての成果を重視するとともに,長期的な成果よりも短期的な成果をより重視し,評価・処遇面で従業員間により大きな格差をつけることを前提としている (奥西 2001).そのため成果主義の導入によって企業経営は短期的な視点で行われるようになり,同時に人的資源管理も短期で成果のでる取り組みが重視され,反面,長期的な視点が求められる人材育成への取り組みなどは軽んじられる傾向にある.つまり,従来日本企業がとってきた長期的な観点から成果を向上させようとする終身雇用に対して,成果主義はより短期的な視点で成果を向上させようとするものであり,一見矛盾するこれらの人事方針を同時に推進する場合には,内的整合性の欠如が生じる可能性が高い.

そこで,本章では終身雇用,成果主義といった対立する人事方針について,企業成長に対するそれぞれの影響を確認するとともに,人事方針間の矛盾を踏まえて,以下の仮説を設定する (図6-2参照).

仮説1a：人事方針として「終身雇用」を重視する企業ほど,企業成長に正の影響を与える.

仮説1b：人事方針として「成果主義」を重視する企業ほど,企業成長に正の影響を与える.

仮説2 ：人事方針として「終身雇用」と「成果主義」を同時に重視する企業ほど,企業成長に負の影響を与える (＝内的整合性の欠如).

第Ⅰ部　無形資産と企業の生産性

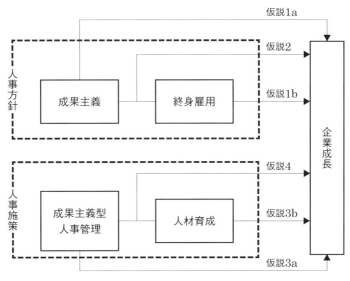

図6-2　分析枠組み（仮説1～仮説4）

　次に，人事施策の視点から仮説を導出する．既存のSHRM研究の多くは，ハイパフォーマンスワークシステム（HPWS）に代表されるように個々の人事施策を一つの束（bundles）として捉え，その有効性を検討してきた．だが，人事施策の束については研究者によって人事施策の束に含める施策が異なる点（Osterman 2006, Lepak et al. 2006など），人的資源管理システム間のシナジー効果はシステムによって異なり，その違いが組織パフォーマンスへの効果に影響を及ぼしており（Chadwick 2010, 加藤・児玉 2016），人事施策を束として捉えることにより人事施策の抽象度が高まり各要素の効果を検討できないといった問題が指摘されている．さらに人事施策の束を「スキル」「モチベーション」「機会」といった3要素に分解し，116の既存論文をメタ分析したJiang et. al.（2012）の研究成果によると，人事施策の各要素が組織パフォーマンスに及ぼす効果はそれぞれ異なることが明らかになっている．このように人事施策を一つの束として捉えることは，抽象度が高すぎ，人事施策の影響を特定することは困難であることから，本章ではBloom and Van Reenen（2007）で設定された人事施策を時間軸の観点から短期的視点の取り

182

第6章　人事方針と人事施策の適合と企業成長

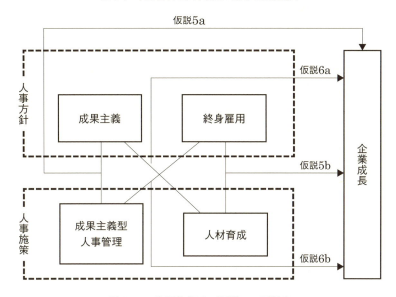

図6-3　分析枠組み（仮説5，仮説6）

組みである「成果主義型人事管理」と，長期的な視点での取り組みである「人材育成」の2要素に分解して検討する．成果主義型人事管理は成果主義を進めるための人事施策であることから短期的視点での取り組みであるのに対して，人材育成は長期的な視点での取り組みであることから，これらの人事施策を同時に導入する企業では，人事施策に一貫性がなく内的整合性が欠如していることが予想される．以上より，次の仮説を設定する．

仮説3a：人事施策として「成果主義型人事管理」を重視する企業ほど，企業成長に正の影響を与える．

仮説3b：人事施策として「人材育成」を重視する企業ほど，企業成長に正の影響を与える．

仮説4　：人事施策として「成果主義型人事管理」と「人材育成」を同時に重視するほど企業成長に負の影響を与える（＝内的整合性の欠如）．

さらに本章では人的資源管理を上位概念である人事方針と下位概念である人事施策との適合が生み出すシナジー効果のメカニズムについても検討する

183

(図6-3参照).前述のとおり,SHRMで取り上げる人的資源管理の分析レベルは多様であり,人事プログラムや人事施策等の導入や実施,さらにその機能を規定する上位概念としての人事方針は,企業が自社の人的資源管理をどのように行うかを決定するものであり,当該企業が活用する人的資源管理に関する基本的な考え方を示すとも言える.また人事方針は企業の経営戦略や組織のあり方により規定されるとともに,それに基づいて人事施策が導入・運用され,その結果,従業員の行動に影響を及ぼし,最終的に企業の業績向上に貢献するのである.このような一連のつながりを前提にすると,上位概念である人事方針によってその企業がとるべき人事施策は異なるはずであり,人事方針と人事施策間の内的整合性が企業成長に影響するはずである.本章で着目する「成果主義」「終身雇用」について考えると,成果主義とは長期的な成果よりも短期的な成果を重視する傾向にあることから,成果主義の人事方針の下では経営の視点が短期化し,短期的な視点で成果を向上させようとする.そのため成果主義的な人事施策とは一貫性があるが,長期的な観点から成果を向上させようとする企業の人材育成施策とは整合性が欠如し,逆に効果を後退させる可能性が高い.一方,長期雇用を前提とした人事方針は,伝統的な日本企業がとってきた評価・処遇面であまり差をつけない,長期雇用を前提とした年功的な考え方がベースとなっているため,長期的な視点での取り組みである人材育成とは一貫性があるが,短期的な視点での成果向上を推進する成果主義型の人事管理施策との整合性は考えづらい.そこで以下の仮説を設定する.

仮説5a:「成果主義」の人事方針が企業成長を高める効果は,「成果主義型人事管理」を整備する場合に,そうでない場合よりも強くなる.

仮説5b:「終身雇用」の人事方針が企業成長を高める効果は,「人材育成」を整備する場合に,そうでない場合よりも強くなる.

仮説6a:「成果主義」の人事方針が企業成長を高める効果は,「人材育成」を整備する場合に,そうでない場合よりも弱くなる(=内的整合性の欠如).

仮説6b:「終身雇用」の人事方針が企業成長を高める効果は,「成果主義

型人事管理」を整備する場合に，そうでない場合よりも弱くなる（＝内的整合性の欠如）．

3. 方　法

3.1 分析データ

分析で用いるデータは，独立行政法人経済産業研究所の日本における無形資産研究会が 2011 年と 2012 年に実施した「無形資産に関するインタビュー調査」のデータである[1]．同調査は Bloom and Van Reenen（2007）に基づいて組織とヒトのマネジメントに関わる調査項目を作成し，402 社[2]の企画部門のマネジャーを対象にインタビューを行い，項目ごとに設定された複数の設問の回答をもとに 1 点～4 点をそれぞれ付与し，マネジメント・スコアを算出している．なお，マネジメント・スコアは肯定的な回答ほど高いスコアが得られるように設計されている．

3.2 変数の設定

従属変数として，企業の成長性をみるために「無形資産調査」の回答企業と財務データのマッチングを行った．具体的には，日経 NEEDS-Financial QUEST を用いて，2011 年度から 2013 年度の 3 年間の売上高のデータを取得し，売上高成長率（2011 年度から 2013 年度の平均）を算出して用いた．

独立変数は人事方針と人事施策に関する変数である．人事方針の変数としては，まずマネジメント・スコアの項目の一つとして設定された「モチベーション向上の工夫」の最初の設問「従業員の評価で対象者が最も多い制度は成果主義ですか」を用い，「はい」と回答した企業は，人事方針として「成

1） 同調査および調査結果の詳細については，Miyagawa *et al.*（2013）を参照されたい．
2） 402 社の中には東日本大震災によって甚大な被害をうけた岩手県，宮城県，福島県を本社所在地とする企業が 7 社含まれるが，7 社を除外したデータで同様の分析を試みた結果，とくに傾向が変わらなかったことから本章では 402 社の分析結果を記載する．

表6-1　マネジメントプラクティス（ヒトに関する調査項目）

設問番号	マネジメント・プラクティス （ヒトに関する調査項目）	要素別
H3.1	モチベーション向上のための工夫	人事方針「成果主義」
H3.2	パフォーマンスの低い社員への対応	人事施策 「成果主義型人事管理」
H3.3	パフォーマンスの高い社員への対応	
H3.4	管理職の人材マネジメントの評価	
H5.1	優秀な人材の確保	
H4.1	研修による人材育成	人事施策 「人材育成」
H4.2	OJT による人材育成	
H4.3	社員の専門性の育成	
H5.2	海外人材の確保	―

注）H5.2 は，第 2 回調査時に研究会独自に設定した質問項目であり，主に外国籍の役員の有無に関する内容であるため本分析からは除外．

果主義」をとる企業とした．さらに「終身雇用」は，「終身雇用を重視していますか」の設問に「重視している」「やや重視している」と回答した企業を人事方針として「終身雇用」をとる企業，「あまり重視しない」「重視していない」「どちらとも言えない」と回答した企業を「終身雇用」をとらない企業とした．

　人事施策の変数は「無形資産調査」のヒトにかかわるマネジメント・スコアを「成果主義型人事管理」と「人材育成」の 2 要素に分解して用いる．本章で用いるスコアは，ヒトにかかわる 9 つの項目のうち，7 項目のスコアであり，表 6-1 に示すように「成果主義型人事管理」は，「パフォーマンスの低い社員への対応」「パフォーマンスの高い社員への対応」「管理職の人材マネジメントの評価」「優秀な人材の確保」の 4 項目，「人材育成」は「研修による人材育成」「OJT による人材育成」「社員の専門性の育成」の 3 項目の平均値を用いる．各調査項目により回答に偏りが生じているため，本章の分析では算出した各変数を Z-Score 化した値を用いる．

　さらに本分析ではコントロール変数として，SHRM の先行研究を参考に企業成長に影響を及ぼすと予想される企業特性に関する変数を設定した．具体的には，従業員数（対数），産業ダミー（ref＝製造業），企業年数（対数），

従業員の平均年齢(対数),資本集約度(対数),海外市場比率,競合他社[3],インフォーマル組織[4]を設定した.なお,主要変数の平均値および変数間の相関は,付表6-Aのとおりである.

3.3 人事方針タイプ別にみた日本企業の特徴

仮説の検証を行う前に,日本企業の人事方針の現状を確認しておく.バブル経済崩壊以降,日本企業における成果主義の導入が進む反面,効果がでないばかりか副作用の深刻化が指摘されることも少なくない成果主義であるが,実際に現在の日本企業は人事方針として,「成果主義」と「終身雇用」をどの程度志向しているのだろうか.表6-2に示すように「成果主義」と「終身雇用」といった短期的な視点と長期的な視点が混在する人事方針をとる企業(以下,「ハイブリッド型」)が53.0%と最も多く,ついで「成果主義」はとらずに「終身雇用」を重視する企業(以下,「伝統型」)が26.6%である.これらに対して「終身雇用」を重視せずに「成果主義」をとる企業は15.7%であり,日本では「成果主義」をとる企業が約7割あるが,その大多数の企業は「成果主義」のみでなく,一見矛盾する「終身雇用」も維持し続けている.この結果は,守島(2011)が指摘するように,日本企業がこれまでに行ってきた何らかの矛盾への解決努力がある程度効果をだしているのかもしれないし,短期的には成果主義と長期雇用はトレードオフの関係にあるが,長期的には,成果を重視する評価・報酬決定と長期的な雇用を前提とした人材育成を同時に実現する人的資源管理の実現を目指しているのかもしれない.

さらに人事方針のタイプ別に企業特性をみると,従業員数についてはF値が統計的に有意ではないものの,「成果主義型」は小規模企業,非製造業

---

3) 競合他社の変数は,「無形資産調査」の経営環境と変化への対応に関する設問のうち「シェアを競い合っている競争相手の企業数(1社以下=1,2~5社=2,6~10社=3,11社以上=4)」を使用した.
4) インフォーマル組織の変数は,「無形資産調査」の社内の情報の流れに関する設問のうち「ある事業担当者が持っている情報を100%とした場合に,インフォーマルなルートから入手している情報量(20%未満=1,20~40%未満=2,40~60%未満=3,60%以上=4)」を反転させて使用した.

表6-2 成果主義と終身雇用のクロス表

			終身雇用			合計
			はい	いいえ	不明	
成果主義	はい	% 度数	53.0 213	15.7 63	0.2 1	68.9 277
	いいえ	% 度数	26.6 107	3.7 15	0.7 3	31.1 125
合計		% 度数	79.6 320	19.4 78	1.0 4	100.0 402

注)終身雇用:はい=「重視している」+「やや重視している」,いいえ=「重視していない」+「あまり重視していない」.

表6-3 人事方針タイプ別の企業特性

		従業員数 (人)	非製造業比率 (%)	企業年数 (年)	平均年齢 (歳)	平均勤続年数 (年)	売上高成長率 (%)
ハイブリッド型	平均値 標準偏差 度数	1,366.69 2,899.02 207	30.52 46.16 213	62.86 19.80 207	39.98 3.18 212	14.15 4.06 212	7.81 15.38 205
伝統型	平均値 標準偏差 度数	1,622.78 5,025.43 101	28.04 45.13 107	61.78 18.92 101	40.03 2.78 106	14.08 4.05 106	7.66 14.70 99
成果主義型	平均値 標準偏差 度数	529.93 923.39 60	61.90 49.00 63	38.93 20.41 60	37.36 4.12 63	8.84 4.56 63	23.13 46.72 58
合計	平均値 標準偏差 度数	1,263.08 3,391.26 381	35.93 48.04 398	57.96 21.65 381	39.50 3.38 396	13.12 4.59 396	9.91 23.71 375
F値		1.813	9.880***	29.038***	12.752***	32.678***	7.852***

注) *** p<0.01.

表6-4 人事方針タイプ別の人的資源管理スコア (Z-score)

		人的資源管理 (全体)	成果重視型 人事管理	人材育成
ハイブリッド型	平均値 標準偏差 度数	.0669 .5265 211	.0476 .6162 212	.0866 .6428 212
伝統型	平均値 標準偏差 度数	-.1067 .4969 106	-.1586 .5900 106	-.0250 .6770 107
成果主義型	平均値 標準偏差 度数	.0462 .4393 63	.1936 .4987 63	-.1503 .6630 63
合計	平均値 標準偏差 度数	.0024 .5073 395	.0035 .6004 396	.0013 .6656 397
F値		5.099***	6.373***	4.053***

注) *** p<0.01.

が多く，企業年数及び正社員の平均勤続年数が短く，売上高成長率が高いといった特徴がみられた（表6-3参照）．またこれら人事方針タイプ別に人事施策の取り組み状況をみると，ヒトに関するマネジメント・スコア（人的資源管理全体）はハイブリッド型が最も高いが，人事施策を「成果主義型人事管理（成果主義に対応した処遇）」と「人材育成」の2つの要素に分解した場合には，成果主義型で成果主義型人事管理のスコアが高く，ハイブリッド型で人材育成のスコアが高いといった傾向が確認された（表6-4参照）．これは，企業が重視する人事方針によって，その下位概念である人事施策の内容が異なることを示唆している．

4. 分析結果

仮説を検証するために，売上高成長率を従属変数，人事方針及び人事施策を独立変数，企業特性をコントロール変数とした重回帰分析を行った．分析は第1段階としてこれらの変数を投入し，第2段階として人的資源管理のなかの上位概念である人事方針と下位概念である人事施策の交互作用項を追加投入した[5]．各仮説の分析結果は，表6-5のとおりである．

第1に人事方針については，モデル1をみると，「成果主義」は10％水準ではあるものの，売上高成長率に有意な正の影響を示しているのに対して，「終身雇用」は有意な負の影響を示していることから，仮説1aは支持され，仮説1bは支持されなかった．仮説2の人事方針の内的整合性の欠如については，「成果主義」と「終身雇用」の交互作用項は売上高成長率に有意な負の影響を示しており，支持された．

第2に人事施策については，モデル2をみると，「成果主義型人事管理」は売上高成長率に有意な正の影響を示しているが，「人材育成」は有意な負の影響を示している．このことから，仮説3aは支持されたが，仮説3bは支持されなかった．「成果主義型人事管理」と「人材育成」の交互作用項に

---

[5] 交互作用項に用いた変数については，多重共線性を回避するために平均値の修正手続き（mean centering）を行った上で投入している．

表6-5 人事方針および人事施策が売上高成長率に与える影響

		モデル 1		モデル 2	
		係 数	標準誤差	係 数	標準誤差
企業属性	従業員数（対数）	.072	1.091	.070	1.108
	建設業ダミー	.030	5.783	.014	5.867
	運輸・通信業ダミー	.029	4.734	.026	4.737
	卸・小売業ダミー	-.052	4.102	-.084	4.224
	企業年数（対数）	-.211***	3.905	-.245***	3.783
	平均年齢（対数）	.201***	17.003	.176***	17.157
	資本集約度（対数）	.034	1.509	.034	1.533
	海外市場比率	-.009	1.485	-.018	1.496
	競合他社	.010	1.432	-.032	1.465
	インフォーマル組織	-.031	1.609	-.024	1.619
人事方針	成果主義	.093*	2.698		
	終身雇用	-.120**	3.765		
	成果主義×終身雇用	-.149***	7.691		
人事施策	成果主義型人事管理			.163***	1.999
	人材育成			-.112**	2.068
	成果主義型人事管理×人材育成			-.120**	3.270
人事方針×人事施策	成果主義×成果主義型人事管理				
	終身雇用×人材育成				
	成果主義×人材育成				
	終身雇用×成果主義型人事管理				
F 値		3.409***		3.269***	
調整済み R^2		.079		.075	
N		366		364	

		モデル 3		モデル 4	
		係 数	標準誤差	係 数	標準誤差
企業属性	従業員数（対数）	.090	1.094	.085	1.090
	建設業ダミー	.007	5.811	.013	5.812
	運輸・通信業ダミー	.006	4.768	-.009	4.762
	卸・小売業ダミー	-.086	4.182	-.084	4.174
	企業年数（対数）	-.190**	3.914	-.213***	3.928
	平均年齢（対数）	.204***	17.011	.192***	17.005
	資本集約度（対数）	.028	1.512	.048	1.507
	海外市場比率	-.010	1.484	-.013	1.481
	競合他社	.006	1.450	-.004	1.439
	インフォーマル組織	-.036	1.617	-.039	1.614
人事方針	成果主義	.068	2.743	.040	2.714
	終身雇用	-.125**	3.705	-.135**	3.677
	成果主義×終身雇用				
人事施策	成果主義型人事管理	.120**	2.012	.152***	2.013
	人材育成	-.126**	2.025	-.119**	2.023
	成果主義型人事管理×人材育成				
人事方針×人事施策	成果主義×成果主義型人事管理	.081	4.532		
	終身雇用×人材育成	.125**	4.659		
	成果主義×人材育成			-.144***	4.057
	終身雇用×成果主義型人事管理			-.061	5.800
F 値		3.332***		3.438***	
調整済み R^2		.093		.097	
N		364		364	

注）従属変数：売上高成長率（2011〜2013年平均）．***$p<0.01$，**$p<0.05$，*$p<0.10$．

ついては，売上高成長率に負の影響を示しており，仮説4は支持された．

　第3に人事方針と人事施策の交互作用は，まず人事方針と人事施策の間で整合性がとれていると想定される「成果主義」と「成果主義型人事管理」，「終身雇用」と「人材育成」の組合せについてみる．モデル3において，「成果主義」と「成果主義型人事管理」の交互作用項は正の係数を示したが，統計的に有意な影響ではなかった．「終身雇用」と「人材育成」の交互作用項は有意な正の影響を示している．このことから，仮説5aは支持されなかったが，仮説5bは支持された．さらに人事方針と人事施策の間で整合性が欠如している可能性が想定される「成果主義」と「人材育成」，「終身雇用」と「成果主義型人事管理」の組合せについてはモデル4のとおりである．「成果主義」と「人材育成」の交互作用項は売上高成長率に有意な負の影響を示したが，「終身雇用」と「成果主義型人事管理」の係数は負を示したものの統計的に有意な影響ではないことから，仮説6aは支持され，仮説6bは支持されなかった．

5．考　察

　本章では企業成長を規定する要因として，人的資源管理の内的適合性に着目した．人的資源管理の上位概念である人事方針と下位概念である人事施策をそれぞれ要素分解し，各要素と要素間の内的整合性に関する仮説を提示し，企業成長に及ぼす影響を統計的に検証した．分析を通して明らかになったことは，主に以下の3点である．

　第1に，同一企業がとる人事方針及び人事施策を要素別に分解してみると，それぞれ異なる傾向を示すことが確認できた．具体的には，人事方針及び人事施策の要素のうち，成果主義と成果主義型人事管理の取り組みは企業の成長を促進するのに対して，終身雇用をとる企業，人材育成施策に積極的に取り組む企業では企業の成長性は低い．これは先行研究を支持する結果であり，人的資源管理の効果の測定には人的資源管理を一括りに捉えるのではなく，要素に分解して検討する必要性を示唆している．またこれらの結果は，伝統的な日本の人事方針である終身雇用の限界や，長期的な観点から実施してき

た人材育成が企業の成長に有効に機能していない可能性を示唆している．

　第2に，成果主義と終身雇用といった2つの矛盾する人事方針の交互作用項と企業成長は有意な負の関係にあり，さらに人事施策の成果主義型人事管理は単独では企業成長と有意な正の関係にあるが，人材育成との交互作用項は有意な負の関係にある．つまり，人事方針，人事施策において内的整合性が実現されていない場合には企業の成長を阻害するとした仮説を支持するものであり，企業が人事方針，人事施策を検討する場合には，人事方針間の相互作用，人事施策間の相互作用の負の影響を考慮する必要がある．

　第3に，人的資源管理の上位概念である人事方針と人事施策の交互作用についてである．長期的な観点が強い終身雇用と人材育成の組合せは，伝統的な日本企業の人事方針や人事施策の企業成長に対する負の効果を緩和するが，短期的な成果を求める成果主義と人材育成の組合せは，企業成長への負の影響をさらに強めることが明らかになった．このことは，人事方針及び人事施策のそれぞれのなかでの内的整合性に加えて，人事方針とそれに基づいて実施される人事施策との間に一貫性がない場合には，人事方針や人事施策の企業成長に及ぼす効果を逆に減退させることを意味する．

　以上のことを踏まえると，企業の人的資源管理を考える際には，人事方針間の相互作用，人事施策間の相互作用，人事方針と人事施策の相互作用といった人的資源管理の内的整合性を十分に考慮する必要がある．

　また組織資本と同様に無形資産の一つとして定義される人的資源管理を定性的に捉える場合には，人的資源管理を一つの塊として捉えるのではなく，人的資源管理の内的整合性を考慮し，例えば同じ人事施策を導入していたとしても，人事方針によって異なる効果がもたらされる点に注意する必要がある．この点は，Bloom and Van Reenen（2007）等に基づき無形資産の蓄積の効果について国際比較を行う際に，とくに留意が必要であり，欧米型の成果主義型人事管理は伝統的な日本企業がとる人的資源管理とは必ずしも整合的ではなく，企業価値に与える影響は欧米企業と異なる可能性が高い．

6. おわりに

本章の分析結果から，実務的及び政策的な観点として以下の含意が得られる．

人的資源管理の内的整合性の欠如は，人的資源管理が企業成長に及ぼす効果を減殺する可能性が示唆されたことから，終身雇用と成果主義を同時にとるハイブリッド型の企業が調査対象の約半数を占める日本企業の人事管理の現状は，企業成長に対する効果を十分に引き出せていない可能性が高い．

さらに人事方針として成果主義をとる企業と終身雇用をとる企業で，人材育成が企業成長に与える影響が全く異なることが示唆された．伝統的な日本企業は，長期雇用を前提に長期的な視点で社員の成果を向上させるために人材育成に積極的に取り組んできた．しかし近年，長期的な成果よりも短期的な成果を重視する成果主義を導入する傾向が強まっており，短期的な視点から成果を向上させようとする成果主義の下では従来の日本企業の成長の源泉の一つであった伝統型の人材育成は有効に機能しなくなっている．企業が長期的に成長するためには人材育成は不可欠であることから，日本企業の成長を回復するためには企業がこれまでにとってきた伝統型の人材育成の在り方を再考する必要性がある．

以上を踏まえると，日本企業が企業成長に効果的な人事方針や他の人事施策と調和しつつ，それらの効果が十分に発揮できるような人材育成策を実現するために，政府には企業の人材育成を支援する，あるいは有効な人材育成を行うための基盤を整備することが求められる．具体的な政策の方向性は企業の行動に依存するが，成果主義の導入にともない企業内では仕事配分の明確化と仕事に基づく評価体系の構築，キャリアの自己責任化が進んでいることから，仕事に求められる能力やスキルを適正に評価し，社内できちんと可視化した上で，それらに基づいた人材育成を行う必要がある．そのために，政府は企業が能力やスキルを適正に評価し，可視化するためのノウハウや情報の提供，さらに仕事に求められる能力やスキルを適正に評価するための社会的な基盤として企業横断的な職業能力評価制度や体系の充実を進めるべき

付表 6 - A　主要変数の平均値および相関

変　数	平均	S.D.	1	2	3
1. 売上高成長率	9.93	23.61	1.00		
2. 従業員数（対数）	6.08	1.38	−0.03	1.00	
3. 製造業ダミー	.64	.48	−.107**	.200***	1.00
4. 企業年数（対数）	3.97	.46	−.157***	.416***	.373***
5. 資本集約度（対数）	8.70	.91	0.00	−0.06	.212***
6. 平均年齢（対数）	3.67	.09	0.06	0.03	.290***
7. 海外市場比率	1.55	.90	−0.02	.266***	.421***
8. 競合他社	2.93	.92	0.04	−0.02	−.324***
9. インフォーマル組織	3.53	.75	−0.03	0.08	0.04
10. 成果主義ダミー	.69	.46	0.08	0.04	−0.06
11. 終身雇用ダミー	.80	.40	−.188***	.254***	.264***
12. 成果主義型人事管理（Z-Score）	.00	.60	.115**	0.02	−.166***
13. 人材育成（Z-Score）	.00	.66	−0.10	.191***	.164***

変　数	4	5	6	7	8
1. 売上高成長率					
2. 従業員数（対数）					
3. 製造業ダミー					
4. 企業年数（対数）	1.00				
5. 資本集約度（対数）	.298***	1.00			
6. 平均年齢（対数）	.429***	.331***	1.00		
7. 海外市場比率	.160***	.151***	.142***	1.00	
8. 競合他社	−.143***	−.153***	−0.07	−.182***	1.00
9. インフォーマル組織	0.01	−0.09	−0.04	0.08	0.04
10. 成果主義ダミー	−0.06	−0.01	−0.06	−0.01	−0.05
11. 終身雇用ダミー	.474***	.160***	.302***	.153***	−0.08
12. 成果主義型人事管理（Z-Score）	−.104**	0.00	−0.09	0.04	0.08
13. 人材育成（Z-Score）	.134***	0.07	0.00	.124**	0.00

変　数	9	10	11	12	13
1. 売上高成長率					
2. 従業員数（対数）					
3. 製造業ダミー					
4. 企業年数（対数）					
5. 資本集約度（対数）					
6. 平均年齢（対数）					
7. 海外市場比率					
8. 競合他社					
9. インフォーマル組織	1.00				
10. 成果主義ダミー	.132***	1.00			
11. 終身雇用ダミー	−0.02	−.122**	1.00		
12. 成果主義型人事管理（Z-Score）	0.09	.202***	−0.08	1.00	
13. 人材育成（Z-Score）	.124**	0.07	.146***	.299***	1.00

注）***$p<0.01$，**$p<0.05$．（両側検定）．

である.

　最後に本章の限界と今後研究を進める上での課題を述べる．第1に，無形資産調査のデータ上の限界についてである．サンプルサイズが小さい点，クロスセクション・データである点，企業単位でのインタビュー調査であり，同一企業内で部署によって異なる人的資源管理がとられている可能性を考慮していない点，調査回答者によって想定の部署が異なる点等が挙げられる．第2に，今回はサンプルサイズの制約もあり，企業成長と人事方針，人事施策に関して十分な結果を得ることができなかった．企業全体のパフォーマンスを考察するためには，今後は人事方針，人事施策を包括的かつ継続的に調査しデータを蓄積していくことが望まれる．第3に，企業成長以外の生産性，収益性といった企業業績への影響を検討する必要がある．また長期的な視点にたった人材育成等の取り組みについては，短期的な効果と長期的な効果が異なる可能性が高いため，長期的な効果も検討する必要がある．第4に，本章の分析には「無形資産調査」のデータを用いたが，欧米型の人的資源管理を前提とした調査であるため調査項目及びスコア化が日本企業の特徴を反映したものにはなっていない．とくに人事施策については成果主義型人事管理が大部分を占めていることから，無形資産の効果をより正確に測定するためには，日本企業の独自性を考慮した調査項目やスコア化を検討する必要がある．

参考文献

Arthur, Jeffrey B. and Trish Boyles (2007), "Validating the Human Resource System Structure: A Levels-based Strategic HRM Approach," *Human Resource Management Review*, Vol. 17(1), pp. 77-92.

Bloom, Nicholas and J. Van Reenen (2007), "Measuring and Explaining Management Practices Across Firms and Countries," *Quarterly Journal of Economics*, Vol. 122(4), pp. 1351-1408.

Bloom, Nicholas and J. Van Reenen (2010), "Why Do Management Practices Differ Across Firms and Countries?" *Journal of Economic Perspectives*, Vol. 24(1), pp. 203-224.

Chadwick, Clint (2010), "Theoretic Insights on the Nature of Performance Synergies in Human Resource Systems: Toward Greater Precision," *Human Resource Management Review*, Vol. 20(2), pp. 85-101.

Huselid, Mark A. (1995), "The Impact of Human Resource Management Practices on Turnover, Productivity, and Corporate Financial Performance," *Academy of Management Journal*, Vol. 38(3), pp. 635-672.

Jiang, Kaifeng, David P. Lepak, Jia Hu, and Judith C. Baer (2012), "How Does Human Resource Management Influence Organizational Outcomes? A Meta-analytic Investigation of Mediating Mechanisms," *Academy of Management Journal*, Vol. 55(6), pp. 1264-1294.

Kawakami, Atsushi and Shigeru Asaba (2013), "How Does the Market Value Management Practices? Decomposition of Intangible Assets," RIETI Discussion Paper Series, No. 13-E-044. (http://www.rieti.go.jp/jp/publications/dp/13e044.pdf)

Kawakami, Atsushi and Shigeru Asaba (2014), "How Does the Market Value Organizational Management Practices of Japanese Firms? Using Interview Survey Data," RIETI Discussion Paper Series, No. 14-E-050. (http://www.rieti.go.jp/jp/publications/dp/14e050.pdf)

Lepak, David P., Hui Liao, Yunhyung Chung, and Erika E. Harden (2006), "A Conceptual Review of Human Resource Management Systems in Strategic Human Resource Management Research," *Research in Personnel and Human Resources Management*, Vol. 25, pp. 217-271

Miyagawa, Tsutomu, Keun Lee, Kazuma Edamura, Younggak Kim, and Hosung Jung (2013), "Is Productivity Growth Correlated with Improvements in Management Quality? An Empirical Study Using Interview Surveys in Korea and Japan," RIETI Discussion Paper Series, No. 14-E-048. (http://www.rieti.go.jp/jp/publications/dp/14e048.pdf)

Morishima, Motohiro (1996), "Evolution of White-Collar HRM in Japan," in: David Lewin, Bruce E. Kaufman, and Donna Sockell (eds.), *Advances in Industrial and Labor Relations*, Vol. 7, pp. 145-176.

Osterman, Paul (2006), "The Wage Effects of High Performance Work Organization in Manufacturing," *Industrial and Labor Relations Review*, Vol. 59(2), pp. 187-204.

Ouchi, William G. (1981), "Theory Z: How American Business Can Meet the Japanese Challenge," Addison-Wesley. (ウィリアム・G・オオウチ，徳山二郎 [監訳]，『セオリーZ――日本に学び，日本を超える』CBS・ソニー出版，1981年)

Patrick M. Wright and Gary C. McMahan (1992), "Theoretical Perspectives for Strategic Human Resource Management," *Journal of Management June*, Vol. 18(2), pp. 295-320.

Wright, Patrick M. and Wendy R. Boswell (2002), "Desegregating HRM: A Review and Synthesis of Micro and Macro Human Resource Management Research," *Journal of Management*, Vol. 28(3), pp. 247-276.

奥西好夫 (2001),「「成果主義」賃金導入の条件」『組織科学』第34巻3号, 6-17頁.

加藤隆夫・児玉直美 (2016),「成果主義賃金と生産性」『インタンジブルズ・エコノミー——無形資産投資と日本の生産性向上』東京大学出版会, 155-175頁（本書第5章）.

厚生労働省 (2014),「労働市場政策における職業能力評価制度のあり方に関する研究会報告書」平成26年3月28日. (http://www.mhlw.go.jp/stf/houdou/0000042212.html)

小林裕 (2014),「戦略的人的資源管理論の現状と課題」『東北学院大学教養学部論集』第167号, 63-75頁.

島貫智行 (2009),「人材マネジメントの分権化と組織パフォーマンス——施策運用における意思決定構造に注目して」『組織科学』第42巻4号, 77-91頁.

白石久喜 (2007),「人事思想および施策・制度の相互作用と企業業績の関係」『Works review』(リクルートワークス研究所) 第2号, 78-91頁.

西村孝史 (2010),「戦略人材マネジメント研究の精緻化に向けて——分析レベルの問題と企業内の雇用区分との関連性」一橋大学機関リポジトリ Working paper, No. 118.

宮川努・西岡由美・川上淳之・枝村一磨 (2011),「日本企業の人的資源管理と生産性——インタビュー及びアンケート調査を元にした実証分析」RIETI Discussion Paper Series, No. 11-J-035.

守島基博 (1996),「人的資源管理と産業・組織心理学——戦略的人的資源管理論のフロンティア」『産業・組織心理学研究』第10巻1号, 3-14頁.

守島基博 (2006),「ホワイトカラー人材マネジメントの進化——はたして, 成果主義は長期雇用と適合的なシステムなのか」伊丹敬之・藤本隆宏・岡崎哲二・伊藤秀史・沼上幹［編］『リーディングス日本の企業システム 第2期第4巻 組織能力・知識・人材』有斐閣, 269-303頁.

守島基博 (2011),「人材マネジメント・システムのサステナビリティを考える」一橋大学日本企業研究センター［編］『日本企業研究のフロンティア 7号』有斐閣, 11-22頁.

第Ⅱ部

無形資産と資金市場

第7章

資金制約下にある企業の無形資産投資と企業価値

滝澤美帆

要　旨

　企業が保有する資産は，建物や構築物などの「見える資産（有形資産）」と，知識・技術や人的資本などの「見えない資産（無形資産）」に大別される．近年，後者を定量的に評価（可視化）し，その役割を正確に理解しようとする試みが進んでいる．本章では，Hulten and Hao（2008）に従い，上場企業の財務データより，研究開発ストック，組織資本という2つの無形資産を計測し，無形資産が企業価値に与える影響を観察した．その結果，日本においては，無形資産の蓄積が，企業価値に強いプラスの影響を与えていることが分かった．また，トービンのQを説明変数とする通常の設備投資関数を有形の資産のみの場合と無形資産を含む場合の2通りで推計した．その結果，有形資産のみの結果と異なり，無形資産を含む場合，トービンのQの係数はプラスで有意な結果が得られた．このことから，設備投資行動のモデル化に当たって，無形資産を考慮する必要性が確認された．加えて，無形資産を含んだ設備投資モデルの推定結果から，より強い資金制約に直面している企業ほど，無形資産を含む設備投資が阻害されている可能性が示唆された．

1. はじめに

　企業が保有する資産は，建物や構築物などの「見える資産（有形資産）」と，知識・技術や人的資本などの「見えない資産（無形資産）」に大別される．近年，後者を定量的に評価（可視化）し，その役割を正確に理解しようとする試みが進んでいる．無形資産の重要性については，内閣府が公表する 2011 年度の「年次経済財政報告」でも指摘されている．具体的には，生産性を高める効果のある無形資産投資の例として，研究開発（R&D）活動のほか，ブランドの構築，経営組織や事業組織の改善，経営戦略の策定および実行，事業の効率，有効性の改善を目的とすることにより蓄積される組織資本，教育訓練による人材の質の向上（人的資本の蓄積）などが挙げられている．資本や労働といった通常の生産要素に加えて，無形資産が企業業績や経済成長に与える影響に関する研究が求められるゆえんである．

　無形資産の計測データに基づく実証研究では欧米諸国が先行している．宮川・金（2010）でも無形資産計測に関する先行研究のサーベイが詳細に示されているが，マクロレベルでは，Corrado, Hulten, and Sichel（以下 CHS と呼ぶ）（2009）が先駆的研究である．日本においても，マクロ，および産業別の無形資産が計測され，経済産業研究所のホームページ上で公開されている[1]．

　ミクロ（企業）レベルの無形資産の研究については，データの制約もあり，日本においても研究例が少ない．Miyagawa, Takizawa, and Edamura（以下，MTE と呼ぶ）（2013）では，先駆的研究としてミクロデータを用いた無形資産の詳細な計測が行われている．MTE では，経済産業省の「企業活動基本調査」と日本政策投資銀行の「企業財務データバンク」をマッチングし，無形資産を，1）R&D，2）ソフトウェア，3）広告宣伝費，4）人的資本，5）組

---

[1]　産業別無形資産の詳細な計測方法は Miyagawa and Hisa（2013）に示されている．最新の産業別無形資産ストック，投資データについては，http://www.rieti.go.jp/jp/database/JIP2015/index.html を参照.

織資本という5項目に分類し,企業別で計測を行っている.しかしながら,このようなミクロデータを用いた無形資産の計測,実証研究は数が少なく,その蓄積が今後期待される分野である.

本章では,Hulten and Hao (2008)(後に詳しく述べる)に従い,企業が一般に公開している財務データのみを用いて,無形資産をR&Dと組織資本の2つに分類し,それらの計測を試みる.そして,これらの無形資産が企業価値に与える影響を観察する.その後,どのような企業が無形資産投資を円滑に行うことができているのかを,資金制約との関連で分析する.

有形資産への投資がもたらす結果は,無形資産への投資に比べて予測可能な部分が多い.これに対し,例えば,新薬開発投資では開発期間を正確に設定することが難しいうえ,投資の成否により回収額の変動も大きいなど,一般に無形資産への投資はリスクが高いといえる.また情報の非対称性などの問題で,資本市場が不完全であった場合,無形資産投資を行おうとしている企業により強い資金面での制約がかかっている可能性がある.そのため,本章では,リスクが高く,外部投資家による無形資産の客観的な評価が困難であることから,「有形資産投資に比べて,無形資産投資に対する資金制約の影響がより大きい」との仮説を立て,資金制約の影響を明示的に含めた企業の無形資産投資行動に関する分析を行う.

本章の構成は以下の通りである.第2節では,無形資産の市場価値アプローチと設備投資関数に関連する先行研究について述べる.第3節ではデータの説明を,第4節では実証分析の結果を示す.第5節では結果のまとめと政策インプリケーションについて言及する.

2. 先行研究

2.1 市場価値アプローチ

ミクロデータを用いた無形資産に関する研究は,宮川・金(2010)において詳細なサーベイが行われているが,本章では,無形資産が企業価値に与える影響に注目するため,以下では市場価値アプローチ(Market Value

Approach)に焦点を当てた先行研究について述べる.

　企業が保有する資産と金融市場における企業の評価（株価）を結びつける方法としては，市場価値アプローチがある．企業価値と無形資産の関係に注目すると，古くは Griliches（1981）が，その後，Hall（2007）などがこの市場評価アプローチを用いて，企業が保有する有形および無形の資産の関数として，企業の価値（株価）が決まることを示し，実証的な分析を行っている．日本においても，Miyagawa and Kim（2008）が，ミクロデータを用いて企業別の名目企業価値，名目有形固定資産額，名目R&Dストック額，名目広告資産額を計算し，生産関数を使って，市場価値アプローチを日本企業に適用し，無形資産のTFPへの影響を計測している．また，Sandner and Block（2011）では，R&Dストックや特許の他，商標（Trademark）もストック化し無形資産として，市場価値アプローチを用いて，それらが企業価値に与える影響を分析している．その結果，それらの無形資産が企業価値を増やしているとの実証結果を得ている．

　また，市場評価アプローチを使った研究の一つである Hulten and Hao（2008）では，企業の研究開発を含む無形資産の蓄積に要する費用が莫大であるにも関わらず，バランスシート上にこうした活動の成果が表れないことに着目した．そこで，企業の時価（株式時価総額）が簿価（純資産）を大きく上回っている現象を「時価・簿価パズル」と呼び，無形資産を純資産に加えることでパズルの解消を試みている．彼らは，米国の上場企業442社の一般に公表されている財務データを用いて，無形資産をR&Dストックと組織資本の2つに分類し，企業別に計測した後，企業価値との関係を回帰分析により検証している．彼らの分析では，米国においては研究開発ストックの1％の増加が企業価値を，0.17％増加させる一方で，組織資本の増加が企業価値に有意に影響を与えないとの結果を得ている．

　本研究でも，この Hulten and Hao（2008）に従い，日本の上場企業データを用いて，企業別のR&Dストックと組織資本データを計測し，それらがどの様に企業価値に影響を与えているのかを米国の結果と比較する．

2.2　設備投資関数

　企業の有形の設備投資行動に関する研究の歴史は長く，特に1980年代以降，理論，実証の両面で研究が数多く蓄積されている．冒頭部でも指摘したが，外部投資家による無形資産の客観的な評価が困難であることから，有形資産投資に比べて，無形資産投資に対する資金制約の影響がより大きい可能性がある．そのため，本章では特に，資金制約に関連した設備投資の実証的先行研究に注目し，以下で簡潔に述べる[2]．

　Bernanke（1983）は，1930年の世界恐慌による金融危機と企業行動の関係を，マクロデータを用いて分析をしている．彼の研究は，危機により破綻した銀行の預金額の変動などとマクロの生産額の関係を分析したものであるが，広い意味では，危機により生じた資金制約の問題と集計された企業の生産行動を分析した最初の研究とも言える．しかしながら，Bernanke（1983）では，資金需要と資金供給の識別が行われておらず，内生性の問題が残されていた．事実，Bernanke and Lown（1991）では州レベルのデータを使った操作変数推計で，1990年から91年にかけての米国の景気後退時における，銀行貸出の低下と雇用成長率に有意な関係が見出せないとの結果を得ている[3]．こうしたマクロや産業データを用いた企業の設備投資行動と資金制約に関する研究を第一世代と呼ぶと，ミクロデータを用いた企業の手元流動性やトービンのQと投資行動に関する研究は第二世代と呼ぶことができる．

　青木・藤原（2012）では，現代のマクロ経済学において，標準的な設備投資理論であるトービンのQ理論について直観的で，かつ詳細な説明が展開されている．以下では，青木・藤原（2012）の説明を要約する．

　トービンのQ理論では，トービンの限界のQ（資本ストックの増加がどの程度追加的に企業価値を増やすかを示す指標）が，経済厚生を資源制約式と投資の

---

[2]　設備投資に関する理論的，実証的サーベイを行っている研究としては，堀・齊藤・安藤（2004）や宮川・田中（2009）などもある．
[3]　銀行貸出と企業行動に関する先行研究は，Hosono and Miyakawa（2015）に詳しく述べられている．

調整コストを含んだ資本の遷移式の下で最大化することにより，企業の設備投資を説明する重要な変数であることが示されている．また，限界の Q ではなく，計測が容易なため実証分析でよく用いられるトービンの平均の Q（企業の株式時価総額を資本ストックの再取得価格で割った指標）を用いて設備投資関数を推計することの妥当性を示した論文としては，Hayashi（1982）がある．Hayashi（1982）の研究以降，多くの研究で平均の Q を説明変数とする投資関数の推計が行われてきたが，平均の Q の説明力が高くないことがしばしば指摘されている．

Fazarri, Hubbard, and Petersen（1988）は 422 社の米国の製造業に属する企業のパネルデータを用いて，トービンの Q に加え，企業のキャッシュフロー比率を説明変数とし，設備投資関数の推計を行った．この研究は，情報の非対称性などにより金融市場に不完全性が存在する場合，外部資金の調達が内部資金に対して割高になるために，設備投資が手元流動性に制約されるという考えに基づくものである．一方で，投資を積極的に行っている企業のキャッシュフロー比率が高いという内生性の問題が指摘されたため，Fazarri, Hubbard, and Petersen（1988）では，サンプルを外部資金調達が困難な企業グループとそれ以外に分けた分析をし，外部資金調達が困難なグループほどキャッシュフローに対する感応度が高いことを示した．

近年では，Hennessy, Levy, and Whited（2007）などでも設備投資に影響を与える変数として資金制約に注目した研究が行われている．彼らは動学的構造モデルを構築し，SMM（Simulated Method of Moments）の手法を用いて，外部資金調達のコストを推計している．彼らの研究では，大企業より規模の小さな企業の方が，外部資金調達コストが大きいことを示し，資金制約が企業の設備投資行動に影響を与えることを示している．このような新しい手法を用いた設備投資関数および企業行動に関する研究を本章では第三世代と呼ぶ．

日本における無形資産投資と資金制約に関する研究は，未だ数が少ないが，主に第二世代に関連する研究としては，森川（2012）がある．森川（2012）では，ミクロのパネルデータを用いた無形資産投資における資金制約の影響について，キャッシュフローに対する感応度を分析することで実証的分析が

行われている．その結果，通常の設備投資（有形資産投資）と比較して，無形資産への投資はキャッシュフローに対する感応度が高いことを示し，この結果，無形資産投資において情報の非対称性や流通市場の欠如等に起因する資金制約という「市場の失敗」が存在すると結論付けている[4)][5)]．

本章でも，同様の問題意識から，平均の Q を説明変数とする投資関数を，通常の有形資産のみの場合と無形資産も含む場合で推計し，その結果の違いを検証する．その後，資金制約が強い産業に属する企業の設備投資行動が歪められているのかを，資金制約の度合いを表すと考えられる産業別の外部資金依存度指標を用いて，特に企業の無形資産投資行動に注目し分析をする．

3. データ

本章では，日本政策投資銀行の「企業財務データバンク」に掲載されている上場企業財務データを用いて分析を行う．また，企業価値を示す株価データに関しては，東洋経済新報社の「株価 CD-ROM」を利用する．

企業価値と無形資産の回帰分析には，Hulten and Hao (2008) 同様，以下の変数を用いる．被説明変数には企業の株式時価総額を，説明変数には，企業の純資産，R&D ストック，組織資本，産業平均の PER（株価収益率）を用いる．株式時価総額は先述の通り「株価 CD-ROM」から，企業の純資産は「企業財務データバンク」から各企業の値を抽出する．産業平均の PER（株価収益率）は各企業の株式時価総額を当期純利益で割り，産業の平均値を算出し求めている．産業分類は経済産業研究所の日本産業生産性（JIP）データベースに従う[6)]．

---

4) 本章ではキャッシュフロー比率については，内生性の問題が指摘されていることから，説明変数として用いていない．
5) 第1章では，2013年1月から3月にかけて実施した「無形資産投資に関するアンケート調査」における 658 社（製造業 409 社，非製造業 249 社）を使った調査結果がまとめられている．無形資産投資に伴う資金調達先に関しては，圧倒的に自己資金での調達が多く，製造業，非製造業の差はないことが示されている．この点は，無形資産投資を実施する際には資金制約が存在するとした森川（2012）の実証分析と整合的である．

R&Dストック，および組織資本は，Hulten and Hao（2008）に従い，以下の通り作成する．

1) 研究開発投資額＝(1)+(2)
   (1)研究開発費
   (2)営業余剰×(研究開発費／(売上原価＋研究開発費＋販売費および一般管理費))

2) 組織改編投資額＝(3)+(4)
   (3)販売費および一般管理費×30%（この30%という値はCHSより引用している[7]）
   (4)営業余剰×((販売費および一般管理費×30%)／(売上原価＋研究開発費＋販売費および一般管理費))

   なお，ここでの営業余剰は（売上－売上原価－研究開発費－販売費および一般管理費）で計算している[8]．

1)，2)で計測された各無形資産の投資系列をデフレータにより実質化し，恒久棚卸法（PI法）により資産化している[9]．償却率はそれぞれ，Hulten and Hao（2008）に従い20%と40%とした．

---

6) JIPデータベースについては，http://www.rieti.go.jp/jp/database/JIP2015/index.html を参照．
7) 販売費および一般管理費の30%が組織改編のために使われる費用と考えられている．ただしこの値は欧米諸国のアンケートデータを下に算出された値であるため，今後は，日本における無形資産に関するアンケート結果を下に，組織改編に使われる費用の割合を算出することも考えられる．
8) ここでのR&D投資額は，研究開発費に営業余剰と売上原価＋研究開発費＋販売費および一般管理費に占める研究開発費の割合を掛けたものを足している．これは，ここでの研究開発投資額がそれに要した費用だけではなく，限界生産力価値（Shadow Value）を表すものであるためと，Hulten and Hao（2008）は示している．組織改編投資も同様の考え方に従う．また，これらの手順で資産化された研究開発ストックと組織資本の値をHulten and Hao（2008）では，それらの資産の期待される商用価値（expected commercial value）と表現している．

第7章 資金制約下にある企業の無形資産投資と企業価値

分析に使用するデータの期間は2000年度から2009年度の10年間であるが，PI法で積み上げるため，実際は1989年度からのデータを使っている．

次に，有形資産のみ，および無形資産を含む投資関数の推計に用いるデータについて述べる．有形資産のみの投資関数の被説明変数を，I/K（有形資産のみ）と表す．この I は有形資産のみの実質設備投資額を，K は有形資産のみの実質資本ストック額を示す．I や K は，Miyagawa, Takizawa, and Edamura（2013）で使用したデータを用いる[10]．また，無形資産も含む投資関数の被説明変数を，I/K（無形資産も含む）と表す．分子の I は有形資産投資額に今回，Hulten and Hao（2008）に従って作成した，先述の1）と2）を足した値を用いる．また分母の K は実質有形固定資産額に，今回作成したR&Dストック額と組織資本額を加えて作成した．

投資関数の説明変数である，トービンのQもそれぞれ，有形資産のみの場合と，無形資産を含む場合の2通りで，以下の通り作成した．

トービンのQ（有形資産のみ）
＝（企業の株式時価総額＋社債＋CP＋長期借入金）／（有形資産ストック額＋在庫－短期借入金）

トービンのQ（無形資産も含む）
＝（企業の株式時価総額＋社債＋CP＋長期借入金）／（有形資産ストック額＋無形資産ストック額＋在庫－短期借入金）

最後に，資金制約が強い産業に属する企業の設備投資行動が歪められているのかを検証するために必要な，資金制約の度合いを表す指標である産業別

---

9) R&D投資のデフレータは，JIPデータベース産業分類の81研究機関（民間）のアウトプットデフレータを利用する．組織改編投資のデフレータは，JIPデータベース産業分類の80教育（民間・非営利）の産出デフレータを利用する．何れも2000年を1とするデフレータである．
10) 有形の設備投資 I や資本ストック K の作成の仕方は，Miyagawa, Takizawa, and Edamura（2013）の補論を参照されたい．

第Ⅱ部　無形資産と資金市場

表7-1　記述統計

	平均値	中央値	最大値	最小値	標準偏差	観測数
対数（株式時価総額）	17.12	16.88	23.12	8.62	1.79	8,798
対数（純資産）	17.08	16.96	21.74	10.13	1.50	9,030
対数（R&Dストック）	14.46	14.40	21.60	6.00	2.03	9,040
対数（組織資本）	15.43	15.23	20.53	10.60	1.43	9,040
対数（PER（株価収益率））	3.41	3.36	6.81	−1.10	0.90	8,627
I/K（有形資産のみ）	0.13	0.10	3.85	−0.02	0.18	8,165
I/K（無形資産も含む）	0.22	0.19	4.33	0.00	0.16	8,165
トービンのQ（有形資産のみ）	3.69	1.19	3,402.96	−185.90	53.12	7,973
トービンのQ（無形資産も含む）	1.83	0.90	1,951.89	−315.57	25.33	7,973

注）I/K（有形資産のみ）のIは有形資産のみの設備投資額を，Kは有形資産のみの資本ストック額を示す．
I/K（無形資産も含む）のIは有形資産と無形資産の設備投資額の合計値を，Kは有形資産と無形資産の資本ストックの合計値を示す．

の外部資金依存度指標について述べる．産業別の外部資金依存度指標は，Rajan and Zingales（1998）に従い，日本の企業データを用いて，設備投資額から営業キャッシュフローを引き，それを設備投資額で割って求めている．その後，JIPデータベース産業分類別に1981年から2007年をプールし，中央値を求め，産業別の値を作成している[11]．この指標が大きいほど，よりその産業において資金制約の度合いが強いと考えられる．なお，内生性の問題を考慮し，推計には企業別の外部資金依存度は用いない．産業別外部資金依存度指標については，章末の付表7-Aにその値を示す．

以上の手順で算出された推計に用いるデータに関する記述統計は表7-1に示す．

---

[11] この指標はHosono and Takizawa（2012）で使用されている指標と同じである．世界金融危機の影響を除くため，2008年はサンプル期間に含んでいない．また，外生性を担保するため（各企業の外部資金依存度を用いた場合，それが企業のパフォーマンスと相関がある可能性があるため），各企業が属する産業の平均的な外部資金依存度を説明変数として用いている．Rajan and Zingales（1998）の指標（RZ指標）以外にも，資金制約の度合いを表す指標は幾つかあり，設備投資との関連では，KZ（Kaplan and Zingales）指標やWW（Whited and Wu）指標なども分析に利用されている．RZ指標は，代表的な財務データより計算可能なため，本研究で採用しているが，今後は他の指標を用いた頑健性のテストも必要と考えられる．KZ指標やWW指標の詳細な作成方法はHennessy, Levy, and Whited（2007）を参照されたい．

4. 実証分析

4.1 無形資産と企業価値

　ここでは，無形資産が企業価値に与える影響の分析を行う．第3節の手順で計測した無形資産ストック額と，企業価値との関係を線形のモデルで分析した．具体的には，米国の結果と比較するため，Hulten and Hao（2008）で米国の上場企業の分析で行われていた以下の式を OLS により推計する．

$$V_{i,t} = \alpha + \beta E_{i,t} + \gamma R_{i,t} + \theta O_{i,t} + \lambda Z_{i,t} + \varepsilon_t$$

　左辺の V は株式時価総額，右辺の E は企業の純資産（簿価），R は算出した R&D ストック，O は算出した組織資本，Z は産業における株価の動きを調整するための，産業平均の PER を示す．加えて，推計には，景気の株価への影響をコントロールするために年ダミーが含まれている．推計は全ての変数を対数値にして行っている．

　OLS の結果は表 7-2 に示している．表 7-2 の下の表は，Hulten and Hao（2008）の Table 5 を抜粋した米国の推計結果である．上の表が今回日本のデータで推計した結果である．Hultenたちは Compstat データベースに含まれる企業のうち 1997 年から 2006 年の 10 年間で延べ 4,220 社のデータを，日本はその2倍弱で，財務データバンクに含まれる企業のうち 2000 年度から 2009 年度の 10 年間で延べ 8,400 社程度のサンプルで分析を行っている．

　表 7-2 の(1)の定式化は，無形資産が企業の市場価値に影響を与えないという仮定を置いたものである．日米共に，純資産の係数は有意で，それぞれ，1.10，1.09 と近い値を取っている．これは，純資産が 1% 増えると，市場価値がそれぞれ，1.10% 1.09% 増えるという結果と解釈できる．PER は米国では有意ではないが，日本は正で有意な値を取っており，両国とも決定係数が高い．表 7-2 の(2)の定式化は2つの無形資産のみを推計式に含めたものである．これは両国とも，R&D ストックも組織資本もプラスで有意な値を取っている．表 7-2 の(3)の定式化は純資産も無形資産も含んだ推計式である．

表7-2　無形資産が企業価値に与える影響：OLSによる推計

日本

被説明変数	企業価値（株式時価総額）		
	(1)	(2)	(3)
純資産	1.10***		0.84***
	(0.00)		(0.00)
R&Dストック		0.22***	0.14***
		(0.00)	(0.00)
組織資本		0.84***	0.14***
		(0.00)	(0.00)
PER（株価収益率）	0.07***	0.05***	0.06***
	(0.00)	(0.00)	(0.00)
定数項	-2.22***	0.26***	-2.10***
	(0.01)	(0.02)	(0.01)
R-squared	0.8666	0.7806	0.8847
Number of obs	8,386	8,393	8,386

米国（Hulten and Hao（2008）のTable 5より抜粋）

被説明変数	企業価値（株式時価総額）		
	(1)	(2)	(3)
純資産	1.09***		0.87***
	(56.13)		(15.28)
R&Dストック		0.37***	0.17***
		(7.19)	(6.81)
組織資本		0.67***	0.07
		(9.39)	(1.12)
PER（株価収益率）	-0.0001	-0.0000	-0.0001
	(-1.47)	(-0.12)	(-1.51)
定数項	0.56***	1.40***	0.63***
	(6.63)	(7.71)	(10.09)
R-squared	0.93	0.89	0.94
Number of obs	4,220	4,220	4,220

注）表中の変数は全て対数をとり，OLSにより推計を行っている．全ての推計式には年ダミーが含まれている．括弧内の数値は，日本の結果は，2桁の産業レベルでクラスタリングした頑健な標準誤差を示し，米国の結果は t 値を示す．*** $p<0.01$.

表7-3　無形資産が企業価値に与える影響：パネル推計（固定効果モデル）

日本

被説明変数	企業価値（株式時価総額）		
	(1)	(2)	(3)
純資産	0.70***		0.66***
	(0.02)		(0.02)
R&Dストック		-0.03	-0.02
		(0.02)	(0.02)
組織資本		0.68***	0.25***
		(0.04)	(0.04)
PER（株価収益率）	0.04***	0.05***	0.04***
	(0.01)	(0.01)	(0.01)
定数項	5.01***	6.40***	1.65***
	(0.33)	(0.60)	(0.58)
R-squared	0.8585	0.7338	0.8705
Number of obs	8,386	8,393	8,386

注）表中の変数は全て対数をとり，固定効果モデルにより推計を行っている（Hausman検定を行い，固定効果モデルが選択された）．全ての推計式には年ダミーが含まれている．括弧内の数値は標準誤差を示す．*** $p<0.01$.

両国とも全ての係数の大きさが小さくなり，米国では組織資本の係数は有意ではなくなった．しかしながら，日本では依然，組織資本も企業価値にプラスで有意な値を示している．また，表7-3には，日本のデータを用いてパネル固定効果モデルにより推計した結果が示されている．R&Dストックは有意ではなくなったが，依然，組織資本の係数は正で有意な値をとっている．このことは，日本においては企業内の組織資本の蓄積が企業価値にプラスの影響を与え，これらへの投資が減少することで企業価値が損なわれる可能性があることを示唆している．

4.2 有形資産のみ，および無形資産も含む設備投資関数

以上の結果は，無形資産が企業価値の向上に重要な役割を果たすことを示唆している．一方で，日本においては無形資産投資が過小であることが指摘されている．Fukao et al. (2009) でも，GDP に対する無形資産投資の比率が全産業で日本は11.1%であるのに対し，米国は非農業部門で13.8%であることが示されている．また，無形資産投資・有形資産投資比率も Fukao et al. (2009) と CHS で計測された値を比較すると，日本は0.6で，米国は1.2であることがわかる．加えて，ミクロデータを利用した無形資産の計測に関する研究も未だ数が少ないため，無形資産投資の決定メカニズムについての理解も限定的である．

以下では，こうした認識から，有形資産の設備投資関数に加えて，無形資産を含む設備投資関数を推計し，その結果を比較する．特に，冒頭部でも述べたように，外部投資家による無形資産の客観的な評価が困難であることから，有形資産投資に比べて，無形資産投資に対する資金制約の影響がより大きいとの予想をテストするために，資金制約の影響を明示的に含めた設備投資関数の推定を行う．

以下の標準的な平均のトービンの Q を説明変数とする設備投資関数を OLS およびパネルの固定効果モデルにより推計する[12]．

---

12) Hausman 検定の結果，固定効果モデルが選択された．

表7-4 通常の設備投資関数の推計結果

OLS

被説明変数	有形資産のみ $I(t)/K(t-1)$			
	係数	標準誤差	係数	標準誤差
トービンのQ (t)（有形資産のみ）	0.000120	0.000004***	0.000096	0.000004***
トービンのQ (t) ×外部資金依存度（有形資産のみ）			−0.000164	0.000011***
定数項	0.147267	0.000926***	0.161574	0.000962***
Number of obs	7,973		7,873	
F (10, 7962)	8.46		7.84	
Prob>F	0		0	
R-squared	0.0105		0.0109	
Adj R-squared	0.0093		0.0095	
Root MSE	0.16140		0.16203	

注）全ての推計式には年ダミーが含まれている．***p<0.01．

パネル推計（固定効果モデル）

被説明変数	有形資産のみ $I(t)/K(t-1)$			
	係数	標準誤差	係数	標準誤差
トービンのQ (t)（有形資産のみ）	0.00004	0.00004	0.00004	0.00004
トービンのQ (t) ×外部資金依存度（有形資産のみ）			0.00004	0.00009
定数項	0.14612	0.00542***	0.14714	0.00548***
Number of obs	7,973		7,873	
R-sq: within	0.0914		0.0130	
between	0.0918		0.0418	
overall	0.0498		0.0095	

注）全ての推計式には年ダミーが含まれている．Hausman検定を行い，固定効果モデルが選択された．
***p<0.01．

第7章 資金制約下にある企業の無形資産投資と企業価値

表7-5 無形資産を含む設備投資関数の推計結果

OLS

被説明変数	無形資産も含む $I(t)/K(t-1)$			
	係数	標準誤差	係数	標準誤差
トービンのQ (t) （無形資産も含む）	0.000316	0.000009***	0.001593	0.000017***
トービンのQ (t) ×外部資金依存度 （無形資産も含む）			−0.003171	0.000037***
定数項	0.260827	0.000766***	0.305489	0.000780***
Number of obs	7,973		7,873	
F (10, 7962)	42.1		49.6	
Prob>F	0		0	
R-squared	0.0502		0.0649	
Adj R-squared	0.0490		0.0636	
Root MSE	0.13620		0.13479	

注）全ての推計式には年ダミーが含まれている．***$p<0.01$．

パネル推計（固定効果モデル）

被説明変数	無形資産も含む $I(t)/K(t-1)$			
	係数	標準誤差	係数	標準誤差
トービンのQ (t) （無形資産も含む）	0.00009	0.00005*	0.00086	0.00014***
トービンのQ (t) ×外部資金依存度 （無形資産も含む）			−0.00172	0.00029***
定数項	0.25166	0.00391***	0.25328	0.00395***
Number of obs	7,973		7,873	
R-sq: within	0.0914		0.0964	
between	0.1072		0.0009	
overall	0.0496		0.0608	

注）全ての推計式には年ダミーが含まれている．Hausman検定を行い，固定効果モデルが選択された．
***$p<0.01$，*$p<0.10$．

$$\frac{I_t}{K_{t-1}} = const. + \beta_1 Q_{it}(+\mu_i) + \varepsilon_{it}$$

加えて，資金制約の影響を明示的に取り入れるため，説明変数にトービンのQと外部資金依存度の交差項を加えた以下の式も同様に推計する．

$$\frac{I_t}{K_{t-1}} = const. + \beta_1 Q_{it} + \beta_2 RZindex_i \times Q_{it}(+\mu_i) + \varepsilon_{it}$$

式中の I は設備投資額，K は資本ストック額，$const.$ は定数項，Q はトービンのQ，$RZindex$ は産業別の外部資金依存度指標である．以上の2つの式を，有形資産のみの場合と無形資産も含む場合でそれぞれ推計する．

通常の（有形資産のみの）設備投資関数の推計結果は表7-4に，無形資産も含む設備投資関数の推計結果は表7-5に示されている．

有形資産のみの表7-4の結果を見ると，OLSではトービンのQはプラスで有意な結果が得られたが，パネル推計では，トービンのQも外部資金依存度との交差項も有意な結果が得られなかった．設備投資関数を推計している先行研究の指摘通り，企業固有の要因を適切にコントロールした場合，トービンのQが設備投資行動を説明できる余地が限られていることが確認された．

一方，無形資産も含む表7-5の結果を見ると，有形資産のみの結果と異なり，OLSでもパネル推計でもトービンのQはプラスで有意な結果が得られた．このことは，設備投資行動のモデル化に当たって，無形資産を考慮することの重要性を示唆している．かつ，トービンのQと外部資金依存度との交差項も有意にマイナスとの結果が得られていることから，外部資金依存度の高い（≒資金制約に直面する可能性がより高い）産業に属する企業ほど，無形資産を含む設備投資の投資機会に対する感応度が低下し，投資行動に歪みが生じることが示唆された．

また，トービンのQ理論に従うと，トービンのQは企業の設備投資活動の十分統計量ではあるが，本推計の頑健性を調べるため，説明変数のトービンのQを，1期ラグをとって推計をした結果が表7-6と表7-7である．

説明変数にラグを取った場合でも，有形資産のみ，および無形資産も含む場合でも，推計の結果は表7-4，表7-5とほぼ変わらず，無形資産も含む設

第7章 資金制約下にある企業の無形資産投資と企業価値

表7-6 通常の設備投資関数の推計結果（説明変数が1期ラグ値）

OLS

被説明変数	有形資産のみ $I(t)/K(t-1)$			
	係数	標準誤差	係数	標準誤差
トービンのQ$(t-1)$ （有形資産のみ）	0.0000791	0.0000317**	0.0000707	0.0000322**
トービンのQ$(t-1)$×外部資金依存度 （有形資産のみ）			−0.0001194	0.0000813
定数項	0.1315796	0.0054380***	0.1325877	0.0054938***
Number of obs	7,170		7,080	
F (9, 7160)	7.03		6.59	
Prob>F	0		0	
R-squared	0.0088		0.0092	
Adj R-squared	0.0075		0.0078	
Root MSE	0.15020		0.15072	

注）全ての推計式には年ダミーが含まれている．***p<0.01，**p<0.05．

パネル推計（固定効果モデル）

被説明変数	有形資産のみ $I(t)/K(t-1)$			
	係数	標準誤差	係数	標準誤差
トービンのQ$(t-1)$ （有形資産のみ）	−0.0000032	0.0000329	−0.0000012	0.0000331
トービンのQ$(t-1)$×外部資金依存度 （有形資産のみ）			0.0000797	0.0000840
定数項	0.1372852	0.0050867***	0.1381447	0.0051510***
Number of obs	7,170		7,080	
R-sq:within	0.0103		0.0106	
between	0.0159		0.0330	
overall	0.0077		0.0073	

注）全ての推計式には年ダミーが含まれている．Hausman検定を行い，固定効果モデルが選択された．
***p<0.01．

表7-7 無形資産を含む設備投資関数の推計結果（説明変数が1期ラグ値）

OLS

被説明変数	無形資産も含む $I(t)/K(t-1)$			
	係数	標準誤差	係数	標準誤差
トービンのQ(t-1)（無形資産も含む）	0.0001535	0.0000526***	0.0011332	0.0001355***
トービンのQ(t-1)×外部資金依存度（無形資産も含む）			-0.0022094	0.0002808***
定数項	0.2337065	0.0042797***	0.2337878	0.0042739***

Number of obs	7,170	7,080
F (9, 7160)	16.90	21.86
Prob>F	0	0
R-squared	0.0208	0.0300
Adj R-squared	0.0196	0.0286
Root MSE	0.11839	0.11724

注）全ての推計式には年ダミーが含まれている。***$p<0.01$．

パネル推計（固定効果モデル）

被説明変数	無形資産も含む $I(t)/K(t-1)$			
	係数	標準誤差	係数	標準誤差
トービンのQ(t-1)（無形資産も含む）	0.0000277	0.0000443	0.0002920	0.0001213**
トービンのQ(t-1)×外部資金依存度（無形資産も含む）			-0.0005882	0.0002511**
定数項	0.2397847	0.0033652***	0.2412931	0.0034126***

Number of obs	7,170	7,080
R-sq: within	0.0410	0.0424
between	0.1050	0
overall	0.0198	0.0244

注）全ての推計式には年ダミーが含まれている．Hausman検定を行い，固定効果モデルが選択された．
***$p<0.01$, **$p<0.05$．

表7-8 外部資金依存度の高低によりグループ分けをして推計をした無形資産も含む設備投資関数

ケース1：外部資金依存度が高いグループ

被説明変数	無形資産も含む $I(t)/K(t-1)$			
	固定効果		変量効果	
	係数	標準誤差	係数	標準誤差
トービンのQ(t) （無形資産も含む）	−0.000017	0.000055	−0.000002	0.000055
定数項	0.208493	0.006408***	0.142823	0.007347***
Number of obs	3,086		3,086	
R-sq: within	0.0663		0.0663	
between	0.1961		0.1911	
overall	0.0389		0.0390	

ケース2：外部資金依存度が低いグループ

被説明変数	無形資産も含む $I(t)/K(t-1)$			
	固定効果		変量効果	
	係数	標準誤差	係数	標準誤差
トービンのQ(t) （無形資産も含む）	0.0012453	0.0001778***	0.0014398	0.0001745***
定数項	0.3229242	0.0050146***	0.1800749	0.0058445***
Number of obs	4,887		4,887	
R-sq:within	0.1282		0.1280	
between	0.0076		0.0128	
overall	0.0822		0.0837	

注）全ての推計式には年ダミーが含まれている．Hausman検定を行い，固定効果モデルが選択された．
***p<0.01．

備投資関数の推計では，OLSでもパネル推計でもトービンのQはプラスで有意，トービンのQと外部資金依存度との交差項も有意にマイナスとの結果が得られた．

最後に，以上の結果を確認する趣旨から，無形資産を含むケースについて，外部資金依存度の高低により分割したサブサンプルで，設備投資関数を推計する．外部資金依存度指標が経済全体の中央値より高い産業に属する企業グ

表7-9 製造業における外部資金依存度の高低によりグループ分けをして推計をした無形資産も含む設備投資関数

ケース1：外部資金依存度が高いグループ

被説明変数	無形資産も含む $I(t)/K(t-1)$			
	固定効果		変量効果	
	係数	標準誤差	係数	標準誤差
トービンのQ(t)（無形資産も含む）	-0.0000188	0.0000574	-0.0000031	0.0000572
定数項	0.2503156	0.0070636***	0.1449644	0.0078000***
Number of obs	2,806		2,806	
R-sq: within	0.0665		0.0664	
between	0.2220		0.2172	
overall	0.0409		0.0411	

ケース2：外部資金依存度が低いグループ

被説明変数	無形資産も含む $I(t)/K(t-1)$			
	固定効果		変量効果	
	係数	標準誤差	係数	標準誤差
トービンのQ(t)（無形資産も含む）	0.0148121	0.0008003***	0.0150926	0.0007289***
定数項	0.2766036	0.0052242***	0.1627965	0.0057073***
Number of obs	4,084		4,084	
R-sq: within	0.1870		0.1869	
between	0.1531		0.1535	
overall	0.1731		0.1733	

注）全ての推計式には年ダミーが含まれている．Hausman検定を行い，固定効果モデルが選択された．
***$p<0.01$．

ループと低い産業に属する企業グループにサンプルを分けて，トービンのQを説明変数とする投資関数をパネル固定効果モデル，変量効果モデルの双方で推計した．結果は表7-8に示されている．

表7-8をみると，資金制約が弱い（≒外部資金依存度が低い）企業グループとは対照的に，資金制約の強い企業グループでは，トービンのQが設備投資に対して有意な影響を持たないことがわかる．このことは，資金制約の存

表 7-10 非製造業における外部資金依存度の高低によりグループ分けをして推計をした無形資産も含む設備投資関数

ケース 1：外部資金依存度が高いグループ

被説明変数	無形資産も含む $I(t)/K(t-1)$			
	固定効果		変量効果	
	係数	標準誤差	係数	標準誤差
トービンの Q(t) （無形資産も含む）	0.0266874	0.004105***	0.0278526	0.0040683***
定数項	0.1666713	0.0099714***	0.1059219	0.018218***
Number of obs	280		280	
R-sq: within	0.3003		0.3002	
between	0.2382		0.2382	
overall	0.1993		0.2015	

ケース 2：外部資金依存度が低いグループ

被説明変数	無形資産も含む $I(t)/K(t-1)$			
	固定効果		変量効果	
	係数	標準誤差	係数	標準誤差
トービンの Q(t) （無形資産も含む）	0.0005902	0.0002279***	0.0006895	0.0002267***
定数項	0.3401826	0.0152048***	0.2079773	0.0184999***
Number of obs	803		803	
R-sq:within	0.1876		0.1873	
between	0.0082		0.0027	
overall	0.1010		0.1026	

注）全ての推計式には年ダミーが含まれている．Hausman 検定を行い，固定効果モデルが選択された．
***p＜0.01.

在が，設備投資行動を歪めていることを示唆しており，表 7-4, 7-5 の結果と整合的である．

また，研究開発投資活動を行っている企業は圧倒的に製造業の方が多いが，サンプルを製造業と非製造業に分けて，表 7-8 と同様の推計を行った結果が表 7-9 と表 7-10 である．

製造業のみの結果である表 7-9 を見ると，全体の結果である表 7-8 の結果

と変わらず，資金制約の強い企業グループでは，トービンのQが設備投資に対して有意な影響を持たないことがわかる．これは製造業に属する企業が全体のサンプルの9割弱であるため，表7-8と同様の結果が製造業のみの場合でも得られたと考えられる．一方で，全体のサンプルの1割強である非製造業のみの結果である表7-10を見ると，外部資金依存度の高低で結果は変わらず，トービンのQの係数はプラスで，設備投資に有意な影響を与えていることが分かった．

5. おわりに

本章では，Hulten and Hao (2008) に従い，企業が一般に公開している財務データのみを用いて，無形資産をR&Dと組織資本の2つに分類し，それらの計測を試みた．その後，これらの無形資産が企業価値に与える影響を観察した．また，どのような企業が無形資産投資を円滑に行うことができているのかを，資金制約との関連で分析した．結果は以下の通りである．

計測された無形資産は，研究開発ストック，および組織資本ともに企業価値に正の効果をもたらしている．特に米国では見られなかった組織資本の正の効果が日本では強く見られた．このことは，日本においては企業内の組織資本の蓄積が企業価値にプラスの影響を与え，これらへの投資が減少することで企業価値が損なわれる可能性があることを示唆している．

設備投資の十分統計量であるトービンのQを説明変数とする通常の設備投資関数を，有形資産のみの場合と無形資産も含む場合の2通りで推計した．その結果，無形資産も含む場合で，トービンのQの係数が正で有意な結果が得られた．以上より，設備投資行動のモデル化に当たって，無形資産を考慮する必要性が確認された．また，外部資金依存度指標とトービンのQの交差項を加えた推計では，無形資産を含んだ設備投資モデルの推定結果から，より強い資金制約に直面している企業ほど，無形資産を含む設備投資が阻害されている可能性が確認された．加えて，頑健性のチェックのために説明変数を1期前の値を用いた推計でも同様の結果が得られた．これらの結果は，外部資金依存度の高低で分割したサブサンプルに関する，無形資産を含む設

第7章　資金制約下にある企業の無形資産投資と企業価値

備投資関数の推定からも確認された．

　企業の適切な有形，無形の資本蓄積とイノベーションが，経済全体の生産性向上を実現するためには重要なポイントとなり得る．本章の分析から，無形資産を定量的に把握することで，それが企業価値に正の影響を与えていること，また，無形資産を含めることで，トービンのQの説明力が増すこと，資金制約との関連では，無形資産を含む設備投資の投資機会に対する感応度が，無形資産を含む場合で低下することが分かった．こうした投資行動の歪みを是正するためには，企業の保有する有形および無形の資産を適切に評価する（金融）システムの構築と，多様な資金調達チャンネルの確保が重要であると言える．企業が保有する資産の適正評価，およびアクセスしやすい資本市場の形成については，これまでも言及されてきたことではあるが，本章の結果よりその重要性が改めて確認された．

付表7‐A　外部資金依存度指標（1981年から2007年の各産業の中央値）

JIP産業分類番号	JIP産業分類名	外部資金依存度（Rajan and Zingales指標）	JIP産業分類番号	JIP産業分類名	外部資金依存度（Rajan and Zingales指標）
2	その他の耕種農業	0.981	44	その他の一般機械	0.271
6	漁業	0.777	45	事務用・サービス用機器	0.239
7	鉱業	0.464	46	重電機器	0.482
8	畜産食料品	0.508	47	民生用電子・電気機器	0.399
9	水産食料品	−0.064	48	電子計算機・同付属品	0.509
10	精穀・製粉	0.168	49	通信機器	0.524
11	その他の食料品	0.407	50	電子応用装置・電気計測器	0.102
12	飼料・有機質肥料	0.517	51	半導体素子・集積回路	0.514
13	飲料	0.552	53	その他の電気機器	0.409
15	繊維製品	0.382	54	自動車	0.442
16	製材・木製品	0.453	55	自動車部品・同付属品	0.422
17	家具・装備品	0.135	56	その他の輸送用機械	0.514
18	パルプ・紙・板紙・加工紙	0.615	57	精密機械	0.354
19	紙加工品	0.262	58	プラスチック製品	0.433
20	印刷・製版・製本	0.254	59	その他の製造工業製品	0.168
21	皮革・皮革製品・毛皮	0.550	60	建築業	0.253
22	ゴム製品	0.465	61	土木業	0.739
23	化学肥料	0.425	63	ガス・熱供給業	0.838
24	無機化学基礎製品	0.605	67	卸売業	0.352
25	有機化学基礎製品	0.513	68	小売業	0.452
26	有機化学製品	0.540	71	不動産業	0.790
27	化学繊維	0.377	73	鉄道業	0.263
28	化学最終製品	0.393	74	道路運送業	0.420
29	医薬品	0.221	75	水運業	0.243
30	石油製品	0.461	76	航空運輸業	1.528
31	石炭製品	0.635	77	その他の運輸業・梱包	0.422
32	ガラス・ガラス製品	0.519	82	医療（民間）	0.249
33	セメント・セメント製品	0.542	86	業務用物品賃貸業	0.192
34	陶磁器	0.467	88	その他の対事業所サービス	−0.065
35	その他の窯業・土石製品	0.437	89	娯楽業	0.434
36	銑鉄・粗鋼	0.490	90	放送業	0.189
37	その他の鉄鋼	0.501	91	情報サービス業（インターネット付随サービス業）	−0.407
38	非鉄金属精錬・精製	0.619			
39	非鉄金属加工製品	0.581	92	出版・新聞業	−0.134
40	建設・建築用金属製品	0.334	94	飲食店	0.648
41	その他の金属製品	0.213	95	旅館業	0.233
42	一般産業機械	0.366	97	その他の対個人サービス	0.081
43	特殊産業機械	0.492			

注）1）Rajan and Zingales（1998）に従い，日本の上場企業における産業別外部資金依存度（中央値）を計測した．具体的には，各企業における（設備投資額−営業キャッシュフロー）／設備投資額を計算し，産業別に中央値を計算した．
2）リーマンショックの影響を除くため2007年以前までで中央値を計測してある．
3）詳細はHosono and Takizawa（2012）を参照されたい．

第 7 章　資金制約下にある企業の無形資産投資と企業価値

参考文献

Bernanke, Ben S. (1983), "Nonmonetary Effects of the Financial Crisis in the Propagation of the Great Depression," *American Economic Review*, Vol. 73(3), pp. 257-276.

Bernanke, Ben S., Cara S. Lown, and Benjamin M. Friedman (1991), "The Credit Crunch," *Brookings Papers on Economic Activity*, No. 2, pp. 205-247.

Corrado, Carol, Charles Hulten, and Daniel Sichel (2009), "Intangible Capital and U. S. Economic Growth," *Review of Income and Wealth*, Vol. 55(3), pp. 661-685.

Fazzari, Steven M., R. Glenn Hubbard, and Bruce C. Petersen (1988), "Financing Constraints and Corporate Investment," *Brookings Papers on Economic Activity*, Vol. 19(1), pp. 141-206.

Fukao, Kyoji, Tsutomu Miyagawa, Kentaro Mukai, Yukio Shinoda, and Konomi Tonogi (2009), "Intangible Investment in Japan: Measurement and Contribution to Economic Growth," *Review of Income and Wealth*, Vol. 55(3), pp. 717-736.

Griliches, Zvi (1981), "Market Value, R&D, and Patents," *Economics Letters*, Vol. 7 (2), pp. 183-187.

Hall, Bronwyn H. (2007), "Measuring the Returns to R&D: The Depreciation Problem," *NBER Working Paper*, No. 13473.

Hayashi, Fumio (1982), "Tobin's Marginal q and Average q: A Neoclassical Interpretation," *Econometrica*, Vol. 50(1), pp. 213-224.

Hennessy, Christopher A. and Toni M. Whited (2007), "How Costly Is External Financing? Evidence from a Structural Estimation," *Journal of Finance*, Vol. 62 (4), pp. 1705-1745.

Hennessy, Christopher A., Amnon Levy, and Toni M. Whited (2007), "Testing Q Theory with Financing Frictions," *Journal of Financial Economics*, Vol. 83(3), pp. 691-717.

Hosono, Kaoru and Daisuke Miyakawa (2015), "Bank Lending and Firm Activities: Overcoming Identification Problems," in: Tsutomu Watanabe, Iichiro Uesugi, and Arito Ono (eds.), *Economics of Interfirm Networks*, Advances in Japanese Business and Economics, Vol 4, pp. 237-260, Springer.

Hosono, Kaoru and Miho Takizawa (2012), "Do Financial Frictions Matter as a Source of Misallocation? Evidence from Japan," *PRI Discussion Paper Series*, No. 12A-17. https://www.mof.go.jp/pri/research/discussion_paper/ron246.pdf

Hulten, Charles R. and Xiaohui Hao (2008), "What is a Company Really Worth? Intangible Capital and the 'Market to Book Value' Puzzle," *NBER Working Paper*, No. 14548.

Miyagawa, Tsutomu and Shoichi Hisa (2013), "Estimates of Intangible Investment by Industry and Productivity Growth in Japan," *Japanese Economic Review*, Vol. 64(1), pp. 42-72.

Miyagawa, Tsutomu and YoungGak Kim (2008), "Measuring Organization Capital in Japan: An Empirical Assessment Using Firm-Level Data," *Seoul Journal of Economics*, Vol. 21(1), pp. 171-193.

Miyagawa, Tsutomu, Miho Takizawa, and Kazuma Edamura (2013), "Does the Stock Market Evaluate Intangible Assets?: An Empirical Analysis Using data of listed firms in Japan," *RIETI Discussion Paper Series*, No. 13-E-052.

Rajan, Raghuram G. and Luigi Zingales (1998), "Financial Dependence and Growth," *American Economic Review*, Vol. 88(3), pp. 559-586.

Sandner, Philipp G. and Joern Block (2011), "The Market Value of R&D, Patents, and Trademarks," *Research Policy*, Vol. 40(7), pp. 969-985.

青木浩介・藤原一平 (2012),「投資の決定」(中級マクロ経済学:現代マクロ理論・実証への接近 第3回)『経済セミナー』第667号 (2012年8・9月号), 124-132頁.

堀敬一・齊藤誠・安藤浩一 (2004),「1990年代の設備投資低迷の背景について――財務データを用いたパネル分析」『経済経営研究』第25巻4号, 1-70頁.

宮川努・金榮愨 (2010),「無形資産の計測と経済効果――マクロ・産業・企業レベルでの分析」*RIETI Policy Discussion Paper Series*, No. 10-P-014.

宮川努・田中賢治 (2009),「設備投資分析の潮流と日本経済――過剰投資か過小投資か」深尾京司[編]『マクロ経済と産業構造』(バブル/デフレ期の日本経済と経済政策(1)), 慶應義塾大学出版会, 87-128頁.

森川正之 (2012),「無形資産投資における資金制約」*RIETI Discussion Paper Series*, No. 12-J-016.

第8章

開業・廃業と銀行間競争
——都道府県別産業別データによる分析——

式見雅代

要 旨

　本章では，地域の貸出市場における銀行間競争が事業所の開業率・廃業率に与える影響について，実証分析した．銀行間競争の影響は，産業を通じて一律ではなく，外部資金依存度が高く情報の非対称度が高い産業で大きいと予想される．開業・廃業のデータとして，『事業所・企業統計調査』（総務省）の都道府県・産業別に集計されたセンサスデータを用いた．開業については，単独法人事業所を対象とし，個人事業所は除いた．銀行の競争度の指標として，各金融機関の都道府県別貸出額に基づくハーフィンダール指数を作成した．情報の非対称度の指標として，中小企業の無形固定資産比率と，JIPデータベースで分類された無形資産指標を用いた．

　分析から，貸出市場の集中度が高いほど，外部資金依存度が高く中小企業の無形資産比率の高い産業では，開業率も廃業率もともに低下することが判明した．この結果は，大都市圏を除いても変わらない．無形固定資産の種類に着目すると，貸出市場の集中度が高く，情報化資産比率や経済的競争力比率が高い産業で，開業率が低いことがわかった．これらの結果は，寡占市場では，情報の非対称度が高い産業で開廃業が低迷し，経済が活性化されにくくなっていることを示唆する．

1. はじめに

　地方再生は，わが国の重要な政策課題の一つであり，地域経済の活性化や地域での雇用機会の創出を目指した様々な政策が模索されている．その中で，成長分野における新規事業の開設と衰退産業から成長産業への労働と資本の移動は，地域経済の活性化に大きく寄与すると期待される．

　開業については，産業の参入障壁，需給動向，産業集積，人的資本の蓄積など財市場の要因のみならず，金融市場の競争要因にも，影響を受けることが，近年明らかにされてきた（Cetorrelli and Gambera 2001; Cetorrelli and Strahan 2006）．

　一般に，金融市場が競争的であれば，貸出競争により起業家は資金が得やすくなるため開業が起こりやすい．他方，事業の質に関して，貸し手が十分な情報を持っていない場合，貸し手は資金提供に消極的になるため，開業は起こりにくくなる．貸し手と借り手間の情報の非対称性の問題は，両者が緊密な関係を築くことにより，軽減される．よって，新規事業の開設は，銀行関係の強弱によっても影響を受けると予想される．

　本研究では，地域の貸出市場における銀行間競争が開業率・廃業率に与える影響を，事業所の開業数・廃業数のデータを用いて，実証的に明らかにする．ただし，銀行間競争の影響は，産業を通じて一律ではなく，外部資金依存度の高い産業や情報の非対称度が高い産業で大きいと予想される．

　本研究は，式見（2012）で行った開業率と銀行間競争に関する分析を拡張したもので，廃業行動も分析対象に加えた点が新しい．金融市場要因の影響を考察した先行研究の多くは，開業に対するもので，廃業との関係を見たものはそれほど多くない．また，情報の非対称度の指標として，中小企業の無

＊本章の作成に当たり，宮川努氏，細野薫氏，淺羽茂氏，深尾京司氏，森川正之氏，児玉直美氏，およびRIETI無形資産研究会の参加者から貴重なコメントを頂戴した．ここに深く感謝する．ただし，本章のありうべき誤りは筆者に帰する．なお，本章の作成にあたり，科研費（課題番号：23530371）の研究助成を得た．

形固定資産比率のみならず，今回新たに JIP データベースで分類された無形資産指標を用いる．これにより，銀行間競争の影響がどのような無形資産投資を行う業種においてより大きいかを明らかにできる．

開業・廃業に関するデータとして，都道府県別，産業別に集計されたセンサスデータを用いた．事業所レベルのセンサスデータであることから，一般に捕捉が困難な小規模企業の動向も捉えることが可能となる．本研究では，法人事業所のみを対象とすることにより，開業資金の多くを日本政策金融公庫（旧国民金融公庫）からの借り入れに依存する自営業を除いている．ただし，集計データであるため，個別企業の開業・廃業の意思決定に関しては，直接検証できない．

分析から，貸出市場の寡占度が高いほど，無形固定資産比率の高い産業では，開業率が低く，廃業率も低いという結果が得られた．

本章の構成は，以下の通りである．第2節で，金融市場の要因が企業の創出・退出に与える影響について既存研究を概観し，検証仮説を導出する．第3節では，推計モデルと分析に用いたデータサンプルについて説明し，第4節で推計結果を示し，第5節で結論を述べる．

2. 先行研究

本節では，金融市場の競争条件が地域の企業創出，退出に与える影響に関する先行研究を概観し，検証仮説を導出する．理論的には，金融市場の競争条件が企業創出に与える影響は，正と負の両方が考えられる．情報の非対称性と契約の不完備性が存在する元では，銀行間競争により資金が提供されるか否かは，起業家と銀行との関係の緊密さに依存する．起業家が排他的・長期的取引関係を特定の銀行と構築できれば，ライバル企業への情報漏洩が起こりにくいため，製品開発のアイディアなどの私的情報を銀行に提供できる．金融機関もモニタリング費用の回収見込みが期待でき，資金提供が起こりやすい．他方，銀行関係の費用としては，ホールドアップ問題がある．融資条件は，関係性の中で決定されるため，代替的な資金調達手段がない企業は，取引関係にロックインされやすく，市場金利よりも高い金利での融資にも応

じざるを得なくなる．

　こうした銀行関係の構築は，金融市場構造にも影響を受ける．寡占的金融市場では，企業が他の銀行に乗り換える可能性は低く，金融機関は企業の創業期に市場よりも低金利で企業を支援しても，成長した段階で回収できる見込みがあることから，資金提供を行いやすい（Petersen and Rajan 1995）．よって，地域金融市場の集中度が増すほど，リレーションシップバンキングが形成されやすく，開業率が高くなると予想される．

　他方，Boot and Thakor（2000）は，金融市場の競争度とリレーションシップの形成には正の関係があることを理論的に示した．リレーションシップ貸出は，関係特殊的貸出であるため，トランザクション貸出よりも競争の影響を受けにくい．よって，市場が寡占的であるほど，リレーションシップが形成されにくく，開業率は低くなると予想される．

　金融市場の競争と企業創出に関する実証研究からも，正と負の両方の結果が報告されている．金融市場の寡占化と企業創出の正の関係を支持する実証研究としては，金融市場の寡占化が，年齢の若い企業の資金制約を緩和する（Petersen and Rajan 1994; Petersen and Rajan 1995; Zarutskie 2006），地域金融市場が寡占的であるほどリレーションシップバンキングが形成されやすい（Ogura 2007），競争的地域金融市場では，情報の非対称度が高い産業で開業率が下がる（Bonaccorsi di Patti and Dell'Ariccia 2004）といったものがある．

　他方，金融市場の寡占化と企業創出の負の関係を示唆するものとして，寡占市場では事業所数が少ない（Cetorelli and Strahan 2006），開業数が減少する（Black and Strahan 2002），寡占市場では中小企業の資金制約が緩和されにくい（Shikimi 2013）といった研究がある．

　また，地域金融市場の競争度は企業存続に何ら影響を与えないという研究も存在する（岡室 2007）．

　廃業についても，地域金融市場の寡占化の影響は，正と負の両方が考えられる．リレーションシップが形成されていれば，企業の一時的な財務危機には金融機関からの資金提供が行われ，非効率的な倒産を回避できる．よって，開業率と廃業率に対し，金融市場の寡占度の指標は異符号を示すことが予想される．

第8章　開業・廃業と銀行間競争

以上の議論から，検証仮説は，次のようにまとめられる．

仮説1：地域金融市場が寡占的であるほど，リレーションシップバンキングが形成されやすい（Petersen and Rajan 1995）．よって，地域金融市場の集中度が高まるほど，外部資金依存度が高く情報の非対称性が高い産業では事業所創（退）出が多（少な）くなる．

仮説2：地域金融市場が寡占的であるほど，リレーションシップバンキングは形成されにくい（Boot and Thakor 2000）．よって，地域金融市場の集中度が高まるほど，外部資金依存度が高く情報の非対称性が高い産業では，事業所の創（退）出が少な（多）い．

他方，開業率の上昇が労働・資金需要の増大を招き要素価格が上昇した場合，非効率な企業の退出が起こりうる（Midrigan and Xu 2014）．この場合，開業率と廃業率に対し寡占化の影響は同符号を示すと予想される．また，貸出債権の不良債権化を恐れた銀行による，社会的に流動化が望ましい企業に対する追い貸し行動も廃業率と開業率の低下を招く．淘汰が望ましいゾンビ企業の増加[1]は，健全な企業の収益をも圧迫するため，企業創出をも阻害するからである（Caballero, Hoshi, and Kashyap 2008）．ただし，地域金融市場の競争条件とゾンビ企業の関係は，自明ではないため，この点については，推計式でコントロールする形で対応する．

以上の議論から，次の検証仮説が導かれる．

仮説3：地域金融市場が寡占的であるほど，リレーションシップバンキングが形成されやすい（Petersen and Rajan 1995）．よって，地域金融市場の集中度が高まるほど，外部資金依存度が高く情報の非対称性が高い産業では事業所創出が多くなるが，開業率の増大による要素価格の上昇から，退出も多くなる（Midrigan and Xu 2014）．

1）1990年代後半から2000年代初頭にかけて，中小企業向け融資にもゾンビ貸出が存在したことは，細野（2008）でも指摘されている．

仮説4：地域金融市場が寡占的であるほど，リレーションシップバンキングは形成されにくい (Boot and Thakor 2000). よって，地域金融市場の集中度が高まるほど，外部資金依存度が高く情報の非対称性が高い産業では，事業所の創出が少なく，退出も少ない (Midrigan and Xu 2014).

3. 推計モデルとデータ

3.1 推計モデル

開業率は，地域の実物経済要因，および金融市場の競争条件によって規定される．地域の銀行間競争が開業率に与える効果は，同一金融市場で一定とはならず，産業の外部資金依存度もしくは情報の非対称性の程度により異なると考えられる．推計式の詳細は，式見 (2012) にあるため，ここでは，簡単な説明に留める．

開業率 $birth_{ijt}$ は，以下のように決定される[2]．

(1) $Birth_{ijt} = \alpha_1 + \beta_1 \cdot (Depend_i \cdot Concentrated_{jt}) + \gamma_1 \cdot Concentrated_{jt}$
$+ \delta_1 \cdot Share_{ijt} + \Gamma \cdot Industry\ effect_{it} + \kappa \cdot Control_{jt} + \varepsilon_{ijt}$.

ここで，i は産業，j は都道府県を表す．$Depend$ は，産業の外部資金への依存度，産業の情報の非対称度，産業の外部資金依存度と情報の非対称度の交差項のいずれかである．$Concentrated$ は地域金融市場の集中度，$Share$ は，当該産業の雇用シェアを表す．$Industry\ effect$ は，産業ダミー×年ダミーで時間を通じて変化する産業固有の要因をコントロールする[3]．$Control$ は，地域の産業集積状況や規模等の需要要因をコントロールする変数である．

(1)式の推計には多重共線性の問題が生じる．人口密集地域や産業集積地には金融機関も多く，$Concentrated$ と $Control$ の変数間に高い相関関係がある

---

2) Rajan and Zingales (1998), Cetorelli and Gambera (2001), Cetorelli and Strahan (2006), Bonaccorsi di Patti and Dell'Ariccia (2004) と同様のモデルである．
3) 業種の生産性も $Industry\ effect_{it}$ に含まれる．

ためである．さらに，除外された変数問題も生じる．地域の産業構造を決定する観察不可能な要因が，地域金融市場の競争度も決定する場合，地域金融市場の競争度と誤差項の間に相関があることから，内生性の問題が生じる．これらの問題を克服するために，Cetrelli and Strahan (2006) にならい，地域固有のトレンドを除去した以下の式を推計する．

(2) $Birth_{ijt} = \alpha_2 + \beta_2 \cdot (Depend_i \cdot Concentrated_{jt}) + \Phi \cdot Market\ effect_{jt}$
$+ \delta_2 \cdot Share_{ijt} + \cdot \Lambda \cdot Industry\ effect_{it} + \varepsilon_{ijt}.$

Market effect は，都道府県ダミー×年ダミーで，地域固有のトレンドをコントロールする．2つの固定効果 (*Industry effect* と *Market effect*) を推計式に加えることにより，内生性の問題をコントロールできる．ただし，地域金融市場の競争度の直接的な効果は特定できない[4]．

3.2 データ

開（廃）業に関する統計データは，『事業所・企業統計調査』（総務省）から得た．同統計調査は，全数調査であり，都道府県別産業別に新設（廃止）事業所数が記載されている．小規模企業であれば，事業所と企業は一致するが，企業規模が大きくなれば，事業所と企業が必ずしも一致するとは限らず，新設事業所が既存企業の事業拡大によって生じた可能性も否定できない．単独事業所のみを対象とした開業（廃業）に関する調査では，都道府県×産業中分類での集計結果は公表されていない．ただし，1996, 2001, 2006年については，開設時期別に単独事業所データがあるため，各々の調査で当該年に開設した単独法人事業所数のデータを用いて開業に対する銀行の競争関係の効果を分析する．なお，自営業の多くは，日本政策金融公庫からの借り入れが多いため，個人事業所は除外した．廃業行動については，1994年，1999年，2004年の3時点の廃止事業所数の調査報告を利用した．なお，移転も廃業および新設事業所として取り扱われ，これらの事業所を除いた統計資料は公表されていないので，留意が必要である．対象は銀行・保険業，規

---

4) *Concentrated* の効果はすべて *Market effect* に吸収されてしまうため，(2) 式に *Concentrated* は加えられず，その効果は識別できない．

制産業を除く民営部門の事業所である．都道府県×中分類の業種で，各々の調査年のデータをプールして疑似パネルを作成した．先行研究の多くは製造業のみを対象にしているが[5]，本研究では開業率が高く，有形固定資産が少なく情報の非対称度が比較的高いと考えられる非製造業も含めている[6]．

銀行の競争度

　銀行の競争度の指標として，各金融機関の都道府県別貸出額に基づくハーフィンダール指数（HHI）を作成した．対象金融機関は，地銀，第二地銀，信用金庫，信用組合である．都銀，長銀，信託銀行については，都道府県別の貸出額のデータが入手不可能であるため，指数には反映されていない．ただし，頑健性の確認のため，都銀が本社を置く東京都，大阪府，愛知県を除いた推計も行う．地銀，第二地銀，信用金庫，信用組合の個別金融機関の都道府県別貸出額については，『月刊金融ジャーナル』（日本金融通信社），『全国信用金庫財務諸表』（金融図書コンサルタント社），『全国信用組合財務諸表』（金融図書コンサルタント社）より情報を得た．推計では，内生性の問題を考慮して事業所統計調査年の前年のものを用いた．分析では，これら中小金融機関は本店が所在する都道府県を超えての貸出は行わず，市場は分断されていると仮定する[7]．また，市町村レベルの開業数，廃業数のデータおよび各金融機関の市町村別貸出額のデータは入手不可能であるため，企業が直面する実際の貸出市場の競争条件は，同じ都道府県で変わらないと仮定して分析する．

---

[5] 非製造業を含めた数少ない研究として，Bonaccorsi di Patti and Dell'Ariccia（2004）が挙げられる．
[6] 総務省『平成18年事業所・企業統計調査』によれば，新設事業所数が多い産業は卸売・小売業，サービス業，飲食店・宿泊業である．新設率は，複合サービス業（71.3％），情報通信業（49.9％），医療・福祉（39.5％）で高く，製造業では11.6％である．
[7] Ishikawa and Tsutsui（2013），Uchino（2014）は，地域金融市場の分断を支持する結果を得ている．

産業の外部依存度

産業の外部資金依存度の変数は，Rajan and Zingales（1998）にならい，上場企業のデータを用いて作成した．中小企業のデータを用いた場合は，資金制約に陥っているために外部資金依存度が低くなっている可能性があり，内生性の問題が生じる．他方，上場企業であれば，内生性の問題が起こりにくいと考えられる．外部資金依存度は，総資産の変化分から利益剰余金の変化分を差し引いたものの総資産に対する比率で表す．これが正である場合，企業は内部資金以上に設備投資を行っていると考えられ，資金不足の状況にあり，外部資金に依存していると定義する．データの作成にあたっては，各企業の外部資金依存度の期間平均（1994～2005年）を求めた上で，その産業メジアンを計算し，それを産業の外部資金依存度とした．上場企業の財務データは，日本経済研究所・日本政策投資銀行『企業財務データバンク』より得た．対象企業は上場間もない新規株式公開（IPO）企業を除く1991～2006年の間に5年以上存続する企業に限定した．

産業の情報の非対称度

産業の情報の非対称度の指標として，無形固定資産比率を用いる[8]．R&Dやのれん，起業家が持つアイディアや熟練工の技術等の無形資産は，企業成長の源泉である一方，その価値を正確に計測するのは非常に困難で，情報の非対称度が高いと考えられる．本研究では，3種類の無形固定資産の指標を用いる．第1の指標は，中小企業の無形固定資産／有形固定資産比率である．産業の外部資金依存度の場合と同様，各企業の期間平均を取り，その産業メジアンを求めて産業の情報の非対称度の指標とする．データの出所は帝国データバンクのCosmos1である．なお，中小企業の場合は，資金制約のため無形固定資産投資が十分行われず，内生性が生じている可能性があるため，第2の指標として，外部資金依存度の変数と同様に，大企業のデータを

---

8) 中小企業金融の研究では，情報の非対称度の指標としては，企業年齢，企業規模が用いられるが，業種内でのばらつきが大きいため，産業メジアンを用いることは適切ではない．

表 8-1 基本統計量

	サンプル数	平均	標準偏差	メジアン
開業率（単独法人事業所）（％）	7,378	0.534	0.814	0.311
廃業率（％）	7,371	6.286	2.882	5.891
雇用シェア（％）	7,378	1.201	1.409	0.716
ハーフィンダール指数（HHI）	7,378	0.309	0.127	0.311
外部資金依存度	7,378	−0.004	0.025	−0.002
無形固定資産／固定資産（未上場企業）	7,378	0.007	0.009	0.005
無形固定資産／固定資産（上場企業）	7,378	0.011	0.012	0.007
無形資産投資／付加価値（JIP）	7,378	0.048	0.068	0.033
情報化資産投資／付加価値（JIP）	7,378	0.008	0.006	0.006
革新的資産投資／付加価値（JIP）	7,378	0.027	0.067	0.011
経済的競争力投資／付加価値（JIP）	7,378	0.013	0.007	0.011

注）開業率は，単独法人の新設事業所数／前回調査年の事業所数（％）で，個人事業所は除いている．廃業率は，年平均廃業事業所数／前回調査年の事業所数（％）である．

用いた無形固定資産比率も用意した．データの出所は，外部資金依存度と同じである．第3の指標は，JIPデータベースに基づく産業別無形資産投資／付加価値で，各産業別の期間平均値を当該指標とした．JIPデータベースでは，無形資産投資を情報化資産，革新的資産，経済競争力資産に分類していることから，それらの区分別の無形資産投資比率も用いる[9]．

産業のライフサイクル要因をコントロールする変数（$Share_{ijt}$）として，都道府県別の当該産業の雇用シェアを用意した．雇用者数のデータは，『事業所・企業統計調査』（総務省）から得た．

また，開（廃）業率の決定の推計には，廃（開）業に続く参入（退出）の要因をコントロールするために，前回調査時点の廃（開）業率を推計式に加えた．ゾンビ企業への貸出がある場合，廃業率が低下し，それが開業率の低迷をもたらすことから，一期前の廃業率の符号条件は開業に対し正の符号が予想される．

表 8-1 には，サンプルの基本統計量を示した．開業率，廃業率は，上位 1％は除外した．章末掲載の付表 8-A には，各個別産業の外部資金依存度，情報の非対称度の指標の値を，付表 8-B には情報の非対称度の指標の相関

---

[9] 各無形資産の構成内容とデータの作成方法については，宮川・比佐（2013）を参照されたい．

係数を示した．

4. 推計結果

4.1 開業の決定

表8-2Aは，開業数の決定についての推計結果を示す．被説明変数が非負の整数であるため，ネガティブ・バイノミナルモデルによる推計を行った[10]．モデル (1) より，産業の外部資金依存度と地域金融市場のハーフィンダール指数の交差項は負であるが有意でない．モデル (2) からモデル (7) は，外部資金依存度の代わりに情報の非対称度の指標を入れたものである．中小企業の無形固定資産比率を用いた場合（モデル (2)），寡占市場では，無形固定資産比率が高い産業は，開業数が1%有意水準で少ないことがわかる．モデル (3) では，大企業の無形固定資産比率を用いたが，5%有意水準で負に有意である．JIPの指標を代理変数にした場合，経済的競争力投資比率の高い産業で，同様の傾向が見られる．他方，革新的資産投資比率が高い産業では，有意水準はそれほど高くないが，開業数が寡占市場で多くなるという結果が得られた．地域金融市場の競争度の影響は，外部資金に頼らざるを得ず，かつ情報の非対称度が高い産業で，顕著に現れると考えられる．モデル (8) からモデル (13) は，地域金融市場の寡占度と外部資金依存度変数，無形固定資産比率の交差項を入れたものである．なお，結果の解釈を容易にするため，外部資金依存度変数として，外部資金依存度が正の場合1その他ゼロのダミー変数を用いた[11]．中小企業や大企業の無形固定資産比率を用いた場合は，各々モデル (2), (3) と同様の結果である．

表8-2Bは，東京都，大阪府，愛知県を除いた推計結果である．これより，

---

10) ポワソン分析では，平均と分散が一致するという仮定が満たされる必要があるが，分析から一致しないことが判明したため，ネガティブ・バイノミナル分析を行った．

11) 外部資金依存度のレベル変数と無形固定資産比率，ハーフィンダール指数の交差項を入れた推計も行ったが，質的にほぼ同様の結果であった．

表 8-2A 銀行間競争と開業数（単独法人事業所）

パネル A

情報の非対称度の指標	(1)	(2) 中小企業の無形固定資産比率	(3) 大企業の無形固定資産比率	(4) 無形資産比率 (JIP)	(5) 情報化資産比率 (JIP)	(6) 革新的資産比率 (JIP)	(7) 経済的競争力比率 (JIP)
HHI×外部資金依存度	−9.747 (6.115)	−18.125*** (4.857)	−7.594** (3.264)	0.706 (0.594)	−15.233 (9.387)	1.081* (0.655)	−18.189** (9.034)
HHI×情報の非対称度	0.159*** (0.019)	0.159*** (0.020)	0.160*** (0.021)	0.164*** (0.021)	0.162*** (0.021)	0.163*** (0.021)	0.160*** (0.020)
雇用シェア (%)	0.691*** (0.018)	0.685*** (0.019)	0.692*** (0.020)	0.688*** (0.019)	0.684*** (0.021)	0.688*** (0.019)	0.688*** (0.019)
ln (事業所数) (t−1)	−2.280** (0.111)	−2.194** (0.108)	−2.222*** (0.112)	−2.331 (0.117)	−2.214*** (0.125)	−2.321 (0.114)	−2.186*** (0.130)
定数項				産業ダミー×年ダミー 都道府県ダミー×年ダミー			
N	7,450	7,450	7,450	7,450	7,450	7,450	7,450
対数尤度	2.48e+09	2.48e+09	2.48e+09	2.48e+09	2.48e+09	2.48e+09	2.48e+09

パネル B

情報の非対称度の指標	(8) 中小企業の無形固定資産比率	(9) 大企業の無形固定資産比率	(10) 無形資産比率 (JIP)	(11) 情報化資産比率 (JIP)	(12) 革新的資産比率 (JIP)	(13) 経済的競争力比率 (JIP)
HHI×外部資金依存度ダミー×情報の非対称度	−14.129*** (4.919)	−7.783** (3.219)	0.638 (0.542)	−9.465 (10.036)	0.947 (0.619)	−5.634 (8.813)
雇用シェア (%)	−2.224*** (0.107)	−2.216*** (0.113)	−2.329*** (0.116)	−2.259*** (0.122)	−2.320*** (0.114)	−2.279*** (0.121)
ln (事業所数) (t−1)	0.159*** (0.020)	0.160*** (0.020)	0.164*** (0.021)	0.162*** (0.020)	0.163*** (0.021)	0.162*** (0.020)
定数項	0.687*** (0.019)	0.691*** (0.019)	0.688*** (0.019)	0.686*** (0.020)	0.688*** (0.019)	0.688*** (0.019)
			産業ダミー×年ダミー 都道府県ダミー×年ダミー			
N	7,450	7,450	7,450	7,450	7,450	7,450
対数尤度	2.48e+09	2.48e+09	2.48e+09	2.48e+09	2.48e+09	2.48e+09

注) 被説明変数は，都道府県別・産業別の単独事業所のみの開業数である。個人事業所は含まれていない。係数はネガティブ・バイノミナルモデルにより得た。外部資金依存度ダミーは，外部資金依存度が正の場合 1，その他ゼロのダミー変数である。日田は，各企業金融機関の都道府県別貸出額に基づくハーフィンダール指数である。係数のドの（ ）内の数値は，都道府県×年のクラスター頑健標準誤差を表す。***，**，* は各々有意水準 1％，5％，10％ である。

表 8−2B　銀行間競争と開業数（単独法人事業所，都市部を除く）

パネル A

情報の非対称度の指標	(1)	(2) 中小企業の無形固定資産比率	(3) 大企業の無形固定資産比率	(4) 無形資産比率 (JIP)	(5) 情報化資産比率 (JIP)	(6) 革新的資産比率 (JIP)	(7) 経済的競争力比率 (JIP)
HHI×外部資金依存度	−9.527 (7.692)	0.078 (6.314)	7.282 (5.566)	−2.834** (1.264)	−13.488 (13.730)	−2.551* (1.355)	−9.488 (10.911)
HHI×情報の非対称度	0.079*** (0.012)	0.080*** (0.011)	0.080*** (0.012)	0.081*** (0.011)	0.081*** (0.012)	0.081*** (0.011)	0.080*** (0.012)
雇用シェア (%)	0.715*** (0.025)	0.712*** (0.025)	0.712*** (0.025)	0.711*** (0.025)	0.713*** (0.025)	0.711*** (0.025)	0.713*** (0.025)
ln (事業所数) ($t-1$)	−2.051*** (0.157)	−2.079*** (0.166)	−2.205*** (0.193)	−2.035*** (0.160)	−2.011*** (0.181)	−2.069*** (0.159)	−2.018*** (0.175)
定数項				産業府県ダミー×年ダミー 都道府県ダミー×年ダミー			
N	6,852	6,852	6,852	6,852	6,852	6,852	6,852
対数尤度	1.43e+09	1.43e+09	1.43e+09	1.43e+09	1.43e+09	1.43e+09	1.43e+09

パネル B

情報の非対称度の指標	(8) 中小企業の無形固定資産比率	(9) 大企業の無形固定資産比率	(10) 無形資産比率 (JIP)	(11) 情報化資産比率 (JIP)	(12) 革新的資産比率 (JIP)	(13) 経済的競争力比率 (JIP)
HHI×外部資金依存度ダミー×情報の非対称度	−1.157 (5.823)	4.944 (5.022)	−2.707** (1.158)	−13.556 (11.372)	−2.464* (1.310)	−9.266 (7.517)
雇用シェア (%)	0.080*** (0.012)	0.080*** (0.012)	0.081*** (0.011)	0.080*** (0.012)	0.081*** (0.011)	0.080*** (0.012)
ln (事業所数) ($t-1$)	0.713*** (0.025)	0.712*** (0.025)	0.712*** (0.025)	0.714*** (0.025)	0.711*** (0.025)	0.714*** (0.025)
定数項	−2.073*** (0.163)	−2.163*** (0.177)	−2.042*** (0.159)	−2.016*** (0.168)	−2.071*** (0.159)	−2.025*** (0.161)
			産業ダミー×年ダミー 都道府県ダミー×年ダミー			
N	6,852	6,852	6,852	6,852	6,852	6,852
対数尤度	1.43e+09	1.43e+09	1.43e+09	1.43e+09	1.43e+09	1.43e+09

注：被説明変数は，都道府県別・産業別・都道府県別の単独事業所のみの開業数である。愛知県は除いている。係数はネガティブ・バイノミナルモデルにより得た。外部資金依存度ダミーは，外部資金依存度が正の場合 1，その他ゼロのダミー変数である。HHI は，金融機関の都道府県別貸出額に基づくハーフィンダール指数である。係数の下の（）内の数値は，都道府県×年のクラスター頑健標準誤差を表す。***，**，* は各々有意水準 1％，5％，10％である。

JIP データベースの無形資産投資比率の指標が高い産業や革新的資産投資比率の高い産業で，開業数が有意に少ないことがわかる．

　地域の開業に関する政策を議論する上では，開業率のほうが適当であろう．表 8-3A は，開業率に関する推計結果である．開業率は，単独法人の新設事業所数／前回調査年の事業所数（％）で，個人事業所は除いている．モデル（1）より，外部資金依存度が高い産業では，地域金融市場の寡占度が増すほど，開業率が 5％ 有意水準で低いことがわかる．また，寡占市場では，情報の非対称度が高い産業ほど，1％ 有意水準で開業率が抑制されている（モデル（2））．大企業の無形固定資産比率で情報の非対称度を代理させた場合も同様の傾向が見られる．JIP データベースによる指標では，無形資産投資全体でみれば，有意ではないが，情報化資産投資比率や経済的競争力資産投資比率が高い産業で，市場が寡占的であるほど開業率が 1％ 有意水準で低い一方，革新的資産投資比率が高い産業では，寡占市場で開業率が 5％ 有意水準で高い結果となった．革新的資産は，主に科学および工学的研究開発によって構成されるため，これら投資規模の大きな無形資産に対する投資は，むしろ寡占市場において促進されることは興味深い．さらに，パネル B より市場の寡占化の効果は，無形固定資産比率が高く，外部資金への依存度が高い産業で有意に大きくなるという結果が得られた（モデル（8），（9），（11），（13））．

　得られた結果の経済的効果を見てみよう．ハーフィンダール指数が第 1 四分位点（0.21）から第 3 四分位点（0.39）に変化した場合の効果を，産業の外部資金依存度（もしくは情報の非対称度）が高い場合（第 3 四分位点）と低い場合（第 1 四分位点）で比較してみる．モデル（1）の結果より，外部資金依存度が高い産業では，寡占化の影響が大きく，外部資金依存度の低い産業に比べ，開業率は 0.1％ 低くなる．開業率のメジアンが 0.31％ であることから，この効果は決して小さくはない．

　表 8-3B は，都市部を除いた結果である．外部資金依存度とハーフィンダール指数の交差項は負であるが有意ではない．他方，中小企業の無形固定資産比率が高い産業や情報化資産投資比率，経済的競争力比率の高い産業では，表 8-3A と同様の結果が見られ，情報の非対称性が高い産業で，資金制約の

表 8-3A 銀行間競争と開業率 (単独法人事業所)

パネルA

情報の非対称性の指標	(1)	(2) 中小企業の無形固定資産比率	(3) 大企業の無形固定資産比率	(4) 無形資産比率 (JIP)	(5) 情報化資産比率 (JIP)	(6) 革新的資産比率 (JIP)	(7) 経済的競争力比率 (JIP)
HHI×外部資金依存度	-26.389** (13.120)	-84.037*** (18.284)	-24.944** (10.351)	0.640 (0.664)	-84.030*** (14.804)	1.667** (0.712)	-42.643*** (8.244)
HHI×情報の非対称度		0.057*** (0.018)	0.069*** (0.023)	0.073*** (0.025)	0.062*** (0.021)	0.073*** (0.025)	0.067*** (0.023)
雇用シェア (%)	0.066*** (0.022)						
廃業率 ($t-2$)	0.039*** (0.013)	0.034*** (0.012)	0.038*** (0.013)	0.039*** (0.013)	0.038*** (0.013)	0.039*** (0.013)	0.039*** (0.013)
定数項	0.313*** (0.108)	0.504*** (0.086)	0.355*** (0.078)	0.242** (0.107)	0.509*** (0.088)	0.230** (0.106)	0.446*** (0.093)
				産業ダミー×年ダミー 都道府県ダミー×年ダミー			
N	7,378	7,378	7,378	7,378	7,378	7,378	7,378
決定係数	0.541	0.547	0.539	0.537	0.542	0.537	0.539

パネルB

情報の非対称性の指標	(8) 中小企業の無形固定資産比率	(9) 大企業の無形固定資産比率	(10) 無形資産比率 (JIP)	(11) 情報化資産比率 (JIP)	(12) 革新的資産比率 (JIP)	(13) 経済的競争力比率 (JIP)
HHI×外部資金依存度ダミー×情報の非対称度	-67.766*** (17.659)	-27.729** (10.620)	0.518 (0.589)	-46.093*** (14.889)	1.213* (0.642)	-15.505* (7.911)
雇用シェア (%)	0.059*** (0.018)	0.067*** (0.022)	0.073*** (0.025)	0.067*** (0.022)	0.073*** (0.025)	0.070*** (0.023)
廃業率 ($t-2$)	0.035*** (0.012)	0.039*** (0.013)	0.039*** (0.013)	0.039*** (0.013)	0.039*** (0.013)	0.039*** (0.013)
定数項	0.430*** (0.089)	0.345*** (0.082)	0.245** (0.106)	0.363*** (0.096)	0.244** (0.105)	0.306*** (0.098)
	産業ダミー×年ダミー 都道府県ダミー×年ダミー					
N	7,378	7,378	7,378	7,378	7,378	7,378
決定係数	0.544	0.539	0.537	0.539	0.537	0.537

注:被説明変数は、都道府県別・産業別の単独事業所のみの開業率である。外部資金依存度ダミーは、外部資金依存度が正の場合 1、その他のゼロのダミー変数である。HHIは、各金融機関の都道府県別貸出額に基づく(ハーフィンダール)指数である。係数の下の( )内の数値は、都道府県×年のクラスター頑健標準誤差を表す。***、**、*は、各々有意水準1%、5%、10%である。

表8-3B　銀行間競争と開業率（単独法人事業所，都市部除く）

パネルA

情報の非対称度の指標	(1)	(2) 中小企業の無形固定資産比率	(3) 大企業の無形固定資産比率	(4) 無形資産比率 (JIP)	(5) 情報化資産比率 (JIP)	(6) 革新的資産比率 (JIP)	(7) 経済的競争比率 (JIP)
HHI×外部資金依存度	-8.058 (7.321)	-59.292*** (18.824)	-1.473 (8.934)	-0.955 (0.720)	-70.789*** (19.649)	-0.125 (0.800)	-33.781*** (10.526)
HHI×情報の非対称度	0.005 (0.008)	0.007 (0.008)	0.006 (0.008)	0.006 (0.008)	0.007 (0.008)	0.006 (0.008)	0.006 (0.008)
雇用シェア (%)	0.007 (0.007)	0.006 (0.007)	0.008 (0.006)	0.008 (0.006)	0.007 (0.006)	0.008 (0.006)	0.007 (0.007)
廃業率 (t-2)	-0.006 (0.006)	-0.007 (0.007)	-0.006 (0.006)	-0.006 (0.006)	-0.006 (0.006)	-0.006 (0.006)	-0.006 (0.006)
定数項	0.568*** (0.045)	0.717*** (0.072)	0.554*** (0.055)	0.565*** (0.041)	0.777*** (0.081)	0.549*** (0.041)	0.716*** (0.072)
産業ダミー×年ダミー 都道府県ダミー×年ダミー							
N	6,909	6,909	6,909	6,909	6,909	6,909	6,909
決定係数	0.482	0.486	0.482	0.482	0.484	0.482	0.483

パネルB

情報の非対称度の指標	(8) 中小企業の無形固定資産比率	(9) 大企業の無形固定資産比率	(10) 無形資産比率 (JIP)	(11) 情報化資産比率 (JIP)	(12) 革新的資産比率 (JIP)	(13) 経済的競争比率 (JIP)
HHI×外部資金依存度ダミー×情報の非対称度	-48.120*** (17.141)	-3.282 (9.179)	-0.923 (0.781)	-42.225** (16.938)	-0.395 (0.752)	-14.300 (9.151)
雇用シェア (%)	0.006 (0.008)	0.006 (0.008)	0.006 (0.008)	0.007 (0.008)	0.006 (0.008)	0.006 (0.008)
廃業率 (t-2)	0.007 (0.007)	0.008 (0.006)	0.008 (0.006)	0.007 (0.006)	0.008 (0.006)	0.008 (0.006)
定数項	0.664*** (0.061)	0.559*** (0.051)	0.562*** (0.041)	0.656*** (0.060)	0.551*** (0.041)	0.602*** (0.053)
産業ダミー×年ダミー 都道府県ダミー×年ダミー						
N	6,909	6,909	6,909	6,909	6,909	6,909
決定係数	0.485	0.482	0.482	0.483	0.482	0.482

注：被説明変数は，都道府県別・産業別の単独事業所のみの開業率である．東京都，大阪府，愛知県は除いている．外部資金依存度ダミーは，外部資金依存度が正の場合1，その他ゼロのダミー変数である．HHIは，各金融機関の都道府県別貸出額に基づくハーフィンダール指数である．係数の下の（　）内の数値は，都道府県×年のクラスター頑健標準誤差を表す．***，**，*は，各々有意水準1％，5％である．

問題が開業の大きな障害になっていると解釈できよう.

4.2 廃業の決定

廃業数の決定についての推計結果は,表 8-4 に示している.寡占市場では,外部資金依存度が高い産業で廃業数が多い一方(10% 有意水準),中小企業の無形固定資産比率が高い産業では 1% 有意水準で廃業数が少ないことがわかる.

廃業率の決定に関する分析結果をまとめたものが,表 8-5 である.被説明変数は,年平均廃業事業所数／期首の事業所総数(%)である.ハーフィンダール指数と外部資金依存度の交差項は有意でないが,中小企業の無形資産比率が高い産業では,金融市場が寡占的であるほど,廃業率が 5% 有意水準で低い.他方,JIP データベースの無形資産比率が高い産業や,革新的資産投資比率が高い産業では,寡占市場で廃業率が有意に高くなる.表の掲載は控えるが,大都市圏を除いた地域では,こうした傾向はもはや観察されなかった.

4.3 考　察

得られた結果を要約すると,地域金融市場の寡占化は,外部資金依存度もしくは中小企業や大企業の無形固定資産比率が高い産業で,大きく開業率に負の効果をもたらすことがわかった.他方,革新的投資比率が高い産業では,金融市場の寡占化は開業率に正の影響を与えており,相反する結果である.廃業率に対しては,金融市場の寡占化は,中小企業の無形資産比率を情報の非対称度の指標とした場合は負の効果を,JIP データベースの無形資産指標を用いた場合は,正の効果をもたらすことが判明した.開業率と廃業率の双方に対し,中小企業の無形固定資産比率の高い産業で,寡占化は負の影響を与えていたことから,仮説 4 が指示されたと解釈できる.

情報の非対称度の指標により結果が異なるのは,無形固定資産比率の産業分布が中小企業と JIP データベースでは異なり,その違いが現れたためと考えられる.付表 8-B には,情報の非対称度の各指標の相関係数が示されている.これより,中小企業の無形固定資産比率と JIP データベースのそれは,

表 8-4 銀行間競争と廃業数

パネル A

情報の非対称度の指標	(1)	(2) 中小企業の無形固定資産比率	(3) 大企業の無形固定資産比率	(4) 無形資産比率 (JIP)	(5) 情報化資産比率 (JIP)	(6) 革新的資産比率 (JIP)	(7) 経済的競争力比率 (JIP)
HHI×外部資金依存度	2.625* (1.568)	−4.631*** (1.662)	2.633 (2.134)	0.218 (0.150)	2.028 (3.226)	0.230 (0.151)	−2.692 (3.123)
HHI×情報の非対称度	0.016** (0.007)	0.014** (0.006)	0.016** (0.007)	0.015** (0.006)	0.015** (0.006)	0.015** (0.006)	0.015** (0.006)
雇用シェア (%)	1.007*** (0.007)	1.008*** (0.007)	1.007*** (0.007)	1.008*** (0.007)	1.009*** (0.007)	1.008*** (0.007)	1.009*** (0.007)
ln (事業所数) (t−1)	−1.477*** (0.047)	−1.442*** (0.046)	−1.503*** (0.058)	−1.472*** (0.046)	−1.481*** (0.045)	−1.470*** (0.047)	−1.451*** (0.045)
定数項							
産業ダミー×年ダミー・都道府県ダミー×年ダミー							
N	7,422	7,422	7,422	7,422	7,422	7,422	7,422
対数尤度	4.87e+09	4.87e+09	4.87e+09	4.87e+09	4.87e+09	4.87e+09	4.87e+09

パネル B

情報の非対称度の指標	(8) 中小企業の無形固定資産比率	(9) 大企業の無形固定資産比率	(10) 無形資産比率 (JIP)	(11) 情報化資産比率 (JIP)	(12) 革新的資産比率 (JIP)	(13) 経済的競争力比率 (JIP)
HHI×外部資金依存度ダミー×情報の非対称度	−4.079** (1.642)	3.778* (2.283)	0.128 (0.145)	2.118 (2.766)	0.117 (0.150)	0.087 (2.395)
雇用シェア (%)	0.014** (0.006)	0.017*** (0.007)	0.015** (0.006)	0.016** (0.006)	0.015** (0.006)	0.015** (0.006)
ln (事業所数) (t−1)	1.009*** (0.007)	1.007*** (0.007)	1.008*** (0.007)	1.009*** (0.007)	1.008*** (0.007)	1.008*** (0.007)
定数項	−1.447*** (0.046)	−1.518*** (0.060)	−1.471*** (0.046)	−1.481*** (0.045)	−1.469*** (0.047)	−1.470*** (0.045)
産業ダミー×年ダミー・都道府県ダミー×年ダミー						
N	7,422	7,422	7,422	7,422	7,422	7,422
対数尤度	4.87e+09	4.87e+09	4.87e+09	4.87e+09	4.87e+09	4.87e+09

注:被説明変数は,都道府県別・産業別の廃業事業所数である。係数はネガティブ・バイノミナルモデルにより得た。外部資金依存度ダミーは,外部資金依存度が正の場合 1,その他のダミー変数である。HHIは,各金融機関の都道府県別貸出額に基づくハーフィンダール指数である。係数の下の( )内の数値は,都道府県×年のクラスター頑健標準誤差を表す。***, **, *は各々有意水準 1%, 5%, 10% である。

表 8-5 銀行間競争と廃業率

パネル A

情報の非対称度の指標	(1)	(2) 中小企業の無形固定資産比率	(3) 大企業の無形固定資産比率	(4) 無形資産比率 (JIP)	(5) 情報化資産比率 (JIP)	(6) 革新的資産比率 (JIP)	(7) 経済的競争力比率 (JIP)
HHI×外部資金依存度	3.649 (11.451)	−66.090** (26.058)	8.461 (16.009)	3.583** (1.645)	−6.631 (33.811)	3.599** (1.643)	14.796 (27.311)
雇用シェア (%)	0.214*** (0.059)	0.195*** (0.050)	0.215*** (0.059)	0.214*** (0.058)	0.212*** (0.058)	0.213*** (0.058)	0.215*** (0.060)
開業率 (t−2)	0.137*** (0.027)	0.131*** (0.027)	0.138*** (0.027)	0.137*** (0.027)	0.137*** (0.027)	0.137*** (0.027)	0.137*** (0.027)
定数項	5.508*** (0.199)	5.774*** (0.218)	5.474*** (0.212)	5.444*** (0.179)	5.545*** (0.236)	5.479*** (0.180)	5.432*** (0.279)
産業ダミー×年ダミー 都道府県ダミー×年ダミー							
N	4,873	4,873	4,873	4,873	4,873	4,873	4,873
決定係数	0.681	0.682	0.681	0.681	0.681	0.681	0.681

パネル B

情報の非対称度の指標	(8) 中小企業の無形固定資産比率	(9) 大企業の無形固定資産比率	(10) 無形資産比率 (JIP)	(11) 情報化資産比率 (JIP)	(12) 革新的資産比率 (JIP)	(13) 経済的競争力比率 (JIP)
HHI×外部資金依存度×情報の非対称度	−57.766** (24.428)	10.498 (17.273)	2.614* (1.516)	16.795 (28.682)	2.378 (1.581)	22.000 (20.484)
雇用シェア (%)	0.196*** (0.050)	0.215*** (0.061)	0.214*** (0.058)	0.215*** (0.060)	0.213*** (0.058)	0.217*** (0.061)
開業率 (t−2)	0.132*** (0.027)	0.138*** (0.027)	0.137*** (0.027)	0.138*** (0.027)	0.137*** (0.027)	0.138*** (0.027)
定数項	5.715*** (0.207)	5.474*** (0.223)	5.474*** (0.182)	5.465*** (0.221)	5.497*** (0.182)	5.417*** (0.239)
産業ダミー×年ダミー 都道府県ダミー×年ダミー						
N	4,873	4,873	4,873	4,873	4,873	4,873
決定係数	0.682	0.681	0.681	0.681	0.681	0.681

注: 被説明変数は、産業別・都道府県別・年別の廃業率である。外部資金依存度ダミーは、外部資金依存度が正の場合1、その他ゼロのダミー変数である。HHIは、各金融機関の都道府県別貸出額に基づくハーフィンダール指数である。係数の下の ( ) 内の数値は、都道府県×年のクラスター頑健標準誤差を表す。***、**、* は、各々有意水準1%、5%、10%である。

相関がそれほど高くないことがわかる．付表8-Aは，無形固定資産比率の指標を中小企業の無形固定資産比率の高い順に並べたものである．中小企業の無形固定資産比率が高い産業は，非製造業が多いのに対し，JIPデータベースの無形資産投資比率や革新的投資比率が高い産業は，放送業，精密機械器具製造業，化学工業，電気機械器具製造業であり，産業分布の違いが読み取れる．また中小企業の無形固定資産比率で上位にある協同組合，電気通信業や娯楽業などは，JIPデータベースの情報化資産投資比率が高い産業に相当し，開業率の決定について両指標で同様の結果が得られたと推察できる．

5．おわりに

　本研究では，地域金融市場における銀行間競争が，事業所の開業や廃業に及ぼす影響について，地域別産業別のデータを用いて実証分析した．その結果，外部資金依存度が高く無形資産比率の比較的高い産業ほど，金融市場の寡占化により，開業率も廃業率も低下することが判明した．これらの結果は，寡占市場では，情報の非対称度が高い産業では，開業も廃業も低迷し，経済が活性化されにくくなっていることを示唆する．寡占度が高い市場では，担保物件を有しない企業が開業しづらい環境をいかに改善していくかが，地域経済の活性化につながると考えられる．無形資産の価値が正確に評価されるしくみを作る必要があろう．

　地域金融市場では，今後ますます再編が進むと予想される．ただし，銀行合併に伴う開業率への効果は，一様ではないことが先行研究から報告されている（Francis, Hasan, and Wang 2008）．この点については，さらなる検証が必要となろう．今後の課題としたい．

第8章　開業・廃業と銀行間競争

付表8-A　産業別外部資金依存度と情報の非対称度の指標

産業	外部資金依存度	中小企業の無形固定資産比率	大企業の無形固定資産比率	無形資産比率(JIP)	情報化資産比率(JIP)	革新的資産比率(JIP)	経済的競争力比率(JIP)
協同組合（他に分類されないもの）	0.010	0.059	0.016	0.061	0.026	0.010	0.026
自動車整備業	0.006	0.030	0.008	0.010	0.002	0.001	0.007
電気通信業	-0.008	0.023	0.067	0.050	0.018	0.020	0.011
保健衛生	-0.079	0.016	0.052	0.035	0.015	0.001	0.019
その他の事業サービス業	0.010	0.014	0.016	0.047	0.015	0.013	0.018
娯楽業（映画・ビデオ制作業を除く）	0.006	0.011	0.008	0.055	0.018	0.022	0.015
放送業	0.044	0.011	0.010	0.491	0.007	0.470	0.014
一般飲食店	0.014	0.010	0.008	0.021	0.002	0.005	0.014
飲食料品小売業	0.007	0.008	0.015	0.045	0.016	0.003	0.025
運輸に附帯するサービス業	0.002	0.008	0.014	0.023	0.009	0.003	0.011
原油・天然ガス鉱業	0.072	0.008	0.009	0.032	0.002	0.022	0.008
精密機械器具製造業	0.041	0.008	0.011	0.152	0.010	0.129	0.014
旅館，その他の宿泊所	-0.021	0.008	0.003	0.017	0.004	0.005	0.008
家具・じゅう器・家庭用機械器具	0.001	0.008	0.011	0.045	0.016	0.003	0.025
情報サービス・調査業	0.055	0.007	0.043	0.074	0.020	0.029	0.025
電気機械器具製造業	0.015	0.007	0.009	0.109	0.016	0.084	0.008
自転車・自転車小売業	0.001	0.007	0.011	0.045	0.016	0.003	0.025
繊維・衣服等卸売業	-0.025	0.006	0.004	0.030	0.011	0.004	0.014
その他の卸売業	0.007	0.006	0.007	0.030	0.011	0.004	0.014
航空運輸業	-0.047	0.006	0.017	0.015	0.005	0.001	0.009
その他の製造業	0.009	0.006	0.009	0.088	0.007	0.068	0.013
出版・印刷・同関連産業	-0.006	0.006	0.010	0.044	0.009	0.017	0.019
飲食料品卸売業	-0.010	0.006	0.007	0.030	0.011	0.004	0.014
各種商品小売業	-0.004	0.006	0.014	0.045	0.016	0.003	0.025
建築材料，鉱物・金属材料等卸	-0.012	0.005	0.009	0.030	0.011	0.004	0.014
なめし革・同製品・毛皮製造業	-0.016	0.005	0.004	0.027	0.004	0.014	0.010
ゴム製品製造業	-0.005	0.005	0.005	0.059	0.006	0.044	0.010
総合工事業	-0.033	0.005	0.006	0.017	0.003	0.004	0.011
衣服・その他の繊維製品製造業	-0.017	0.005	0.005	0.033	0.004	0.021	0.008
一般機械器具製造業	0.002	0.005	0.006	0.054	0.008	0.036	0.009
職別工事業（設備工事業を除く）	-0.026	0.005	0.009	0.017	0.004	0.003	0.010

窯業・土石製品製造業	−0.007	0.004	0.041	0.005	0.028	0.008
機械器具卸売業	0.009	0.004	0.030	0.011	0.004	0.014
道路旅客運送業	−0.002	0.004	0.016	0.007	0.001	0.008
金属製品製造業	−0.028	0.004	0.031	0.006	0.015	0.010
化学工業	0.006	0.004	0.120	0.007	0.092	0.021
その他の小売業	0.001	0.003	0.045	0.016	0.003	0.025
その他の生活関連サービス業	0.010	0.003	0.037	0.004	0.012	0.021
鉄道業	0.003	0.003	0.013	0.004	0.003	0.006
プラスチック製品製造業	−0.022	0.003	0.030	0.004	0.020	0.006
家具・装備品製造業	−0.050	0.003	0.038	0.005	0.020	0.013
食料品製造業	−0.010	0.003	0.022	0.003	0.010	0.010
物品賃貸業	−0.003	0.003	0.043	0.010	0.021	0.011
飲料・たばこ・飼料製造業	−0.018	0.003	0.035	0.003	0.014	0.017
木材・木製品製造業（家具を除く）	−0.005	0.003	0.011	0.002	0.002	0.007
輸送用機械器具製造業	0.019	0.003	0.052	0.003	0.044	0.005
非鉄金属製造業	0.024	0.003	0.039	0.001	0.029	0.004
石油製品・石炭製品製造業	0.019	0.003	0.008	0.001	0.005	0.001
鉄鋼業	−0.007	0.003	0.021	0.004	0.014	0.003
パルプ・紙・紙加工品製造業	−0.007	0.003	0.025	0.004	0.011	0.011
医療業	−0.079	0.002	0.013	0.004	0.000	0.009
繊維工業	−0.017	0.002	0.033	0.004	0.021	0.008
水運業	0.007	0.002	0.010	0.004	0.001	0.005
非金属鉱業	0.010	0.002	0.032	0.002	0.022	0.008

付表 8 − B　情報の非対称度の指標の相関係数

	中小企業の無形固定資産比率	大企業の無形固定資産比率	無形固定資産比率（JIP）	情報化資産比率（JIP）	革新的資産比率（JIP）	経済的競争力比率（JIP）
中小企業の無形固定資産比率	1					
大企業の無形固定資産比率	0.2940	1				
無形固定資産比率（JIP）	0.0987	0.0213	1			
情報化資産比率（JIP）	0.5113	0.4357	0.1381	1		
革新的資産比率（JIP）	0.0245	−0.0457	0.9852	−0.0204	1	
経済的競争力比率（JIP）	0.3055	0.2882	0.1722	0.7323	0.0117	1

参考文献

Black, Sandra E. and Philip E. Strahan (2002), "Entrepreneurship and Bank Credit Availability," *Journal of Finance*, Vol. 57(6), pp. 2807-2833.

Bonaccorsi di Patti, Emilia and Giovanni Dell'Ariccia (2004), "Bank Competition and Firm Creation," *Journal of Money, Credit and Banking*, Vol. 36(2), pp. 225-251.

Boot, Arnoud W. A. and Anjan V. Thakor (2000), "Can Relationship Banking Survive Competition?" *Journal of Finance*, Vol. 55(2), pp. 679-713.

Caballero, Ricardo J., Takeo Hoshi, and Anil K. Kashyap (2008), "Zombie Lending and Depressed Restructuring in Japan," *American Economic Review*, Vol. 98(5), pp. 1943-1977.

Cetorelli, Nicola and Michele Gambera (2001), "Banking Market Structure, Financial Dependence and Growth: International Evidence from Industry Data," *Journal of Finance*, Vol. 56(2), pp. 617-648.

Cetorelli, Nicola and Philip E. Strahan (2006), "Finance as a Barrier to Entry: Bank Competition and Industry Structure in Local U.S. Markets," *Journal of Finance*, Vol. 61(1), pp. 437-461.

Francis, Bill, Iftekhar Hasan, and Haizhi Wang (2008), "Bank Consolidation and New Business Formation," *Journal of Banking and Finance*, Vol. 32(8), pp. 1598-1612.

Ishikawa, Daisuke and Yoshiro Tsutsui (2013), "Credit Crunch and its Spatial Differences in Japan's Lost Decade: What can we Learn from it?" *Japan and the World Economy*, Vol. 28, pp. 41-52.

Midrigan, Virgiliu and Daniel Yi Xu (2014), "Finance and Misallocation: Evidence from Plant-Level Data," *American Economic Review*, Vol. 104(2), pp. 422-458.

Ogura, Yoshiaki (2007), "Lending Competition, Relationship Banking, and Credit Availability for Entrepreneurs," *RIETI Discussion Paper Series*, No. 07-E-036.

Petersen, Mitchell A. and Raghuram G. Rajan (1994), "The Benefits of Lending Relationships: Evidence from Small Business Data," *Journal of Finance*, Vol. 49(1), pp. 3-37.

Petersen, Mitchell A. and Raghuram G. Rajan (1995), "Effect of Credit Market Competition on Lending Relationships," *Quarterly Journal of Economics*, Vol. 110(2), pp. 407-443.

Rajan, Raghuram G. and Luigi Zingales (1998), "Financial Dependence and Growth," *American Economic Review*, Vol. 88(3), pp. 559-586.

Sharpe, Steven A. (1990), "Asymmetric Information, Bank Lending and Implicit Contracts: A Stylized Model of Customer Relationships," *Journal of Finance*, Vol. 45(4), pp. 1069-1087.

Shikimi, Masayo (2013), "Do Firms Benefit from Multiple Banking Relationships?

Evidence from Small and Medium-Sized Firms in Japan," *International Economics and Economic Policy*, Vol. 10(1), pp. 127-157.

Uchino, Taisuke (2014), "Bank Deposit Interest Rate Pass-through and Geographical Segmentation in Japanese Banking Markets," *Japan and the World Economy*, Vol. 30, pp. 37-51.

Zarutskie, Rebecca (2006), "Evidence on the Effects of Bank Competition on Firm Borrowing and Investment," *Journal of Financial Economics*, Vol. 81(3), pp. 503-537.

岡室博之 (2007),「存続・成長と地域特性」樋口美雄・村上義昭・鈴木正明・国民生活金融公庫総合研究所 [編]『新規開業企業の成長と撤退』勁草書房, 95-122 頁.

式見雅代 (2012),「企業の創出, 規模と銀行間競争」『地域経済研究』第 23 号, 43-57 頁.

細野薫 (2008),「中小企業向け融資は適切に金利設定されているか」渡辺努・植杉威一郎 [編]『検証中小企業金融──「根拠なき通説」の実証分析』49-77 頁.

宮川努・比佐章一 (2013),「産業別無形資産投資と日本の経済成長」『フィナンシャル・レビュー』第 112 号, 157-179 頁.

第 9 章

未上場企業による IPO の動機と上場後の企業パフォーマンス

細野　薫・滝澤美帆

要　旨

　本章では，1990 年代後半以降の日本企業を対象として，まず，非上場企業の IPO（新規株式公開）による資金調達の決定要因を Probit モデルで推計し，次に，Propensity Score Matching によって比較対照（コントロール群）を選定し，IPO 企業とコントロール群で，IPO の前後で企業の設備投資，研究開発，収益性，生産性，雇用などの企業パフォーマンスの変化に差があったかどうか (Difference-in-differences) を分析した．

　この結果，規模，総資産収益率（ROA），全要素生産性（TFP）が高く，負債比率および費用比率が低い企業は IPO をする確率が高いこと，また，IPO をした企業は，その後，非 IPO 企業に比べて，設備投資比率，研究開発費比率，ROA，TFP，労働生産性，および雇用を有意に増加させていることが明らかになった．このうち，特に TFP や労働生産性の上昇は，企業年齢が若い企業，および，外部資金依存度が高い産業に属する企業において，顕著に見られた．また，これらの企業は，IPO 後に負債比率を高めていることも明らかになった．これらの結果は，IPO が単に株価のミスプライシングを利用するためだけではなく，外部資金制約を緩和し，その後の設備投資，研究開発，収益性および生産性の向上に役立っていることを示している．

第Ⅱ部　無形資産と資金市場

1. はじめに

　非上場企業による新規株式公開（IPO）は，既往の投資資金を回収する機会であると同時に，重要な新規資金調達の手段である．このため，IPO を実施するかどうかで，その後の企業行動やパフォーマンスが大きく変わる可能性がある．とりわけ，研究開発などの無形資産への投資は，有形固定資産への投資と異なり，担保となりにくいため，銀行融資による資金調達が困難であり，IPO など資本市場を通じた資金調達によって促進される可能性がある．しかし，IPO が企業の投資行動や収益性・生産性などのパフォーマンスに与える影響に関する内外の研究は少ない．これは，未上場企業は財務諸表の報告義務がないため，データが入手しにくいことによる．図 9-1 に示すように，日本の IPO 件数は，米国と比べると少ないものの，1990 年代以降，リーマンショック後を除いて，IPO が活発に行われている．にもかかわらず，日本の IPO に関する研究は，ごく僅かである．そこで本章は，IPO の動機と，その後の企業パフォーマンスについて，日本の 1995 年から 2011 年の期間のデータを使って実証的に分析することを目的とする．

　具体的には，まず，IPO の意思決定と，IPO 後の企業の投資行動とパフォーマンスを分析する．既存研究の多くは，IPO 企業の特質もしくは IPO 後の株価の推移を調べたものであり，IPO 後の投資行動とパフォーマンスを調

＊本章は，独立行政法人経済産業研究所におけるプロジェクト「企業金融・企業行動ダイナミクス研究会」の成果の一部である．本章の分析に当たって経済産業省「企業活動基本調査」の調査票情報の提供を受けたことにつき，経済産業省の関係者に感謝する．また，本章の原案に対して，中島厚志氏，藤田昌久氏，森川正之氏，大橋弘氏，植杉威一郎氏，ならびに経済産業研究所ディスカッション・ペーパー検討会にご参加の方々から多くの有益なコメントを頂いた．また，本章は，細野・滝澤・内本・蜂須賀（2013）の一部を大幅に修正・加筆したものであり，蜂須賀氏には，当初のデータ整備でご協力いただいた．大橋和彦氏，小野有人氏，権赫旭氏，本庄裕司氏，宮川大介氏，宮川努氏，家森信義氏，その他「日本の無形資産投資に関する実証分析」ブックコンファレンスおよび RIETI「企業金融・企業行動ダイナミクス研究会」参加者からも多くの有益なコメントを頂いた．細野は科学研究費補助金（基盤研究（S）課題番号 22223004）から研究助成を受けた．ここに記して感謝申し上げる．

第 9 章　未上場企業による IPO の動機と上場後の企業パフォーマンス

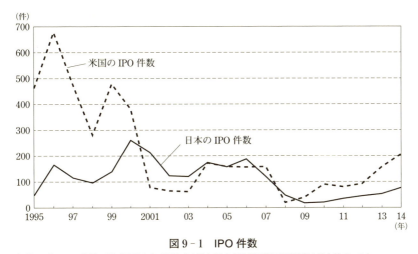

図 9-1　IPO 件数

出所）日本の IPO 件数：「株式公開白書（旧株式上場白書）」「東京証券取引所新規上場会社データ」．
　　　米国の IPO 件数：Ritter の「Initial Public Offerings: Updated Statistics」（http://bear.warrington.ufl.edu/ritter/ipodata.htm）．

べたものは少ない[1]．投資行動を調べた分析においても，株式発行による資金調達額とその後の設備投資等との相関を調べているものがほとんどであり[2]，株式発行後に設備投資が増えたとしても，それが，株式発行によるものなのか，あるいは，そもそも設備投資意欲の高い企業が株式発行をしたのかは不明である．そこで我々は，まず IPO の意思決定に関する Probit モデルを推計し，次に Propensity Score Matching によって比較対照（コントロール群）を選定し，IPO 企業とコントロール群で，IPO の前後で設備投資比率や研究開発費比率の変化に差があったかどうか（Difference-in-differences: DID）を検証する．Probit 推計の結果，収益性，健全性が高い企業が IPO をしやすいが，必ずしも成長性が高い企業が IPO をしやすいわけではないことが明らかになった．また，DID の検証を行った結果，IPO をした企業は，

---

[1]　既存研究は，第 3 節で詳細にレビューする．
[2]　例外は，Asker, Farre-Mensa, and Ljungqvist（2015）である．彼らは，IPO 企業と，産業と規模を基準に選定した非 IPO 企業の比較を行っている．

その後，非 IPO 企業に比べて，設備投資，研究開発，収益率，従業員数，労働生産性および全要素生産性（TFP）を有意に増加させていることが明らかになった．IPO 後に生産性が上昇するという結果は，米国企業に関する先行研究とは対照的である．さらに，負債比率は，IPO した年に下落したのち，上昇に転じることが明らかになった．

以下，第2節では IPO に関する理論仮説を提示し，第3節では既存の実証研究をサーベイする．第4節では，IPO の動機と IPO 後の企業行動に関する分析を行う．第5節は結論である．

2. IPO の動機に関する理論仮説

IPO の動機については，（相互に排他的ではない）いくつかの仮説が存在する．

①マーケットタイミング仮説（ミスプライシング仮説）

企業は，株価がファンダメンタルを上回るタイミングに株式を売却し，ファンダメンタルを下回るタイミングに株式を買い戻すことで，新規株主あるいは売却株主の犠牲のもとに既存株主の利益を高められる可能性がある（Fischer and Merton 1984; Barro 1990; Blanchard, Rhee, and Summers 1993; Stein 1996; Baker, Stein, and Wurgler 2003）．効率的で統合された資本市場では，こうした利益機会は存在しないが，非効率なあるいは分断化された資本市場では，株式の発行と売却のタイミングを見計らうことにより利益を得ることが可能となる．

②資金調達仮説

この仮説によれば，企業は，投資資金を調達するために株式を発行するが，IPO による資金調達を選択する理由としては，いくつかの理論的仮説が提示されている．Chammanur and Fulghieri (1999) は，ベンチャーキャピタルからの私的な資金調達と IPO による多数からの資金調達とを理論的に比較し，IPO のタイミングは，IPO による情報生産の重複というコストと，ベン

チャーキャピタルから要求されるリスクプレミアムとのトレードオフによって決まることを示している。彼らの分析から，規模が大きく，資本集約度が高い企業ほどIPOをする可能性が高いことが示唆される。次に，Bhattacharya and Ritter (1983) およびMaksimovic and Pichler (2001) は，より低いコストで資金調達できるメリットと，ライバル企業に私的な情報を開示しなければならないコストとのトレードオフによって決まることを示している。Subrahmanyam and Titman (1999) は，経営者が得られない情報を外部投資家が得られる状況では，ハイテク企業のように，外部投資家の間で情報の重複が少なく，情報の取得コストが低い場合に，企業はIPOを行うことを示している。Spiegel and Tookes (2008) は，技術革新と市場競争と資金調達手段との関係を動学的複占モデルを用いて分析し，最も収益の高いプロジェクトは借入やベンチャーキャピタルなどの私的な資金によって調達し，それほど収益の高くないプロジェクトしか残っていない場合にIPOを選択することを示している。最後に，Clementi (2002) は，IPOには固定費がかかるため，高い生産性ショックを受けた企業がIPOによる資金調達を行い，最適な生産水準を実現することを示している。Spiegel and Tookes (2008) やClementi (2002) によれば，IPO後には生産性が下落することが予想される。

③流動性向上仮説

株式市場に上場することで，既存株主の資産の流動性が高まるとともに，企業の資金調達が容易になる。Subrahmanyam and Titman (1999) は，IPOをする企業の数が多く株式市場の流動性が高いほど，株価は情報を効率的に伝達するようになり，ますますIPOの魅力が増す一方，IPOの数が少ないと市場の流動性が低下し，資本コストが上昇するのでIPOの数が減ってしまうという，複数均衡の可能性を示している。

なお，IPOの意思決定を行う主体としては，創業者とベンチャーキャピタル (VC) などの資金提供者が考えられる。上記仮説のうち，マーケットタイミング仮説は，IPO時点における既存株主の利益を追求するものであり，

創業者と資金提供者の利害が一致すると考えられる．他方，資金調達仮説や流動性向上仮説は，IPO 時とその後の資金調達による企業の成長のためであり，IPO を出口とする VC よりはむしろ，創業者や IPO 後も資金提供を続ける者の利害に一致すると考えられる[3]．

3. 既存の実証研究

　欧米企業や日本企業を対象に，IPO 後の企業パフォーマンスや企業行動の変化を分析した研究がいくつか存在する．

　まず，Pagano, Panetta, and Zingales（1998）は，イタリアの企業データを用いて，IPO 企業の事前の特徴と事後のパフォーマンスを非上場企業と比較した．その結果，IPO 確率は企業規模と産業の時価・簿価比率の上昇に伴って上昇すること，IPO 後に資本支出や売上高伸び率は増加せず，負債比率は低下していることを見出している．これらの結果は，IPO の主目的は将来の投資や成長のための資金調達ではなく，資本構成のリバランスとミスプライシングの利用であることを示している．

　Kutsuna, Okamura, and Cowling（2002）は，1995～1996 年に日本の新興市場 JASDAQ に上場している 247 企業を対象に，IPO 前 5 年間から IPO 後 3 年間にわたる営業パフォーマンス（純売上，経常利益，純利益など）を分析し，IPO 後に営業パフォーマンスが低下することを示している．ただし，彼らの比較対照は，同一産業の中央値である．また，本庄ほか（2015）は，バイオテクノロジー分野におけるスタートアップ企業 32 社を対象に，IPO 後の前後の営業パフォーマンス（総資産，売上高，研究開発費，および従業員数）の変化を分析し，平均的に見て総資産や従業員数を増加させている一方，売上高や研究開発費は総資産ほど増加させておらず，とりわけ売上高の成長はほとんど見られないことを示している．ただし，彼らは IPO 企業以外との比較

---

[3] Miyakawa and Takizawa（2013a）によれば，彼らのサンプルには，2001 年から 2011 年までに 1,182 件の IPO が存在するが，このうち VC が関与した IPO の割合は，平均で 55% である．

第9章　未上場企業によるIPOの動機と上場後の企業パフォーマンス

は行っていない．

　Kim and Weisbach（2008）は1990年から2003年までの先進国と新興国の計38か国のデータを用い，IPO当期からその3期後までの合計4期間にわたり，総資産，棚卸資産，投資，買収，研究開発，現金保有高の増加と長期負債の減少を分析した．その結果，IPO翌期においては現金保有高の伸びが最も大きかった．その後，現金は投資計画等に費やされたと考えられ，現金保有高の伸びは減少した．また，研究開発と投資についてもIPO翌期に増加しており，その後も引き続き増加している．この結果は，投資の資金調達のためにIPOをしていることを示唆している．ただし，彼らはIPOした企業のIPO前後の変化を分析しているのみで，非IPO企業との比較を行っているわけではない．したがって，例えばIPO後に投資が増えたとしても，それがIPOによる資金調達の効果なのか，収益力が高く投資意欲が高い企業でIPOを行っているからなのかは区別できていない．

　Chammanur, He, and Nandy（2010）は，米国製造業の全企業をカバーするパネルデータ（Longitudial Research Database）を用い，IPO企業のTFPと売上高伸び率はIPO時点がピークであり，IPO後は低下する一方，売上，資本支出などその他のパフォーマンス指標は，IPO後も上昇することを示している．ただし，彼らは非IPO企業（サンプル期間を通じてIPOをしなかった企業）全体をベンチマークとした比較を行っているため，必ずしもIPOと企業パフォーマンスとの間の因果関係を明らかにしているわけではない．

　一方，Asker, Farre-Mensa, and Ljungqvist（2015）は米国の2001年から2007年における企業データを用いて，IPO企業と非IPO企業の投資行動について比較分析を行った．この結果，実際にIPOした企業と，非IPO企業であるがIPO企業と類似した企業（産業と規模に基づいて選定）を比較すると，IPO企業の投資が少ないという結果を得ている．彼らはIPOがもたらす負の効果として次の2点を述べている．1つ目はエージェンシー問題である．株主と経営者の利害が一致せず，経営者は非効率的な投資を行うかもしれない．2つ目はその企業にトラブルの兆候が見られたらすぐに株式を売却されてしまい，結果として企業統治のインセンティブが弱くなるということである[4]．具体的には，IPO企業の経営者は，株式市場の投資家が長期的な投資

計画を正しく評価せず株式を売却することを恐れ，短期的な投資計画を好む．また，多くの IPO 企業経営者は，当期の収益が落ち込む投資を控える．彼らによれば，このような「短期主義」が米国において IPO 企業の方が非 IPO 企業より投資が少ない理由である．

本章では IPO 企業の比較対照企業（非 IPO 企業）を選定するにあたって，Probit 推定に基づく傾向スコアマッチング（Propensity Score Matching: PSM）と呼ばれる手法を用い，Asker, Farre-Mensa, and Ljungqvist（2015）などの先行研究よりも厳密な比較を行うこととする．本章と同様に，PSM を用いて比較対照企業を選定し，IPO 前後のパフォーマンスの変化（difference-in-differences）を調べた研究は，我々の知る限り，Miyakawa and Takizawa（2013a）のみである．彼らは，2001 年から 2011 年に IPO を実施した日本企業の TFP，総資産収益率（ROA），および従業員 1 人当たり売上高を分析し，IPO 後に ROA の悪化が見られることを見出した．ただし，この結果は，2001 年から 2005 年の比較的 IPO 市場が盛んであった（hot market）時期の IPO サンプルによってもたらされていることも示されている．我々は，1995 年から 2010 年という，より長期のパネルデータを用いることにより，こうした一時的な hot market による影響を軽微にすることができる．また，TFP や ROA などのパフォーマンス指標のみならず，研究開発費や設備投資など IPO 後の企業行動の変化を分析することにより，より IPO が企業パフォーマンスに及ぼす影響のメカニズムも明らかにできる点に特徴がある．

なお，本章に関連する研究として，IPO 前後の企業パフォーマンスに対する VC の役割を分析したいくつかの研究があるが（例えば，Kutsuna, Okamura, and Cowling 2002；岡室・比佐 2007; Chemmanur, Krishnan, and Nandy 2011; Krishnan *et al.* 2011; Miyakawa and Takizawa 2013a; Miyakawa and Takizawa 2013b），本章では，VC からの資金提供の有無にかかわらず，IPO

4） Brau and Fawcett（2006）は，最高財務責任者（CFOs）に対するアンケート調査をもとに，米国の非 IPO 企業が IPO しないのは意思決定権と所有権を保持するためであることを見出している．このアンケート調査によれば，IPO の主要な目的は買収の促進である．

を実施した企業のパフォーマンス変化を検証する[5].

4. IPOの動機と資金使途

4.1 データ・ソースおよびサンプル・セレクション

IPOに関する主なデータ・ソースは,『株式公開白書(旧株式上場白書)』(プロネクサス(旧亜細亜証券印刷))である.同書には,1995年以降の各年に日本の株式市場で実施されたIPOの公募株式数,売出株式数,公募価格,払込金額の総額,売出金額の総額などが掲載されている.このように,既存株主が保有する株の売出と,新規資金調達のための払込金額が分けて掲載されている.本章では,1995年から2011年までのIPOに関するデータを使用する.

基礎的な財務データについては『企業活動基本調査』(経済産業省)の個票データを用いる.『企業活動基本調査』は,上場企業・非上場企業を問わず,各年度の基礎的な財務データや研究開発費,産業区分,従業員数等が含まれており,上場企業については証券コードも記載されている.そこで,『株価CD-ROM』(東洋経済新報社)に収録されている証券コードを用いて,『株式公開白書』のデータと『企業活動基本調査』のデータをマッチングした.この際,『株式公開白書』では,発行時期は暦年ベースでのみ掲載されているのに対し,『企業活動基本調査』は,年度ベース(4月から翌年3月)で記載されているので,暦年ベースのIPO情報を,『株価CD-ROM』を用いて年度ベースに分類しなおした.具体的には,株価CD-ROMには月別の株価データが収録されているため,株価が最初に掲載されていた月をIPOした月とみなすことにより,IPOの年度を特定した.

---

[5] 例えば,Miyakawa and Takizawa (2013a) は,IPO前年からIPO 3年後のROAの変化幅を比較すると,VCからの資金提供のない企業とある企業ではそれぞれマイナス3.7%,マイナス4.8%であることを見出しており,両者の差異は大きなものとは言えない.

IPO 企業の特性を分析するための Probit 回帰においては，1995 年度から 2011 年度までの『企業活動基本調査』に掲載されている企業が対象サンプルとなる．この総数（企業・年）は 469,799 存在するが，このうち，IPO 企業における IPO 翌年度以降のデータは Probit 回帰分析の対象から外しているため，実際のサンプルサイズは 458,934 となる．

本章では 1995 年から 2011 年の間の IPO 案件を分析の対象とする．サンプル期間中の IPO 件数は 2,057 件だが，そのうち，企業活動基本調査にデータが収録されていたのは 1,032 件であり，ここから財務数値に欠損がある企業・年と，異常値（総資産，販売管理費，売上，企業年齢，あるいは研究開発費がマイナス，あるいは，企業年齢が 2000 年以上）がある企業・年をサンプルから除外した結果，551 の企業が除外され，481 件の IPO がサンプルとして存在する．

IPO の資金使途を分析するための DID 分析では，Propensity Score Matching により処置群（IPO 企業）と対照群（非 IPO 企業）を選定する．マッチングする非 IPO 企業を同一産業に限定しない場合は，455 の IPO 企業と同数の非 IPO 企業が選定される．また，マッチングする非 IPO 企業を同一産業に限定した場合では 432 の IPO 企業と，同数の非 IPO 企業が選定された．

4.2　IPO 企業の事前の特徴

(1) 定式化と仮説

IPO 企業の事前の特徴を明らかにするため，以下のような IPO 確率の Probit モデルを推計する．

$$(1)\quad \Pr(IPO_{it}=1) = F\Big(\beta_0 + \beta_1 \ln(assets_{it-1}) + \beta_2 \cdot \frac{debt_{it-1}}{assets_{it-1}}$$

$$+ \beta_3 \cdot salesgrowth_{it-1} + \beta_4 \cdot ROA_{it-1} + \beta_5 \frac{RD_{it-1}}{sales_{it-1}}$$

$$+ \beta_6 \frac{invest_{it-1}}{capital_{it-1}} + \beta_7 \ln(TFP_{it-1}) + \beta_8 \cdot \frac{costs_{it-1}}{assets_{it-1}}$$

$$+ \beta_9 \cdot age_{it-1} + \beta_{10} \cdot age^2_{it-1} + industry_i + year_t\Big)$$

第 9 章　未上場企業による IPO の動機と上場後の企業パフォーマンス

　添え字 i, t はそれぞれ企業，年度のインデックスである．被説明変数の *IPO* は，IPO 企業が IPO した年度においてのみ 1 をとり，その他の企業・年では 0 をとる．なお，IPO した企業は，IPO 翌年度以降，サンプルから除外する．説明変数の *assets, debt, salesgrowth, ROA, RD, invest, capital, TFP, costs, age, sales, industry, year* はそれぞれ，総資産，負債，売上高伸び率，ROA（経常利益／総資産），研究開発費，設備投資，資本ストック，TFP（全要素生産性），費用（売上原価＋販売管理費），企業年齢（t 年度 − 企業設立年度），売上，産業ダミー，年度ダミーである．なお，TFP は産業平均に対する各企業の相対的な TFP レベルを用いる．TFP の計測については，Fukao and Kwon（2006）と同様の手法を用いる[6]．

　説明変数のうち，まず総資産（対数値）については，次の理由からプラスの符号をとると予想される．第 1 に，上場には，会計・監査・ディスクロージャーに伴うコスト，株式の引受手数料，証券取引所への登録手数料などのコストがかかるが，これらの多くは固定費用である（Ritter 1987; Pagano, Panetta, and Zingales 1998; Kutsuna and Smith 2004）．第 2 に，外部投資家と企業との間に情報の非対称性があれば，逆選択が生じて株価は過小評価されてしまうが（Rock 1986 他），この情報の非対称性の程度は，規模が大きく，外部からの可視性が良好なほど軽減される．第 3 に，上場によって株式の流動性が高まるが，この効果は取引量が大きいほど大きいため，規模が大きな企業ほど流動性向上の便益を受けやすい．最後に，上場基準として一定以上の

6）産出額，中間投入の実質化に必要な産業別デフレータ，資本コストの推計に必要な資本のサービス価格，および労働コストの推計に必要な産業別労働時間はすべて JIP2013 を用いる．ただし直近の 2011 年度（2012 年 3 月期）のデフレータについては 2010 年度と同じと仮定する．また，時価・簿価比率については，JIP2013 の産業別年別の実質資本ストックと実質産出額の比率を利用し，時価・簿価比率を（例えば 2000 年の産業 i の時価・簿価比率を $\alpha_{i,2000}$ とすると）以下のように計算する．

$$\frac{Y_{i,2000}^{JIP}}{K_{i,2000}^{JIP}} = \frac{\Sigma Y_{i,2000,j}^{kikatsu}}{\Sigma BVK_{i,2000,j}^{kikatsu} * \alpha_{i,2000}}$$

$Y_{i,2000}^{JIP}$，$K_{i,2000}^{JIP}$ はそれぞれ，2000 年の JIP データベースにおける産業 i の産業別付加価値額，実質資本ストックを示し，$\Sigma Y_{i,2000,j}^{kikatsu}$ および $\Sigma BVK_{i,2000,j}^{kikatsu}$ はそれぞれ，2000 年の企業活動基本調査における産業 i に属する企業 j の実質産出額および簿価ベースの有形固定資産の合計を示す．

時価総額あるいは純資産が要求される．

　次に，負債比率（対総資産）売上伸び率および設備投資比率については，プラスの符号が予想される．これは，資金調達仮説によれば，IPO の主目的は資金調達であり，株式市場からの資金調達ニーズが高いのは，1）すでに銀行借入などの借入を多く行っており，負債比率が高い企業，および，2）成長機会が豊富で，売上伸び率および設備投資比率が高い企業だからである．また，ホールドアップ仮説によれば，成長性が高い企業ほど，銀行によるレント収奪から逃れ，より低い調達コストで資金を調達しようとする．この点でも，成長性が高い企業ほど IPO 確率が高まると予想される．ただし，一部の証券取引所では，上場基準として一定以上の純資産を要求しており，この面では，負債比率が高い企業は上場基準を満たしにくくなるので，マイナスの符号になる可能性もある．

　ROA はプラス，マイナスいずれの符号も予想される．まず，一部の証券取引所では，上場基準として一定の利益を満たすことを要件として課している．また，一時的に収益が高い企業は，外部投資家が当該企業が恒久的に収益性が高いと誤って認識し，株価を過大評価するだろうと予想して IPO をするかもしれない．この 2 つの要因からは，ROA はプラスの符号が予想される．他方，ROA が高ければ，潤沢な内部資金を有しており，IPO による外部資金調達ニーズは低いので，この面ではマイナスの符号が予想される．費用比率（対総資産）については，ROA と同様の理由から，利益指標としてはマイナスの符号が予想される．

　TFP（対数値）については，プラスが予想される．IPO の動学モデル (Spiegel and Tookes 2008; Clementi 2002) によれば，企業は高い生産性ショックに見舞われた時点で IPO を行う．また，生産性が高い企業は，IPO 時に私的情報を開示しても，ライバル企業に競争上負けてしまうリスクが低いかもしれない．

　企業年齢については，プラスの符号が予想される．若い企業ほど，資金の調達・返済に関する記録（トラックレコード）が少なく，外部投資家と企業との情報の非対称性に伴う株価の過小評価の問題が深刻だと考えられるからである．ただし，一定以上の企業年齢になれば，トラックレコードの蓄積によ

る限界的な効果は小さくなると予想されるため，企業年齢の2乗項はマイナスが予想される．

研究開発費比率（対売上高）については，プラス，マイナスいずれの符号も予想される．研究開発費比率が高いほど成長性も高く，資金調達ニーズが強ければ，プラスが予想される．他方，証券取引場のディスクロージャールールによって，企業は研究開発投資など，ライバル企業との競争上重要な情報を開示しなければならず，この点では，研究開発投資比率が高い企業ほど，開示による損失が大きいためにIPOを躊躇すると考えられる（Maksimovic and Pichler 2001）．なお，研究開発費については，『企業活動基本調査』において，欠損値となっている企業も少なくない．そこで，欠損値をサンプルから除外するケース（「研究開発費比率1」）と，欠損値をゼロに置き換えて全サンプルを用いるケース（「研究開発費比率2」）の両方を推計する．

産業ダミーは，さまざまな産業特性をコントロールするためのものである．産業分類は，JIP（日本産業生産性）データベースの分類（108部門）を用いて，それぞれの企業を分類した．例えばChemmanur, He, and Nandy（2010）は，産業の市場集中度，情報の非対称性の程度，上場株式の流動性などがIPO確率に影響を及ぼすことを明らかにしており，本章では，こうした効果をすべて産業ダミーで吸収する．

最後に，年度ダミーについては，IPOに影響する様々なマクロショックをコントロールするために説明変数に加えている．たとえば，マーケットタイミング仮説によれば，平均株価が高いときほどIPO確率は高まるであろう．また，IPOや増資に絡むインサイダー取引が発覚した時には，投資家の市場に対する信頼が失われ，株価が過小評価される可能性が高まるため，IPO確率は低くなると予想される．

(2) 記述統計量

表9-1は，Probit回帰に用いる各変数について，IPO＝1（IPOした企業のIPO年度）とIPO＝0（IPOした企業のIPO前年度までと，IPOしなかった企業の全年度）に分けて記述統計量を示している．また，中央値の差の検定結果も示している．変数はすべて，1期ラグの値である．これを見ると，IPO＝1

第Ⅱ部　無形資産と資金市場

表9-1　IPO分析の統計量・メディアン検定，IPOダミー別

		観測数	平均値	標準偏差	中央値	差
ln 総資産	IPOdummy = 1	481	9.259	1.202	9.185	0.943***
	IPOdummy = 0	266,530	8.424	1.374	8.242	
負債比率	IPOdummy = 1	481	0.639	0.202	0.666	−0.070***
	IPOdummy = 0	266,530	0.708	0.299	0.736	
売上成長率	IPOdummy = 1	481	0.099	0.265	0.059	0.057***
	IPOdummy = 0	266,530	0.028	1.239	0.002	
ROA	IPOdummy = 1	481	0.074	0.057	0.065	0.039***
	IPOdummy = 0	266,530	0.034	0.093	0.026	
研究開発費比率1	IPOdummy = 1	357	0.014	0.025	0.004	0.003***
	IPOdummy = 0	142,517	0.011	0.027	0.001	
研究開発費比率2	IPOdummy = 1	481	0.010	0.022	0.000	0.000***
	IPOdummy = 0	266,530	0.006	0.021	0.000	
設備投資比率	IPOdummy = 1	481	0.218	0.761	0.120	0.054***
	IPOdummy = 0	266,530	−0.005	10.953	0.066	
lnTFP	IPOdummy = 1	481	0.026	0.309	−0.001	0.068***
	IPOdummy = 0	266,530	−0.074	0.372	−0.069	
ln 労働生産性	IPOdummy = 1	481	0.208	0.605	0.144	0.162***
	IPOdummy = 0	266,530	0.021	0.618	−0.019	
費用／総資産	IPOdummy = 1	481	1.408	0.869	1.178	−0.139***
	IPOdummy = 0	266,530	1.641	1.444	1.317	
企業年齢	IPOdummy = 1	481	33.414	15.576	32.000	−8.000***
	IPOdummy = 0	266,530	39.548	16.993	40.000	
企業年齢の2乗	IPOdummy = 1	481	1358.595	1167.511	1024.000	−576.000***
	IPOdummy = 0	266,530	1852.828	1504.976	1600.000	
従業員数	IPOdummy = 1	481	695.705	1178.38	376	226.000***
	IPOdummy = 0	266,530	445.479	1835.46	150	

注）研究開発費比率1は欠損値をサンプルから除外するケースを，研究開発費比率2は欠損値を0に置き換えて全サンプルを用いるケースを示す．サンプルはProbit推定に用いたサンプルに限る．***は1%有意水準を示す．

のサンプルは，IPO＝0のサンプルに比べて，総資産（対数値），売上高増加率，ROA，研究開発費比率1・2，設備投資比率，TFP（対数値），および労働生産性（対数値）が高く，負債比率，費用比率，および企業年齢が低いことがわかる．

(3) Probit 推計結果

表9-2は，(1)式のProbitモデルの最尤法による推計結果（限界効果）を示している．研究開発のデータが収録されている企業数は少ないこと，また，

第9章 未上場企業によるIPOの動機と上場後の企業パフォーマンス

表9-2 IPO確率のProbit推定結果

	(1) 限界効果	(1) 標準誤差	(2) 限界効果	(2) 標準誤差
総資産の対数値	0.0003346	0.0000367***	0.0003283	0.0000364***
負債比率	-0.0007566	0.0001616***	-0.0007316	0.0001609***
売上成長率	0.0000063	0.0000081	0.0000062	0.0000080
ROA	0.0012209	0.0002185***	0.0012235	0.0002179***
研究開発費比率2			0.0022038	0.0009734**
設備投資比率	0.0000081	0.0000086	0.0000080	0.0000085
lnTFP	0.0004589	0.0001029***	0.0004614	0.0001026***
費用／総資産	-0.0000982	0.0000418**	-0.0000947	0.0000415**
企業年齢	-0.0000063	0.0000082	-0.0000060	0.0000082
企業年齢の2乗	-0.0000002	0.0000001*	-0.0000002	0.0000001*
年度ダミー1997	0.0014675	0.0006235***	0.0014633	0.0006223***
年度ダミー1998	0.0010092	0.0005013***	0.0010077	0.0005006***
年度ダミー1999	0.0018232	0.0006887***	0.0018219	0.0006884***
年度ダミー2000	0.0032658	0.0010036***	0.0032528	0.0010011***
年度ダミー2001	0.0023970	0.0009419***	0.0023888	0.0009399***
年度ダミー2002	0.0002595	0.0003279	0.0002584	0.0003271
年度ダミー2003	0.0006448	0.0004097**	0.0006388	0.0004078**
年度ダミー2004	0.0011191	0.0005166***	0.0011145	0.0005153***
年度ダミー2005	0.0006613	0.0004073**	0.0006605	0.0004068**
年度ダミー2006	0.0010332	0.0004952***	0.0010321	0.0004947***
年度ダミー2007	-0.0005266	0.0001242***		
年度ダミー2008			-0.0005271	0.0001233***
年度ダミー2009	-0.0006683	0.0001006***	-0.0006650	0.0001006***
年度ダミー2010	-0.0007830	0.0000831***	-0.0007817	0.0000827***
Number of obs	267,011		267,011	
LR chi2	765.22		768.19	
Prob>chi2	0		0	
Pseudo R^2	0.1087		0.1091	

注) 研究開発費比率2は欠損値を0に置き換えて全サンプルを用いるケースを示す. *, **, ***はそれぞれ10%, 5%, 1%有意水準を示す.

TFPには無視しえない計測誤差がある可能性があるので, (1)列で研究開発費比率を除いた推計結果, (2)列で研究開発費比率2(欠損値をゼロで置き換えたケース)を用いた推計結果を示している. また, 表は省略しているが, (3)研究開発費を除き, かつ, TFP(対数値)の代わりに労働生産性(対数値)を用いる場合, (4)研究開発費比率1(欠損値を除いたケース)を用いる場合の推計も行った. これらの結果は, 研究開発費比率以外の変数の符号, 有意性は

(1), (2), (3), (4)でほぼ同じであったため以下，各変数がIPO確率に与える数量的影響については，(1)列の推計結果をもとに議論する．

まず，総資産（対数値）は予想通りプラスで有意である．総資産（対数値）の1ポイントの上昇は，IPO確率を0.033％ポイント高める．これは，IPO確率のサンプル平均値の15％に相当する[7]．

次に，資金ニーズをとらえる売上高伸び率および設備投資比率はプラスだが，いずれも有意ではない．また，負債比率はマイナスで有意である．これは，負債比率が低いほど一部取引所の上場基準を満たしやすいことを反映しているのかもしれない．この結果は，（ROAのプラスの効果と相まって）デフォルト確率が低く健全な企業ほどIPO確率が高まることを示している．

ROAはプラス，費用比率はマイナスで，いずれも有意である．これは，ROAが高いほど上場基準を満たしやすく，また，収益性が高いほど株価の過大評価を狙ってIPOを行うという仮説と整合的である．

TFPはプラスで有意であり，高い生産性ショックを受けた時点でIPOを行うという仮説（Spiegel and Tookes 2008; Clementi 2002）と整合的である．ただし，TFP（対数値）の代わりに労働生産性（対数値）を用いると，この係数はプラスだが有意ではない．

企業年齢は，予想に反してマイナスだが有意ではなく，企業年齢の2乗項はマイナスで有意である．この結果は，年齢の上昇はIPO確率を下げることを示している．若い企業ほど，信用市場における評判は確立しておらず，株価が過小評価される可能性が高いが，その効果以上に，今後の成長に必要な資金調達ニーズが強いことを示唆しているのかもしれない．

(2)列において，研究開発費比率2の係数はプラスで有意であり，資金需要が強い企業ほどIPOを行うという仮説と整合的である．ただし，研究開発費比率1を用いた場合，この係数はプラスだが有意ではない．

最後に，図9-2は，(1)列の年度ダミーの係数を東証株価指数（TOPIX）の

---

[7] 1995年から2011年のサンプル数（企業・年，財務変数が揃わないサンプルおよび異常値を除去する前）は469,799，その期間のIPO件数は1,032社なので，IPO確率のサンプル平均値は1,032÷469,799＝0.220％より，0.033％÷0.220％＝0.15となる．

第9章 未上場企業によるIPOの動機と上場後の企業パフォーマンス

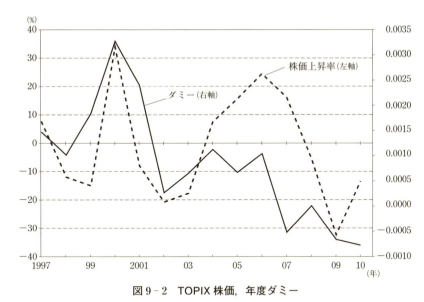

図9-2 TOPIX株価，年度ダミー

出所）株価：Yahoo!ファイナンス．

対前年度比（月末終値の12か月単純平均値の対前年度比）と比較したものである．これによると，2009年度以降の株価回復期を除き，おおむね株価上昇期にIPO確率が上昇することがわかる．これは，マーケットタイミング仮説と整合的である．

以上の推計結果を既存研究と比較する．企業データを用いてIPO確率を推計しているのは，我々が知る限り，Pagano, Panetta, and Zingales (1998)，Chemmanur, He, and Nandy (2010)，および Miyakawa and Takizawa (2013a) のみであり，これらの結果とここでの結果はおおむね整合的であるが，一部，影響の異なる変数もある．

まず，Pagano, Panetta, and Zingales (1998) は，イタリア企業を対象に分析し，彼らの全サンプルを用いた推計結果では，規模（売上），売上高伸び率，収益性（EBITDA／総資産），および産業の時価・簿価比率のミディアン値がプラスで有意である一方，負債比率はマイナスだが有意ではなく，借入金利（全企業平均からのかい離）は有意にマイナスであることを示している．このうち，規模および収益性については，表9-2の結果と整合的である．他

269

方，負債比率については，日本企業を対象とした我々の推計結果ではマイナスに有意である．なお，Pagano, Panetta, and Zingales（1998）は，企業年齢や研究開発はデータが入手できなかったとして，説明変数に加えていない．

Chemmanur, He, and Nandy（2010）は，米国製造業企業を対象に分析を行い，規模，私的な資金調達手段（銀行借入またはベンチャーキャピタル）へのアクセス，売上高伸び率，資本労働比率，同業他社に比べた TFP，企業年齢，投資比率，市場シェア，およびハイテク産業ダミーが IPO 確率に正の影響を及ぼすことを示している[8]．このうち，規模やTFPについては，我々の結果と整合的であるが，企業年齢や投資比率については，我々の結果は有意ではなかった．彼らは，研究開発費については，説明変数に加えていない．

Miyakawa and Takizawa（2013a）は，日本の 2001 年から 2011 年の企業データを用いて，IPO 確率の logit モデルを推計している．彼らは，ベンチャーキャピタルの関与の有無によってサンプルを分割して推計しているが，いずれの企業群においても，現金／資産比率および総資産（対数値）がプラスで有意，負債／資産比率と TFP がマイナスで有意となっている．このうち，総資産（対数値）と負債／資産比率の結果は，ここでの結果と整合的だが，TFP は逆の符号となっている．

4.3　IPO 後の投資・研究開発

(1) 手　法

本項では，IPO が企業のその後にどのような効果をもたらすかを分析するために，Propensity Score Matching という手法を用いて処置群（IPO 企業）と対照群（非 IPO 企業）を選定する．IPO の効果を分析する際，単純に IPO 企業と非 IPO 企業を比較すると，観測される投資や研究開発の変化が IPO

---

[8]　ただし，企業年齢の有意性はロバストではない．彼らは産業の特性にも着目し，（ハーフィンダールインデックスで測定された）市場集中度，上場株式の売買回転率，（同一産業の上場企業のアナリスト予想の標準偏差，アナリスト予想の誤差などで測定された）情報の非対称性の程度が小さい産業や，上場企業の株式の流動性が高い産業に属している企業，そして，IPO がすでに多くなされている産業に属している企業ほど，IPO 確率が高まることを明らかにしている．

第9章 未上場企業によるIPOの動機と上場後の企業パフォーマンス

によるものか，別の要因によるものか判別できない．この問題を回避するためには，IPO企業と近い属性を持っていたがIPOしなかった企業を選定し，その企業とIPO企業を比較することが必要となる．そのような非IPO企業の選定方法としてPropensity Score Matchingを用いる．

まず，4.2節(3)で行ったProbitモデルの推計（表9-2，(1)列）で得られた係数を用いて各企業，各年度別にIPO確率（スコア）を求める．次に，IPO企業と同程度のIPO確率を持つ（正確には，スコアの差が最小となる）非IPO企業を選定する（Nearest-Neighbor Matching）．最後に，IPO企業のIPO前後の企業パフォーマンス（設備投資，研究開発，収益性，生産性，雇用および負債比率）の変化と，同期間の非IPO企業の企業パフォーマンスの変化を比較する（この手法は，変化の差を見るという意味で，Difference-in-differencesと呼ばれる）．こうして両者を比較した結果，企業パフォーマンスの変化に両者の間で違いがあれば，その差はIPOの効果ということができる．なぜなら，互いに似通った企業を比較することでIPO以外の差の要因を排除しているからである．

この手法の利点は，観測できる企業属性をできるだけコントロールしたうえで，IPOの効果を測定できる点にある．もちろん，IPO企業はなんらかの動機に基づいてIPOを決定していると考えられるので，全くランダムにIPO企業が選ばれているわけではない．むしろ，IPO確率を高める，観測できない企業属性（たとえば，過去の売上高増加率などでは把握できない投資機会の存在）が，IPOの意思決定と，その後の投資や研究開発を決定付けていると考えるほうが自然である．その意味で，Propensity Score Matchingによって非IPO企業を選定し，それとIPO企業の投資を比較するという本章での手法は，IPOの動機を事後的に分析するための手法だと位置づけられる．たとえば，株価のミスプライシングの利用がIPOの主たる動機であれば，IPO企業が非IPO企業と比較して研究開発を増やす，あるいは，生産性が高まるという効果は見られないであろう．逆に，資金調達が主な動機であれば，IPO企業は非IPO企業と比較して研究開発を増やすという効果が認められるであろう．なお，この手法は，IPOによる資金調達額による影響の差を考慮しておらず，平均的な効果あるいはミディアン値での効果しか測れないと

いう点は考慮が必要である．

比較する変数は，IPO 年度を t で表すと，$t+6$ 年度までのパフォーマンス指標である．具体的には，設備投資を I，資本ストック（有形固定資産）を K，研究開発費を RD（欠損値を除外したものを $RD1$，欠損値をゼロで置き換えたものを $RD2$），売上を $SALES$，経常利益を R，総資産を $ASSETS$，全要素生産性を TFP，付加価値を VA，従業員数を EMP，負債を $DEBT$ で表すと，以下の8変数である．

① 設備投資比率： $\dfrac{\sum_{s=0}^{S} I_{it+s}}{K_{it-1}} - \dfrac{I_{it-1}}{K_{it-2}}$　　for　$S=0,\ldots,6$

② 研究開発費比率1： $\dfrac{\sum_{s=0}^{S} RD1_{it+s}}{SALES_{it-1}} - \dfrac{RD1_{it-1}}{SALES_{it-2}}$　　for　$S=0,\ldots,6$

③ 研究開発費比率2： $\dfrac{\sum_{s=0}^{S} RD2_{it+s}}{SALES_{it-1}} - \dfrac{RD2_{it-1}}{SALES_{it-2}}$　　for　$S=0,\ldots,6$

④ 全要素生産性： $\ln TFP_{it+s} - \ln TFP_{it-1}$　　for　$S=0,\ldots,6$

⑤ 労働生産性： $\dfrac{VA_{it+s}}{EMP_{it+s}} - \dfrac{VA_{it-1}}{EMP_{it-1}}$　　for　$S=0,\ldots,6$

⑥ ROA： $\dfrac{2\sum_{s=0}^{S} R_{it+s}}{(ASSETS_{it}+ASSETS_{it-1})} - \dfrac{2R_{it-1}}{(ASSETS_{it-1}+ASSETS_{it-2})}$

　　　　　　　　　　　　　　　　　　　　　for　$S=0,\ldots,6$

⑦ 従業員数： $EMP_{it+s} - EMP_{it-1}$　　for　$S=0,\ldots,6$

⑧ 負債比率： $\dfrac{2DEBT_{it+s}}{(ASSETS_{it}+ASSETS_{it-1})} - \dfrac{2DEBT_{it-1}}{(ASSETS_{it-1}+ASSETS_{it-2})}$

　　　　　　　　　　　　　　　　　　　　　for　$S=0,\ldots,6$

ここで，設備投資比率，研究開発費比率1・2 および ROA は，IPO 後の累積値である．

第 9 章　未上場企業による IPO の動機と上場後の企業パフォーマンス

(2) IPO 後の企業行動・パフォーマンスの分析結果

　IPO 企業とマッチングする非 IPO 企業のデータは IPO 年度と同年度のものを使用する．マッチングは 2 通り実施する．一つは IPO 企業とスコアが近く，かつ同一年度の非 IPO 企業データをマッチングするという方法である．もう一つはマッチングする非 IPO 企業を相手の IPO 企業と同一の産業に限るという条件をさらに加えたものである．前者のマッチングでは 523 の IPO 企業とそれに対応する同数の非 IPO 企業が選定され，後者のマッチングでは 490 の IPO 企業とそれに対応する同数の非 IPO 企業が選定された．そこから，パフォーマンス指標のデータが欠損しているサンプルを除外すると，各変数の IPO 年度（t 期）における観測値数は，設備投資比率が 946，研究開発費比率 1 が 476，研究開発費比率 2 が 964，TFP が 948，ROA が 964 である．

　IPO 年（t 年）から 4 年後（$t+6$ 年）までの変化を見る際，サンプルの取り方としては，各年で取れるサンプルをすべて取ることとする．対照群を選ぶにあたっては，同一年という条件のみを課したケース（「同一年」と呼ぶ）と，同一年・同一産業という条件を課した場合（「同一年・同一産業」と呼ぶ）のケースの 2 パターンの比較を行う．

　DID の検定にあたっては，平均値の比較（Average Treatment Effect: ATE）に加えて，異常値の影響を軽減するため，ミディアン値が処置群（IPO 企業）と対照群（非 IPO 企業）で同じであるという帰無仮説も検定する．平均値の検定には t-test，ミディアン値の検定には Wilcoxon singed-rank test (Wilcoxon 1945) を用いる[9]．

　まず，表 9-3 において，「同一年」の結果を見る．設備投資比率は，ミディアン値の比較では $t+1$ 期から $t+6$ 期まですべての期において，IPO 企業のほうが非 IPO 企業よりも有意に大きい．平均値では $t+1$ 期，$t+2$ 期，$t+4$ 期で有意な差が見られる．研究開発費比率は，ミディアン値の比較では，$t+1$ 期から $t+6$ 期まで（研究開発費比率 1，2 の両ケースで）IPO 企業のほうが

---

9) Wilcoxon singed-rank test はノンパラメトリックな検定であり，正規分布の仮定を必要としない．ただし，分布が対称的であるという仮定が必要である．

表 9-3　IPO 後の設備投資，研究開発，TFP，労働生産性，ROA，従業員数，および負債比率（「同一年」における Difference-in-differences）

	設備投資比率			労働生産性		
	平均値の差	中央値の差	観測数	平均値の差	中央値の差	観測数
t 期との比較	−0.0138	0.0099	836	0.0887	0.0580***	806
$t+1$ 期後との比較	0.2809**	0.0829***	718	0.0906	0.0470***	690
$t+2$ 期後との比較	0.5976**	0.1015***	642	0.0234	0.0138	620
$t+3$ 期後との比較	0.5845	0.1395***	576	0.0671	0.0028	594
$t+4$ 期後との比較	0.9408*	0.1835***	544	−0.0006	0.0111	554
$t+5$ 期後との比較	0.9127	0.1393*	512	0.0384	0.0192	482
$t+6$ 期後との比較	1.3246	0.1553**	428	−0.0285	−0.0556	422

	研究開発費比率 1			ROA		
	平均値の差	中央値の差	観測数	平均値の差	中央値の差	観測数
t 期との比較	0.0011	0.0000	428	0.0235***	0.0106***	828
$t+1$ 期後との比較	0.0068	0.0060**	264	0.0744***	0.0646***	712
$t+2$ 期後との比較	0.0223*	0.0172***	174	0.1049***	0.0968***	630
$t+3$ 期後との比較	0.0236	0.0243***	148	0.2229***	0.2253***	574
$t+4$ 期後との比較	0.0201	0.0277**	110	0.3489***	0.3479***	550
$t+5$ 期後との比較	0.0568*	0.0382**	102	0.4373***	0.3766***	510
$t+6$ 期後との比較	0.0339	0.0416*	100	0.5618***	0.5048***	420

	研究開発費比率 2			従業員数		
	平均値の差	中央値の差	観測数	平均値の差	中央値の差	観測数
t 期との比較	0.0005	0.0000	836	76.0383	11.5000***	836
$t+1$ 期後との比較	0.0084*	0.0007***	750	88.1612	19.5000***	732
$t+2$ 期後との比較	0.0157**	0.0016***	694	157.9192	26.0000***	668
$t+3$ 期後との比較	0.0229***	0.0068***	652	201.3730	35.0000***	638
$t+4$ 期後との比較	0.0292***	0.0074***	610	206.7708	42.0000***	602
$t+5$ 期後との比較	0.0319***	0.0079***	560	233.1964	44.0000***	550
$t+6$ 期後との比較	0.0383**	0.0095***	490	327.3824	52.5000***	476

	TFP			負債比率		
	平均値の差	中央値の差	観測数	平均値の差	中央値の差	観測数
t 期との比較	0.0399	0.0272***	836	−0.0180	−0.0085***	824
$t+1$ 期後との比較	0.0552	0.0303***	724	−0.0297	−0.0003	706
$t+2$ 期後との比較	0.0272	0.0114	654	−0.0022	0.0144	624
$t+3$ 期後との比較	0.0386	0.0235*	628	0.0912	0.0340	566
$t+4$ 期後との比較	−0.0027	0.0117	592	0.3150	0.2591	532
$t+5$ 期後との比較	0.0404	0.0167	542	0.7096**	0.3682	500
$t+6$ 期後との比較	0.0178	0.0023	474	1.3337***	0.6849**	412

注）TFP，労働生産性は当該産業代表的企業の TFP 水準からの乖離で算出した TFP を示す．研究開発費比率 1 は欠損値をサンプルから除外するケースを示す．研究開発費比率 2 は欠損値を 0 に置き換えて全サンプルを用いるケースを示す．*，**，***はそれぞれ 10%，5%，1% 有意水準を示す．

第9章　未上場企業によるIPOの動機と上場後の企業パフォーマンス

非IPO企業よりも有意に大きい．平均値の比較では，$t+2$期と$t+5$期で「研究開発費比率1」あるいは$t+1$期から$t+6$期まで「研究開発費比率2」において，IPO企業のほうが非IPO企業よりも有意に大きい．平均値，ミディアン値いずれで見ても，IPO企業と非IPO企業の差は期を追うごとに大きくなっている（例外は，研究開発費比率1の$t+4$期と$t+6$期の平均値のみ）．TFPは，ミディアン値の比較では，t期から$t+1$期まで，また$t+3$期において，IPO企業のほうが非IPO企業よりも有意に大きい．ミディアン値で見て，非IPO企業とのTFPの差が最も大きくなるのは，$t+1$期である．他方，平均値の比較では，有意ではない．労働生産性も，TFPと同様の結果である．すなわち，ミディアン値の比較では，t期から$t+1$期までの期において，IPO企業のほうが非IPO企業よりも有意に大きいが，平均値の比較では，有意ではない．ROAは，平均値，ミディアン値いずれで見ても，t期から$t+6$期まではIPO企業のほうが非IPO企業よりも有意に大きく，両者の差は期を追うごとに大きくなっている．従業員数は，ミディアン値で見ると，t期から$t+6$期まではIPO企業のほうが非IPO企業よりも有意に大きく，両者の差は期を追うごとに大きくなっている．他方，平均値では，有意な差は見られない．最後に負債比率は，ミディアン値で見ると，t期にはマイナスで有意だが，$t+6$期にはプラスに有意である．平均値で見ても，$t+5$期から$t+6$期にプラスで有意であり，IPO時点では負債比率は低下するものの，その後徐々に上昇する傾向があることがわかる．

次に，「同一年・同一産業」の結果（表は省略）を見ると，おおむね，「同一年」の結果と同様であった[10]．

以上から，IPOにより企業は設備投資および研究開発，TFP，および収益を増加させることがわかる．たとえば，「同一年」のケースでミディアン値を比較すると，$t+1$期では，IPO企業は非IPO企業に比べて投資比率が

10）ただし，研究開発費比率1については，ミディアン値は$t+1$期から$t+3$期に有意な差が見られるが，平均値では，有意な差は見られない．また，TFPについては，ミディアン値で見てt期から$t+1$期にかけて有意に正の差が見られるが，$t+2$期の差は有意ではない．

8.3%ポイント,研究開発費比率1が0.6%ポイント,TFP（対数値）が3.0%ポイント,労働生産性が4.7%ポイント,ROAが6.5%ポイント,従業員数が19.5人大きい.表9-1によると,IPO企業のIPO前年までの投資比率のミディアン値が12.0%,研究開発費比率1のミディアン値が0.4%,ln(TFP)が−0.1%,ROAが6.5%,従業員数が376人なので,IPOによる資金調達効果および生産性向上効果は経済的に見ても大きいことがわかる.

IPO直後にTFPなどの営業パフォーマンスが改善するという結果は,既存の理論研究（Spiegel and Tookes 2008）や米国製造業に関する実証研究（Chemmanur, He, and Nandy 2010）とは対照的である.ただし,我々の結果でも,非IPO企業とのTFPの差が最も大きくなるのは,$t+1$期であり,その後,両者の差は小さくなり,$t+2$期以降は有意性が落ちる.

(3) IPO後の企業行動・パフォーマンスのサブ・サンプル分析結果

本項では,IPO後の企業行動・パフォーマンスに関する前項の結果が,様々な基準でサンプルを分割した場合に,どの程度頑健なのかをチェックする.こうしたサンプル分割の結果から,IPO後の企業行動・パフォーマンスの変化をもたらす要因について考察することも可能となる.例えば,外部資金制約に服していると考えられる企業群にのみパフォーマンスの改善が見られれば,IPOが資金制約を緩和した結果だと推測できるだろう.そこで,具体的には,①IPO企業の年齢,②産業別外部資金依存度の大小でサンプル分割する.①は,若い企業ほど成長性が高い企業が多く,また,資金制約に服しやすいとの想定に基づく分割である.②は,外部資金依存度が高い産業に属する企業ほど,資金制約に服しやすいとの想定に基づく.なお,本項では,「同一年」の非IPO企業とマッチングした結果を示す.

①IPO時の企業年齢によるサンプル分割の結果

表9-4Aは,IPO時点の企業年齢がミディアン値よりも高い企業群,表9-4Bは企業年齢がミディアン値よりも低い企業群の結果を示している.

まず,設備投資比率については,いずれの企業群も,全サンプル結果と同様,ミディアン値でみれば,非IPO企業との差が有意にプラスである.た

第9章 未上場企業によるIPOの動機と上場後の企業パフォーマンス

表9-4A IPO後の設備投資,研究開発,TFP,労働生産性,ROA,従業員数,および負債比率(IPO時点の企業年齢がミディアン値よりも高い企業群)

	設備投資比率			労働生産性		
	平均値の差	中央値の差	観測数	平均値の差	中央値の差	観測数
t期との比較	−0.0523	0.0112	428	0.0484	0.0467***	414
t+1期後との比較	−0.0118	0.0560***	378	0.0385	0.0053	368
t+2期後との比較	−0.0641	0.0728**	340	0.0195	0.0413	334
t+3期後との比較	−0.3745	0.0654*	310	0.0295	−0.0324	304
t+4期後との比較	−0.1709	0.0982	278	−0.0536	−0.0077	274
t+5期後との比較	−0.5494	0.0768	264	0.0468	0.0113	244
t+6期後との比較	−0.5090	0.0995	222	−0.0770	−0.0656	216

	研究開発費比率1			ROA		
	平均値の差	中央値の差	観測数	平均値の差	中央値の差	観測数
t期との比較	0.0018	0.0000	240	0.0173**	0.0095***	424
t+1期後との比較	0.0069	0.0090***	152	0.0565***	0.0547***	374
t+2期後との比較	0.0228*	0.0172***	98	0.0809***	0.0743***	336
t+3期後との比較	0.0218	0.0247**	90	0.1774***	0.1566***	306
t+4期後との比較	0.0209	0.0292*	66	0.2907***	0.2608***	284
t+5期後との比較	0.0513	0.0460**	64	0.3711***	0.2842***	262
t+6期後との比較	0.0431	0.0542*	64	0.5027***	0.3484***	218

	研究開発費比率2			従業員数		
	平均値の差	中央値の差	観測数	平均値の差	中央値の差	観測数
t期との比較	0.0000	0.0000	428	73.8458	7.5000***	428
t+1期後との比較	0.0112**	0.0046***	398	81.6340	11.0000***	388
t+2期後との比較	0.0233***	0.0117***	366	131.8580	14.0000***	352
t+3期後との比較	0.0339***	0.0168***	336	194.2651	21.0000***	332
t+4期後との比較	0.0455***	0.0199***	308	227.0197	25.0000***	304
t+5期後との比較	0.0501***	0.0239***	288	161.7394	13.5000**	284
t+6期後との比較	0.0039	0.0322***	248	320.0645	32.5000***	248

	TFP			負債比率		
	平均値の差	中央値の差	観測数	平均値の差	中央値の差	観測数
t期との比較	0.0137	0.0238***	428	−0.0151	0.0001	424
t+1期後との比較	0.0377	0.0197	384	−0.0802	−0.0524***	372
t+2期後との比較	0.0166	0.0251	348	−0.1291	−0.1455**	332
t+3期後との比較	0.0386	0.0230	326	−0.2696	−0.2562*	302
t+4期後との比較	−0.0439	0.0076	300	−0.5318*	−0.5401**	272
t+5期後との比較	0.0409	0.0089	276	−0.2928	0.0227	256
t+6期後との比較	−0.0228	−0.0176	248	0.3286	0.1973	212

注) TFP,労働生産性は当該産業代表的企業のTFP水準からの乖離で算出したTFPを示す.研究開発費比率1は欠損値をサンプルから除外するケースを示す.研究開発費比率2は欠損値を0に置き換えて全サンプルを用いるケースを示す. *, **, ***はそれぞれ10%, 5%, 1%有意水準を示す.

第Ⅱ部　無形資産と資金市場

表9-4B　IPO後の設備投資，研究開発，TFP，労働生産性，ROA，従業員数，および負債比率（IPO時点の企業年齢がミディアン値よりも低い企業群）

	設備投資比率			労働生産性		
	平均値の差	中央値の差	観測数	平均値の差	中央値の差	観測数
t期との比較	0.0309	0.0047	406	0.1243	0.0664***	390
$t+1$期後との比較	0.6219**	0.1754***	342	0.1725	0.0999***	322
$t+2$期後との比較	1.3854**	0.2431***	304	0.0299	-0.0214	288
$t+3$期後との比較	1.7360*	0.2799***	270	0.1001	0.0046	290
$t+4$期後との比較	2.1592**	0.2647***	262	0.0650	0.0592	276
$t+5$期後との比較	2.5361*	0.1723**	244	0.0469	0.0459	234
$t+6$期後との比較	3.3145	0.1735*	204	0.0186	-0.0389	204

	研究開発費比率1			ROA		
	平均値の差	中央値の差	観測数	平均値の差	中央値の差	観測数
t期との比較	0.0002	0.0000	186	0.0303**	0.0125***	402
$t+1$期後との比較	0.0072	0.0001	108	0.0971***	0.0842***	340
$t+2$期後との比較	0.0239	0.0232	74	0.1458***	0.1603***	296
$t+3$期後との比較	0.0314	0.0311*	56	0.3151***	0.3474***	270
$t+4$期後との比較	0.0273	0.0304	42	0.4844***	0.5864***	262
$t+5$期後との比較	0.0662	0.0378	38	0.6273***	0.7259***	244
$t+6$期後との比較	0.0140	0.0221	34	0.8172***	0.8151***	200

	研究開発費比率2			従業員数		
	平均値の差	中央値の差	観測数	平均値の差	中央値の差	観測数
t期との比較	0.0010	0.0000	406	79.1773	16.0000***	406
$t+1$期後との比較	0.0048	0.0000	352	84.5087	34.0000***	346
$t+2$期後との比較	0.0062	-0.0001	330	179.8805	44.0000***	318
$t+3$期後との比較	0.0098	0.0000	318	208.7403	65.5000***	308
$t+4$期後との比較	0.0117	-0.0001	298	196.0408	65.0000***	294
$t+5$期後との比較	0.0108	-0.0007	268	320.0382	84.0000***	262
$t+6$期後との比較	0.0011	0.0000	226	347.9469	77.0000***	226

	TFP			負債比率		
	平均値の差	中央値の差	観測数	平均値の差	中央値の差	観測数
t期との比較	0.0804*	0.0373***	406	-0.0235	-0.0214***	398
$t+1$期後との比較	0.0966*	0.0623***	342	0.0233	0.0724	336
$t+2$期後との比較	0.0462	-0.0023	310	0.1370	0.2348*	294
$t+3$期後との比較	0.0482	0.0209	304	0.4991**	0.6328**	266
$t+4$期後との比較	0.0578	0.0308	288	1.2568***	1.4216***	256
$t+5$期後との比較	0.0595	0.0319	262	1.8777***	2.0359***	240
$t+6$期後との比較	0.0752	0.0606*	224	2.4980***	2.5555***	198

注）TFP，労働生産性は当該産業代表的企業のTFP水準からの乖離で算出したTFPを示す．研究開発費比率1は欠損値をサンプルから除外するケースを示す．研究開発費比率2は欠損値を0に置き換えて全サンプルを用いるケースを示す．*，**，***はそれぞれ10%，5%，1%有意水準を示す．

だし，若い企業群のほうが差が大きい．逆に，研究開発費比率1・2は，年齢が高い企業群のほうは，全サンプル結果と同様，非IPO企業との差がプラスに有意にでているが，若い企業群のほうは，差が有意ではない．

TFPは，若い企業群のほうは，t期から$t+1$期までプラスで有意だが，年齢が高い企業群では，t期のみプラスに有意である．また$t+6$期には有意ではないがマイナスの値を示している．この結果は，米国製造業について，IPO後にTFPが低下することを見出したChemmanur, He, and Nandy (2010) の結果とほぼ整合的である．しかし，労働生産性に関しても，TFPほど顕著ではないものの，やはり企業年齢の低い企業群のほうが生産性の上昇効果は持続性がある．すなわち，ミディアン値で見て，年齢が高い企業群ではt期にのみプラスで有意だが，年齢が低い企業群ではt期と$t+1$期にプラスで有意である．

ROAは，いずれの年齢群でも，全サンプル結果と同様，平均値もミディアン値もt期から$t+6$期までの全ての期でプラスで有意である．従業員数も，ミディアン値で見て，いずれの企業群も，t期から$t+6$期までプラスで有意である．

最後に，負債比率を見ると，年齢の高低による差異が顕著である．すなわち，年齢が高い企業群では，t期から$t+4$期までマイナスで有意であり，その値を見ると，IPO後に負債比率は徐々に小さくなっていることがわかる．他方，年齢の低い企業群では，ミディアン値で見て$t+2$期から$t+6$期までプラスで有意であり，IPO後に負債比率は徐々に大きくなっていることがわかる．これは，年齢が若い企業がIPO後に積極的に負債を増やしていることを示唆している．

②産業別外部資金依存度によるサンプル分割の結果

次に，産業別外部資金依存度がミディアン値より高い産業に属する企業群とミディアン値より低い産業に属する産業に属する企業群に分けたけ結果について述べる（表は省略）．産業別外部資金依存度は，Rajan and Zingales (1998) に基づき，1981～2007年における日本の上場企業をサンプルとして計算した「（設備投資額－営業キャッシュフロー）／設備投資額」の産業レ

ベルの中央値である[11].

　まず，設備投資比率，研究開発費比率，ROA，従業員数は，外部資金依存度の高低による顕著な差異はない．

　次に，TFP および労働生産性は，外部資金依存度の高低による差異が顕著である．TFP の場合，ミディアン値で見て，外部資金依存度が高い産業に属する企業群では，t 期から $t+1$ 期および $t+3$ 期でプラスに有意であるのに対し，外部資金依存度が低い産業に属する企業群では，$t+1$ 期のみ有意である．労働生産性の場合，ミディアン値で見て，外部資金依存度が高い産業に属する企業群では，t 期から $t+1$ 期までプラスに有意であるのに対し，外部資金依存度が低い産業に属する企業群では，t 期のみ有意である．このように，生産性の改善効果は，外部資金依存度が高い産業に属する企業群により強く観察される．他方，外部資金依存度が低い産業に属する企業群のTFP に関する結果は，米国製造業について，IPO 後に TFP が低下することを見出した Chemmanur, He, and Nandy（2010）の結果とほぼ整合的である．

　また，負債比率も産業レベルの外部資金依存度による差異が顕著である．すなわち，外部資金依存度が高い企業群では，$t+4$ 期から $t+6$ 期までプラスで有意であり，その値を見ると，IPO 後に負債比率は徐々に大きくなっていることがわかる．他方，外部資金依存度が低い企業群では，負債比率は有意ではない．

　以上まとめると，設備投資比率，研究開発費比率，ROA，および従業員数については，いずれのサンプル分割を用いても，ベースラインの結果とほぼ同様に，IPO 後にこれらの指標が上昇していることが明らかになった．

　他方，TFP や労働生産性については，企業年齢が低い企業や外部資金依存度が高い産業に属する企業において，これらの生産性指標が上昇する一方，企業年齢が高い企業や外部資金依存度が低い産業に属する企業においては，生産性指標の有意な上昇は見られなかった．企業年齢が低い企業や外部資金

11）　詳細は，滝澤（2016）本書第 7 章参照．

依存度が高い産業に属する企業は，外部資金制約に直面していた可能性が高い．IPO によって，外部資金を調達でき，さらに IPO 後の資金調達もより容易・低コストになったことが，生産性の改善につながった可能性がある．実際，こうした企業群においては，IPO 後に負債比率が有意に上昇しており，IPO による資金調達の後に，積極的に負債による調達を行ったことが示唆される．

5. おわりに

本章では，1995 年度から 2010 年度までの日本企業のデータを用いて，非上場企業の IPO（新規株式公開）による資金調達の決定要因，および，資金調達後の企業行動・パフォーマンスを分析した．

この結果，規模，ROA，全要素生産性（TFP）が高く，負債比率および費用比率が低い企業は IPO をする確率が高いこと，また，IPO をした企業は，その後，非 IPO 企業に比べて，設備投資比率，研究開発費比率，ROA，TFP，労働生産性，および雇用を有意に増加させていることが明らかになった．このうち，特に TFP や労働生産性の上昇は，企業年齢が若い企業，および，外部資金依存度が高い産業に属する企業において，顕著に見られた．また，これらの企業は，IPO 後に負債比率を高めていることも明らかになった．これらの結果は，IPO が単に株価のミスプライシングを利用するためだけではなく，外部資金制約を緩和し，その後の設備投資，研究開発，収益性および生産性の向上に役立っていることを示している．

参考文献

Aghion, Philippe and Patrick Bolton (1992), "An Incomplete Contracts Approach to Financial Contracting," *Review of Economic Studies*, Vol. 59 (3), pp. 473-494.

Almazan, Andres and Javier Suarez (2003), "Entrenchment and Severance Pay in Optimal Governance Structures," *Journal of Finance*, Vol. 58 (2), pp. 519-547.

Asker, John, Joan Farre-Mensa, and Alexander Ljungqvist (2015), "Corporate Investment and Stock Market Listing: A Puzzle?" *Review of Financial Studies*,

Vol. 28(2), pp. 342-390.

Baker, Malcolm and Jeffrey Wurgler (2000), "The Equity Share in New Issues and Aggregate Stock Returns," *Journal of Finance*, Vol. 55(5), pp. 2219-2257.

Baker, Malcolm and Jeffrey Wurgler (2002), "Market Timing and Capital Structure," *Journal of Finance*, Vol. 57(1), pp. 1-32.

Baker, Malcolm, Jeremy C. Stein, and Jeffrey Wurgler (2003), "When Does the Market Matter? Stock Prices and the Investment of Equity-Dependent Firms," *Quarterly Journal of Economics*, Vol. 118(3), pp. 969-1005.

Barclay, Michael J. and Clifford W. Smith, Jr. (1995), "The Maturity Structure of Corporate Debt," *Journal of Finance*, Vol. 50(2), pp. 609-631.

Barro, Robert J. (1990), "The Stock Market and Investment," *Review of Financial Studies*, Vol. 3(1), pp. 115-131.

Berlin, Mitchell and Jan Loeys (1988), "Bond Covenants and Delegated Monitoring," *Journal of Finance*, Vol. 43(2), pp. 397-412.

Bhattacharya, Sudipto and Jay R. Ritter (1983), "Innovation and Communication: Signalling with Partial Disclosure," *Review of Economic Studies*, Vol. 50(2), pp. 331-346.

Blanchard, Olivier, Changyong Rhee, and Lawrence Summers (1993), "The Stock Market, Profit, and Investment," *Quarterly Journal of Economics*, Vol. 108(1), pp. 115-136.

Brau, James C. and Stanley E. Fawcett (2006), "Initial Public Offerings: An Analysis of Theory and Practice," *Journal of Finance*, Vol. 61(1), pp. 399-436.

Cantillo, Miguel and Julian Wright (2000), "How Do Firms Choose Their Lenders? An Empirical Investigation," *Review of Financial Studies*, Vol. 13(1), pp. 155-189.

Celikyurt, Ugur, Merih Sevilir, and Anil Shivdasani (2010), "Going Public to Acquire? The Acquisition Motive in IPOs," *Journal of Financial Economics*, Vol. 96(3), pp. 345-363.

Chemmanur, Thomas J. and Paolo Fulghieri (1999), "A Theory of the Going-Public Decision," *Review of Financial Studies*, Vol. 12(2), pp. 249-279.

Chemmanur, Thomas J., Shan He, and Debarshi K. Nandy (2010), "The Going-Public Decision and the Product Market," *Review of Financial Studies*, Vol. 23(5), pp. 1855-1908.

Chemmanur, Thomas J., Karthik Krishnan, and Debarshi K. Nandy (2011), "How Does Venture Capital Financing Improve Efficiency in Private Firms? A Look Beneath the Surface," /*Review of Financial Studies*, Vol. 24(12), pp. 4037-4090.

Clementi, Gian L. (2002), "IPOs and the Growth of Firms," *NYU Stern 2004 Work-*

ing Paper (New York University), No. 04-23.

De Albornoz, Belén Gill and Peter F. Pope (2004), "The Determinants of the Going Public Decision: Evidence from the U.K.," *IVIE working paper*, No. WP-AD 2004-22.

Denis, David J. and Vassil T. Mihov (2003), "The Choice among Bank Debt, Nonbank Private Debt, and Public Debt: Evidence from New Corporate Borrowings," *Journal of Financial Economics*, Vol. 70(1), pp. 3-28.

Diamond, Douglas W. (1984), "Financial Intermediation and Delegated Monitoring," *Review of Economic Studies*, Vol. 51(3), pp. 393-414.

Diamond, Douglas W. (1991), "Monitoring and Reputation: The Choice between Bank Loans and Directly Placed Debt," *Journal of Political Economy*, Vol. 99(4), pp. 689-721.

Diamond, Douglas W. (1993), "Seniority and Maturity of Debt Contracts," *Journal of Financial Economics*, Vol. 33(3), pp. 341-368.

Fama, Eugene F. (1985), "What's Different about Banks?" *Journal of Monetary Economics*, Vol. 15(1), pp. 29-39.

Fischer, Stanley and Robert C. Merton (1984), "Macroeconomics and Finance: The Role of the Stock Market," *Carnegie-Rochester Conference Series on Public Policy*, Vol. 21, pp. 57-108.

Fukao, Kyoji and Hyeog Ug Kwon (2006), "Why Did Japan's TFP Growth Slow Down in the Lost Decade? an Empirical Analysis Based on Firm-level Data of Manufacturing Firms," *Japanese Economic Review*, Vol. 57(2), pp. 195-228.

Henderson, Brian J., Narasimhan Jegadeesh, and Michael S. Weisbach (2006), "World Markets for Raising New Capital," *Journal of Financial Economics*, Vol. 82(1), pp. 63-101.

Hoshi, Takeo, Anil Kashyap, and David Scharfstein (1993), "The Choice Between Public and Private Debt: An Analysis of Post-Deregulation Corporate Financing in Japan," *NBER Working Paper*, No. 4421.

Hosono, Kaoru (1998), "R&D Expenditure and The Choice between Private and Public Debt: Do the Japanese Main Banks Extract the Firm's Rents?" *Institute of Economic Research, Hitotsubashi University, Discussion Paper Series*, No. A. 353.

Hosono, Kaoru (2003), "Growth Opportunities, Collateral and Debt Structure: The Case of the Japanese Machine Manufacturing Firms," *Japan and the World Economy*, Vol. 15(3), pp. 275-297.

Houston, Joel and Christopher James (1996), "Bank Information Monopolies and the Mix of Private and Public Debt Claims," *Journal of Finance*, Vol. 51(5), pp. 1863-

1889.

Jensen, Michael C. (1986), "Agency Costs of Free Cash Flow, Corporate Finance, and Takeovers," *American Economic Review*, Vol. 76(2), pp. 323-329.

Johnson, Shane A. (1997), "An Empirical Analysis of the Determinants of Corporate Debt Ownership Structure," *Journal of Financial and Quantitative Analysis*, Vol. 32(1), pp. 47-69.

Kale, Jayant R. and Costanza Meneghetti (2011), "The Choice between Public and Private Debt: A Survey," *IIMB Management Review*, Vol. 23(1), pp. 5-14.

Kim, Woojin and Michael S. Weisbach (2008), "Motivations for Public Equity Offers: An International Perspective," *Journal of Financial Economics*, Vol. 87(2), pp. 281-307.

Kraus, Alan and Robert H. Litzenberger (1973), "A State-Preference Model of Optimal Financial Leverage," *Journal of Finance*, Vol. 28(4), pp. 911-922.

Krishnan, C. N. V., Vladimir I. Ivanov, Ronald W. Masulis, and Ajai K. Singh (2011), "Venture Capital Reputation, Post-IPO Performance, and Corporate Governance," *Journal of Financial and Quantitative Analysis*, Vol. 46(5), pp. 1295-1333.

Krishnaswami, Sudha, Paul A. Spindt, and Venkat Subramaniam (1999), "Information Asymmetry, Monitoring, and the Placement Structure of Corporate Debt," *Journal of Financial Economics*, Vol. 51(3), pp. 407-434.

Kutsuna, Kenji and Richard Smith (2004), "Why Does Book Building Drive out Auction Methods of IPO Issuance? Evidence from Japan," *Review of Financial Studies*, Vol. 17(4), pp. 1129-1166.

Kutsuna, Kenji, Hideo Okamura, and Marc Cowling (2002),"Ownership Structure pre- and post-IPOs and the Operating Performance of JASDAQ Companies," *Pacific-Basin Finance Journal*, Vol. 10(2), pp. 163-181.

Loughran, Tim and Jay R. Ritter (1995), "The New Issues Puzzle," *Journal of Finance*, Vol. 50(1), pp. 23-51.

Loughran, Tim and Jay R. Ritter (1997), "The Operating Performance of Firms Conducting Seasoned Equity Offerings," *Journal of Finance*, Vol. 52(5), pp. 1823-1850.

Maksimovic, Vojislav and Pegaret Pichler (2001), "Technological Innovation and Initial Public Offerings," *Review of Financial Studies*, Vol. 14(2), pp. 459-494.

McLean, R. David (2011), "Share Issuance and Cash Savings," *Journal of Financial Economics*, Vol. 99(3), pp. 693-715.

Meneghetti, Costanza (2012), "Managerial Incentives and the Choice between Public and Bank Debt," *Journal of Corporate Finance*, Vol. 18(1), pp. 65-91.

Miyakawa, Daisuke and Miho Takizawa (2013a), "Performance of Newly Listed

Firms: Evidence from Japanese Firm and Venture Capital Data," *RIETI Discussion Paper Series*, No. 13-E-019.

Miyakawa, Daisuke and Miho Takizawa (2013b), "Time to IPO: Role of Heterogeneous Venture Capital," *RIETI Discussion Paper Series*, No. 13-E-022.

Myers, Stewart C. (1977), "Determinants of Corporate Borrowing," *Journal of Financial Economics*, Vol. 5(2), pp. 147-175.

Myers, Stewart C. and Nicholas S. Majluf (1984), "Corporate Financing and Investment Decisions When Firms Have Information That Investors Do Not Have," *Journal of Financial Economics*, Vol. 13(2), pp. 187-221.

Pagano, Marco, Fabio Panetta, and Luigi Zingales (1998), "Why Do Companies Go Public? An Empirical Analysis," *Journal of Finance*, Vol. 53(1), pp. 27-64.

Rajan, Raghuram G. and Luigi Zingales (1998), "Financial Dependence and Growth," *American Economic Review*, Vol. 88(3), pp. 559-586.

Ritter, Jay R. (1987), "The costs of going public," *Journal of Financial Economics*, Vol. 19(2), pp. 269-281.

Roberts, Michael R. and Amir Sufi (2009), "Control Rights and Capital Structure: An Empirical Investigation," *Journal of Finance*, Vol. 64(4), pp. 1657-1695.

Rock, Kevin (1986), "Why New Issues are Underpriced," *Journal of Financial Economics*, Vol. 15(1-2), pp. 187-212.

Scott, James H., Jr. (1976), "A Theory of Optimal Capital Structure," *Bell Journal of Economics*, Vol. 7(1), pp. 33-54.

Sharpe, Steven A. (1990), "Asymmetric Information, Bank Lending and Implicit Contracts: A Stylized Model of Customer Relationships," *Journal of Finance*, Vol. 45(4), pp. 1069-1087.

Shirasu, Yoko and Peng Xu (2007), "The Choice of Financing with Public Debt versus Private Debt: New Evidence from Japan after Critical Binding Regulations Were Removed," *Japan and the World Economy*, Vol. 19(4), pp. 393-424.

Spiegel, Matthew I. and Heather Tookes (2008), "Dynamic Competition, Innovation and Strategic Financing," *Yale School of Management Working Papers*, No. amz2500.

Stein, Jeremy C. (1996), "Rational Capital Budgeting in an Irrational World," *Journal of Business*, Vol. 69(4), pp. 429-455.

Subrahmanyam, Avanidhar and Sheridan Titman (1999), "The Going-Public Decision and the Development of Financial Markets," *Journal of Finance*, Vol. 54(3), pp. 1045-1082.

Whited, Toni M. (2006), "External Finance Constraints and the Intertemporal Pattern of Intermittent Investment," *Journal of Financial Economics*, Vol. 81(3), pp.

467-502.
Wilcoxon, Frank (1945), "Individual Comparisons by Ranking Methods," *Biometrics Bulletin*, Vol. 1(6), pp. 80-83.
Yosha, Oved (1995), "Information Disclosure Costs and the Choice of Financing Source," *Journal of Financial Intermediation*, Vol. 4(1), pp. 3-20.
祝迫得夫（2011），「なぜ日本企業の負債構造は長期化したのか？――予備的考察」『フィナンシャル・レビュー』第107号，4-17頁．
内野泰助（2011），「日本の上場企業における銀行依存度と設備投資の資金制約――日本の社債市場麻痺に注目した実証分析」*RIETI Discussion Paper Series*, No. 11-J-071.
岡室博之・比佐優子（2007），「ベンチャーキャピタルの関与とIPO前後の企業成長率」『証券アナリストジャーナル』第45巻9号，68-78頁．
嶋谷毅・川井秀幸・馬場直彦（2005），「わが国企業による資金調達方法の選択問題――多項ロジット・モデルによる要因分析」日本銀行ワーキングペーパーシリーズ，No. 05-J-3.
滝澤美帆（2016），「資金制約下にある企業の無形資産投資と企業価値」宮川努・淺羽茂・細野薫［編］『インタンジブルズ・エコノミー――無形資産投資と日本の生産性向上』東京大学出版会，201-226頁（本書第7章）．
福田慎一（2003），「社債発行の選択メカニズム」福田慎一［編］『日本の長期金融――金融システムのあり方と日本経済』有斐閣，119-144頁．
細野薫・滝澤美帆（2013），「ミスアロケーションと事業所のダイナミクス」『フィナンシャル・レビュー』第112号，180-209頁．
細野薫・滝澤美帆・内本憲児・蜂須賀圭史（2013），「資本市場を通じた資金調達と企業行動――IPO，SEO，および社債発行の意思決定とその後の投資・研究開発」『フィナンシャル・レビュー』第112号，80-121頁．
本庄裕司・長岡貞男・中村健太・清水由美（2015），「バイオスタートアップの新規株式公開と資金調達」IIR Working Paper（一橋大学イノベーション研究センター），No. 15-01.

索　引

あ　行

IT化　4
IT革命　4
アベノミクス　2
内向きの合意形成　84
エージェンシー問題　259
追い貸し　231

か　行

改革　108
開業率　228
外的整合性（external fit）　179
外部資金依存度　216, 228, 276
　――指標　207
外部資金制約　276
革新的資産（innovative property）　21, 236
　――投資　236
過剰な「和」志向　84
寡占度　229
関係特殊的貸出　230
機械的組織　107
企業価値　203
企業統治　259
技術フロンティア　130
技術マネージメント　130
キャッシュフロー比率　206
供給サイド　2
業績連動給与　156
競争度　230
銀行間競争　228
グループ業績連動型賃金（group incentive pay）　156
経営手法（management practice）　104, 131
経営リテラシー不足　80, 86
傾向スコアマッチング（Propensity Score Matching：PSM）　104, 255, 260
経済的競争力（economic competencies）　21
　――資産　236
　――資産投資　236
契約の不完備性　229
ゲインシェアリング（gainsharing）　156
限界生産力価値（shadow value）　208
研究開発（R&D）　202, 254
　――集約度　141
　――ストック　204
　――投資　208, 265
　――投資の収益率　128
　――費　258
権限委譲（decentralization）　9, 49, 110, 118, 131
恒久棚卸法（PI法）　208
コーポレート・ガバナンス　151
個人業績連動型賃金（individual incentive pay）　156
固定給　156
コブ・ダグラス型生産関数　158
コンティンジェンシー理論　107
コンピューター統合製造（CIM）　107

索　引

さ　行

再凍結　108, 116
差分の差（Difference-in-differences: DID）　255
　——推定量　112
産業集積　228
産業連関表　22
参入障壁　228
時価・簿価比率　263
資金制約　9, 203, 230, 276
資金調達仮説　256
市場価値　211
　——アプローチ（market value approach）　203
シナジー効果　179
資本コスト　9
資本収益率　20
資本集約度　257
従業員持株制度（employee stock ownership）　156
終身雇用　10
集中度　231
情報化資産（computerized information）　21, 236
　——投資　240
情報の非対称性　203, 228, 264
職業能力評価制度　193
所有と経営の分離　38
新規株式公開（IPO）　11, 254
人口密集地域　232
人材育成　183
人事施策　178
人事方針　178
人的資源管理　9, 106
信頼性（trust）　131
　——係数（クロンバックのa）　89
成果主義　48, 156, 180
　——型人事管理　183
　——賃金　9

　——導入　49
成長会計　18
成長戦略　20
世界価値観調査（world values survey）　131
全要素生産性（TFP）　2, 112, 204, 260
戦略イニシアティブ　97
戦略コミュニケーション　97
戦略的意思決定能力不足　80
戦略的人的資源管理（Strategic Human Resource Management: SHRM）　10, 178
創発戦略（emergent strategy）　81, 97
組織改革　105
業績悪化が理由ではない——　109
組織改編投資　208
組織資本　202
組織の〈重さ〉　8, 80, 81
ソフトウェア投資　22
ソロー・パラドックス　104
ゾンビ企業　231

た　行

タスク志向性　89
知識資産　3
東証株価指数（TOPIX）　268
トービンのQ　11, 54, 205
トランザクション貸出　230
トランスログ型生産関数　159

な　行

内的整合性（internal fit）　179
内部労働市場ルール　180
日本産業生産性データベース（JIP database）　3, 207, 229
人間関係志向性　89
年功賃金　156

は 行

ハーフィンダール指数（HHI） 234
廃業率 228
ハイパフォーマンス雇用（ワーク）システム（High Performance Work System: HPWS） 161, 182
パス解析 97
ビジネス・ユニット（BU） 8, 82
——のトップのリーダーシップ 89
標準偏回帰係数 135
不完備契約 130
負債比率 11
ブランド資産 22
フリーライダー問題 81, 86
分権化 92
ベンチャーキャピタル 256
補完性 13
補完的資産 104
ボトムアップ 109
本社意思決定関与 96
本社業績連動給与 96
本社業績連動資源配分 96

ま 行

マーケットタイミング仮説（ミスプライシング仮説） 256
ミスプライシング 271
ミドル・マネジメントの戦略関与 91
無形資産 3
——投資に関するアンケート調査 31
——に関するインタビュー調査 40, 110

や・ら 行

有機的組織 107
溶解化 108

利潤分配制度（profit sharing） 156
流動性向上仮説 257
リレーションシップバンキング 230
労働生産性 268

アルファベット

Average Treatment Effect（ATE） 273
declining balance 法 34
Difference-in-differences →差分の差
EUKLEMS project 3
EUKLEMS データベース 24
HR Philosophy（人事哲学） 180
HR Policy（人事方針） 180
HR Practices（人事施策） 180
HR Process（人事プロセス） 180
HR Program（人事プログラム） 180
INTAN-Invest データベース 24
IPO →新規株式公開
JIP database →日本産業生産性データベース
off the job training 22
Olley and Pakes 法 120
on the job training 22
PER（株価収益率） 207
Probit 分析 134
Propensity Score Matching →傾向スコアマッチング
R&D →研究開発
ROA（経常利益／総資産） 11, 263
SHRM →戦略的人的資源管理
SMM（Simulated Method of Moments） 206
Solow residual 2
TFP →全要素生産性
Tobit 分析 140
World Management Survey（WMS） 40
Z-Score 186

編者・執筆者紹介

［編　者］

宮川　努（みやがわ　つとむ）　序章，第 1 章，第 4 章
学習院大学経済学部教授，独立行政法人経済産業研究所ファカルティフェロー．
1978 年，東京大学経済学部卒業．博士（経済学）．
〈主要業績〉
Intangibles, Market Failure and Innovation Performance（co-edited by A. Bounfour），Springer, 2015.
『長期停滞の経済学――グローバル化と産業構造の変容』東京大学出版会，2005 年．
『日本経済の生産性革新』日本経済新聞社，2005 年．

淺羽　茂（あさば　しげる）　序章，第 3 章
早稲田大学ビジネススクール教授
1990 年，東京大学大学院経済学研究科博士課程単位取得．1999 年，カリフォルニア大学ロサンゼルス校経営大学院博士課程修了．博士（経済学），Ph. D.（Management）．
〈主要業績〉
"Patient Investment of Family Firms in the Japanese Electric Machinery Industry," *Asia Pacific Journal of Management*, Vol. 30（3）, pp. 697-715, 2013.
"Why Do Firms Imitate Each Other?"（with M. B. Lieberman）, *Academy of Management Review*, Vol. 31（2）, pp. 366-385, 2006.
『競争と協力の戦略――業界標準をめぐる企業行動』有斐閣，1995 年．

細野　薫（ほその　かおる）　序章，第 9 章
学習院大学経済学部教授，独立行政法人経済産業研究所ファカルティフェロー．
1990 年，ノースウェスタン大学大学院卒業．博士（経済学）．
〈主要業績〉
『金融危機のミクロ経済分析』東京大学出版会，2010 年（第 53 回日経・経済図書文化賞受賞）．
"Natural Disasters, Damage to Banks, and Firm Investment"（with D. Miyakawa, T. Uchino, M. Hazama, A. Ono, U. Uchida, and I. Uesugi）, *International Economic Review*, forthcoming.

"International Transmission of the 2007-2009 Financial Crisis: Evidence from Japan" (with M. Takizawa and K. Tsuru), *Japanese Economic Review*, Vol. 67 (3), pp. 295-328, 2016.

[執筆者]（掲載順）

枝村一磨（えだむら　かずま）　第1章，第4章
科学技術・学術政策研究所第2研究グループ研究員
2010年，一橋大学大学院経済学研究科博士後期課程単位取得退学．
〈主要業績〉
「環境規制と経済的効果——製造事業所のVOC排出に関する自主的取組に注目した定量分析」，*NISTEP Discussion Paper*, No. 133, 2016年．
"Comparing the Management Practices and Productive Efficiency of Korean and Japanese Firms: An Interview Survey Approach" (with K. Lee, T. Miyagawa, and Y. Kim), *Seoul Journal of Economics*, Vol. 29 (1), pp. 1-41, 2016.
"How Enterprise Strategies are Related to Innovation and Productivity Change: An Empirical Study of Japanese Manufacturing Firms" (with H. Fujii, K. Sumikura, Y. Furusawa, N. Fukuzawa, and S. Managi), *Economics of Innovation and New Technology*, Vol. 24 (3), pp. 248-262, 2015.

尾崎雅彦（おざき　まさひこ）　第1章
大和大学政治経済学部教授，大阪府立大学21世紀科学研究機構次世代電動車両開発研究センター客員研究員
2009年，早稲田大学大学院アジア太平洋研究科国際関係学専攻博士課程後期単位取得退学．
〈主要業績〉
「発想の転換から新しい価値を生み出す」西條辰義［編］『フューチャー・デザイン——七世代先を見据えた社会』勁草書房，237-251頁，2015年．
「JSICサービス産業業種のイノベーション・システム特性分析——テキストマイニングによるイノベーション・ファクター感応度の計測」*RIETI Discussion Paper Series*, No. 12-J-032, 2012年．
「カーボンファイナンスの評価と今後の可能性」鈴村興太郎・長岡貞男・花崎正晴［編］『経済制度の生成と設計』東京大学出版会，277-308頁，2006年．

金　榮愨（Kim YoungGak）　第 1 章，第 4 章
専修大学経済学部准教授
2008 年，一橋大学大学院経済学研究科博士課程修了．博士（経済学）．
〈主要業績〉
"International Competitiveness: A Comparison of the Manufacturing Sectors in Korea and Japan"（with K. Fukao, K. Ikeuchi, H. Kwon, and T. Makino）, *Seoul Journal of Economics*, Vol. 29（1）, pp. 43-68, 2016.
"Why was Japan Left Behind in the ICT Revolution?"（with K. Fukao, K. Ikeuchi, and H. Kwon）, *Telecommunications Policy*, Vol. 40（5）, pp. 432-449, 2016.
「製造業における生産性動学と R&D スピルオーバー――ミクロデータによる実証分析」（池内健太，権赫旭，深尾京司との共著），『経済研究』第 64 巻 3 号，269-285 頁，2013 年．

滝澤美帆（たきざわ　みほ）　第 1 章，第 7 章，第 9 章
東洋大学経済学部准教授
2007 年，一橋大学大学院経済学研究科博士課程単位取得退学．博士（経済学）．
〈主要業績〉
"International Transmission of the 2007-2009 Financial Crisis: Evidence from Japan"（with K. Hosono and K. Tsuru）, *Japanese Economic Review*, Vol. 67（3）, pp. 295-328, 2016.
「Investment-Based Capital Asset Pricing Model からみた投資と資産収益率」（宮川努との共著），*RIETI Discussion Paper*, No. 15-J-031, 2015 年．
"Intangible Assets and Firm-Level Productivity Growth in the U.S. and Japan," *USJP Occasional Paper*, Harvard University, 2014.

外木好美（とのぎ　このみ）　第 1 章
立正大学経済学部専任講師
2011 年，一橋大学大学院経済学研究科博士課程単位取得退学．博士（経済学）．
〈主要業績〉
"Do Intangibles Contribute to Productivity Growth in East Asian Countries? Evidence from Japan and Korea"（with H. Chun, T. Miyagawa, H. Pyo）, *RIETI Discussion Paper Series*, No. 15-E-055, 2015.
"Heterogeneity of Capital Stocks in Japan: Classification by Factor Analysis"（with J. Nakamura, K. Asako）, *Journal of Knowledge Management, Economics and Information Technology*, Vol. 4（2）, p. 10, 2014.
「設備投資研究のフロンティア――「異質性」の解明と Multiple q モデル」（浅子和美，

中村純一と共著),堀内昭義・花崎正晴・中村純一［編］『日本経済　変革期の金融と企業行動』東京大学出版会,153-208頁,2014年.

原田信行（はらだ　のぶゆき）　第1章
筑波大学システム情報系准教授
2002年,東京工業大学大学院社会理工学研究科博士課程修了．博士（理学）．
〈主要業績〉
「開業と廃業」『商工金融』第65巻6号,5-30頁,2015年.
「投資関数」蓑谷千凰彦・牧厚志［編］『応用計量経済学ハンドブック』朝倉書店,139-166頁,2010年.
"Which Firms Exit and Why? An Analysis of Small Firm Exits in Japan," *Small Business Economics*, Vol. 29 (4), pp. 401-414, 2007.

佐々木将人（ささき　まさと）　第2章
一橋大学大学院商学研究科准教授
2008年,一橋大学大学院商学研究科博士課程単位取得退学．博士（商学）．
〈主要業績〉
『日本企業のマーケティング力』（山下裕子,福冨言,福地宏之,上原渉との共著),有斐閣,2012年.
「水平的調整メカニズムと調整活動——組織の分化のマネジメント」『日本経営学会誌』第29号,41-53頁,2012年.
「組織における多様な分化——環境認識,戦略志向性,コミットメント」『一橋商学論叢』第6巻2号,24-37頁,2011年.

藤原雅俊（ふじわら　まさとし）　第2章
一橋大学大学院商学研究科准教授
2005年,一橋大学大学院商学研究科博士後期課程修了．博士（商学）．
〈主要業績〉
"A Dynamic Perspective on Innovation and Business Model" in: S. Little, F. Go, and T. Poon (eds.), *Global Innovation and Entrepreneurship: Challenges and Experiences from East and West*, Palgrave Macmillan, 2016.
"Ambidextrous Capability: The Case of Japanese Enterprises," in: P. Li (ed.), *Disruptive Innovation in Chinese and Indian Businesses: The Strategic Implications for Local Entrepreneurs and Global Incumbents*, Routledge, pp. 199-217, 2013.
「消耗品収益モデルの陥穽——ビジネスモデルの社会的作用に関する探索的事例研究」

『組織科学』第 46 巻 4 号, 56-66 頁, 2013 年.

坪山雄樹（つぼやま　ゆうき）　第 2 章
一橋大学大学院商学研究科准教授
2008 年, 一橋大学大学院商学研究科博士課程修了. 博士（商学）.
〈主要業績〉
『出光興産の自己革新』（橘川武郎, 島本実, 鈴木健嗣, 平野創との共著）, 有斐閣, 2012 年.
「組織ファサードをめぐる組織内政治と誤解——国鉄財政再建計画を事例として」『組織科学』第 44 巻 3 号, 87-106 頁, 2011 年.

沼上　幹（ぬまがみ　つよし）　第 2 章
一橋大学理事・副学長, 同大学院商学研究科教授
1988 年, 一橋大学大学院商学研究科博士後期課程単位修得. 博士（商学）.
〈主要業績〉
『経営戦略の思考法——時間展開・相互作用・ダイナミクス』日本経済新聞出版社, 2009 年.
『行為の経営学——経営学における意図せざる結果の探究』白桃書房, 2000 年.
"The Infeasibility of Invariant Laws in Management Studies: A Reflective Dialogue in Defense of Case Studies," *Organization Science*, Vol. 9 (1), pp. 1-15, 1998.

加藤俊彦（かとう　としひこ）　第 2 章
一橋大学大学院商学研究科教授
1997 年, 一橋大学大学院商学研究科博士後期課程単位修得. 博士（商学）.
〈主要業績〉
『技術システムの構造と革新——方法論的視座に基づく経営学の探究』白桃書房, 2011 年.
『競争戦略論（第 2 版）』（青島矢一との共著）, 東洋経済新報社, 2012 年.
"Organizational Deadweight: Learning From Japan" (with T. Numagami and M. Karube), *Academy of Management Perspectives*, Vol. 24 (4), pp. 25-37, 2010.

軽部　大（かるべ　まさる）　第 2 章
一橋大学イノベーション研究センター准教授
1998 年, 一橋大学大学院商学研究科博士課程修了. 博士（商学）.
〈主要業績〉
『イノベーションの理由——資源動員の創造的正当化』（武石彰, 青島矢一との共著）,

有斐閣, 2012年.
"Exploring Organisational Deterioration:'Organisational Deadweight'as a Cause of Malfunction of Strategic Initiatives in Japanese Firms" (with T. Numagami and T. Kato), *Long Range Planning*, Vol. 42 (4), pp. 518-544, 2009.
『組織の〈重さ〉——日本的企業組織の再点検』(沼上幹, 加藤俊彦, 田中一弘, 島本実との共著), 日本経済新聞出版社, 2007年.

川上淳之 (かわかみ あつし) 第3章
帝京大学経済学部准教授
2009年, 学習院大学大学院経済学研究科博士後期課程単位取得退学. 博士 (経済学).
〈主要業績〉
「起業家資本と地域の経済成長」『日本経済研究』第68号, 1-22頁, 2013年.
「日本企業の製品転換とその要因——工業統計表を使った実証分析」(宮川努との共著), 『フィナンシャル・レビュー』(財務省財務総合政策研究所), 第112号, 55-79頁, 2013年.
"Market Competition, Differences in Technology, and Productivity Improvement: An Empirical Analysis Based on Japanese Manufacturing Firm Data" (with T. Inui and T. Miyagawa), *Japan and the World Economy*, Vol. 24 (3), pp. 197-206, 2012.

鄭 鎬成 (Jung Hosung) 第4章
サムスン (三星) 経済研究所主席研究員
2007年, 一橋大学大学院経済学研究科博士課程修了. 博士 (経済学).
〈主要業績〉
"Has the Management Quality in Korean Firms Caught Up with That in Japanese Firms? An Empirical Study Using Interview Surveys" (with T. Miyagawa, K. Lee, Y. Kim, and K. Edamura), in: A. Bounfour and T. Miyagawa (eds.), *Intangibles, Market Failure and Innovation Performance*, Springer, 2015.
"New Results for Nonstationary Panel Regression," *Applied Economics Letters*, Vol. 15 (12), pp. 975-979, 2008.
"A Test for Autocorrelation in Dynamic Panel Data Models," *Journal of the Korean Statistical Society*, Vol. 34 (4), pp. 367-375, 2005.

加藤隆夫（かとう　たかお）　第5章
コルゲート大学経済学部 W. S. Schupf 冠教授
1986年，クイーンズ大学（カナダ）経済学大学院修了．Ph. D.（Economics）．
〈主要業績〉
"Quotas and Quality: The Effect of H-1B Visa Restrictions on the Pool of Prospective Undergraduate Students from Abroad"（with C. Sparber）, *Review of Economics and Statistics*, Vol. 95 (1), pp. 109-126, 2013.

"Executive Compensation, Firm Performance, and Corporate Governance in China: Evidence from Firms Listed in the Shanghai and Shenzhen Stock Exchanges"（with C. Long）, *Economic Development and Cultural Change*, Vol. 54 (4), pp. 945-983, 2006.

"The Productivity Effects of Employee Stock-Ownership Plans and Bonuses: Evidence from Japanese Panel Data"（with D. Jones）, *American Economic Review*, Vol. 85 (3), pp. 391-414, 1995.

児玉直美（こだま　なおみ）　第5章
一橋大学大学院経済学研究科准教授，独立行政法人経済産業研究所コンサルティングフェロー
1993年，東京大学大学院理学系研究科修士課程修了．博士（経済学）．
〈主要業績〉
"The Impact of Globalization on Establishment-Level Employment Dynamics in Japan"（with T. Inui）, *Asian Economic Papers*, Vol. 14 (2), pp. 41-65, 2015.

"A Decomposition of the Decline in Japanese Nominal Wages in the 1990s and 2000s"（with T. Inui and H. Kwon）, *Seoul Journal of Economics*, Vol. 28 (1), pp. 53-84, 2015.

"Markups, Productivity and External Market Development of the Service SMEs"（with A. Kato）, *Applied Economics*, Vol. 46 (29), pp. 3601-3608, 2014.

西岡由美（にしおか　ゆみ）　第6章
立正大学経営学部准教授
2003年，学習院大学大学院経営学研究科博士後期課程単位取得退学．
〈主要業績〉
「契約社員の人事管理と基幹労働力化――基盤システムと賃金管理の二つの側面から」『日本経営学会誌』第36号，86-98頁，2015年．

「看護職人材の確保・定着を実現する職場環境」『季刊社会保障研究』第45巻4号，458-470頁，2010年．

「WLB 支援制度・基盤制度の組み合わせが決める経営パフォーマンス」『日本労働研究雑誌』第583号, 60-67頁, 2009年.

式見雅代（しきみ　まさよ）　第8章
長崎大学経済学部教授
2001年, 一橋大学大学院経済学研究科博士後期課程単位取得退学. 博士（経済学）.
〈主要業績〉
「企業の財務意思決定と最適資本構成」『金融経済研究』第36号, 67-90頁, 2014年.
"Do Firms Benefit from Multiple Banking Relationships?: Evidence from Small and Medium-Sized Firms in Japan," *International Economics and Economic Policy*, Vol. 10 (1), pp. 127-157, 2013.
「メインバンク制と企業の雇用調整」『日本労働研究雑誌』第488巻2-3号, 40-51頁, 2001年.

インタンジブルズ・エコノミー
無形資産投資と日本の生産性向上

2016 年 9 月 14 日　初　版

［検印廃止］

編　者　宮川　努・淺羽　茂・細野　薫

発行所　一般財団法人　東京大学出版会

代表者　古田元夫

153-0041　東京都目黒区駒場 4-5-29
http://www.utp.or.jp/
電話 03-6407-1069　Fax 03-6407-1991
振替 00160-6-59964

印刷所　大日本法令印刷株式会社
製本所　牧製本印刷株式会社

© 2016 Tsutomu Miyagawa *et al.*
ISBN 978-4-13-046118-4　Printed in Japan

JCOPY 〈㈳出版者著作権管理機構 委託出版物〉
本書の無断複写は著作権法上での例外を除き禁じられています．複写される場合は，そのつど事前に，㈳出版者著作権管理機構（電話 03-3513-6969，FAX 03-3513-6979, e-mail: info@jcopy.or.jp）の許諾を得てください．

著編者	書名	判型・価格
宮川　努 著	長期停滞の経済学 グローバル化と産業構造の変容	A5・5400円
浅子和美 飯塚信夫 編 宮川　努	世界同時不況と景気循環分析	A5・6200円
浅子和美 編 宮川　努	日本経済の構造変化と景気循環	A5・5400円
福田慎一 編 粕谷宗久	日本経済の構造変化と経済予測 経済変動のダイナミズムを読む	A5・5800円
細野　薫 著	金融危機のミクロ経済分析	A5・4800円
出口　弘 田中秀幸 編 小山友介	コンテンツ産業論 混淆と伝播の日本型モデル	A5・4400円
堀内昭義 花崎正晴 編 中村純一	日本経済 変革期の金融と企業行動	A5・6800円
間宮陽介 堀内行蔵 編 内山勝久	日本経済 社会的共通資本と持続的発展	A5・7000円

ここに表示された価格は本体価格です．御購入の
際には消費税が加算されますので御了承下さい．